PURURU BOOKS

我
们
一
起
解
决
问
题

从财务核算到财务BP

耿莹莹◎著

人民邮电出版社
北　京

图书在版编目（CIP）数据

从财务核算到财务BP / 耿莹莹著. -- 北京 ：人民邮电出版社，2023.8
ISBN 978-7-115-62050-7

Ⅰ．①从… Ⅱ．①耿… Ⅲ．①财务管理—研究 Ⅳ.①F275

中国国家版本馆CIP数据核字(2023)第108820号

内 容 提 要

财务 BP 是一种财务组织模式的创新形式，是财务转型的模式之一，同时也是新模式下的一个新兴财务岗位。作为新兴财务岗位，国内大多数企业对财务 BP 的岗位职责界定还处在摸索阶段，很多企业管理者、财务管理者及财务工作者都对如何构建财务 BP 高效工作思维、如何搭建财务 BP 高效工作机制、如何掌握财务 BP 高效工作技能，以及如何实现从财务核算到财务 BP 的转型存在着困惑。

本书作者拥有多年的财务工作经验，立足于财务 BP 工作实践，通过理论知识篇和实操篇两个部分，详细介绍了财务职业规划、财务 BP 是什么、财务的深度、业务的广度、财务数据为什么不被运营接受、基本数据模型、复杂数据模型、数据的可视化、数据的汇报、如何应聘财务 BP 岗位等内容。书中提供了大量的图表、案例，可以帮助读者快速掌握财务 BP 工作技能，实现从财务核算到财务 BP 的转型。

本书适合财务工作者、企业管理者、财务咨询人员及高校相关专业的师生阅读和使用。

◆ 著　耿莹莹
　　责任编辑　贾淑艳
　　责任印制　彭志环

◆ 人民邮电出版社出版发行　　北京市丰台区成寿寺路 11 号
　　邮编 100164　电子邮件 315@ptpress.com.cn
　　网址 https://www.ptpress.com.cn
　　北京鑫丰华彩印有限公司印刷

◆ 开本：880×1230　1/32
　　印张：12　　　　　　　　　　2023 年 8 月第 1 版
　　字数：240 千字　　　　　　　2025 年 3 月北京第 13 次印刷

定　价：59.80 元
读者服务热线：（010）81055656　印装质量热线：（010）81055316
反盗版热线：（010）81055315

　　从什么时候开始，我的财务思维有了质的变化呢？我想应该是自我离开工作的第一家公司开始的。虽然我是这家公司的元老及财务经理，却拿着比应届生还要少的薪资，只因为我是不创造价值的财务人员。在与领导洽谈涨薪后，我得到的是"以你的经验，公司已经给得很高了"。这让我第一次质疑自己本科、研究生专攻财务到底有没有价值。在涨薪的要求被拒绝后，我果断辞职了。我可能在一个环境里待得太久了，都不知道外面的世界有多大，自己的能力还有多少没被开发。

　　趁着休息的时间，我没有目的地报名了很多财务相关的培训课，其中就包括财务 BP 的培训。因为第一次任职的公司是创业型公司，大家都是主动揽活的，在不知不觉中我做了很多不属于传统财务范畴，却属于财务 BP 范畴的工作。我有时会产生自己明明做了很多事，却得不到相应回报的想法，其根本原因在于我对财务这个职业的认知实在太狭隘了。财务人员除了可以为公司守业，也可以为公司创造收益。让自己成为为公司创造收益的财务人员，让自己成为公司里不可替代的财务人员，这就是涨薪的关键。那么，创造收益应该从何开始呢？业务人员是大多数公司直接创造收益的人员，让自己成为财务人员里最懂业务、业务人员中最懂财务的人，这一定是我以后不可替代的优势。

确定了目标后，我就开始制订计划，先确定行业，再根据行业制订学习计划。我从两方面入手确定行业：第一，我所在的城市有哪些行业是新兴且快速成长的行业；第二，我所在的城市的政府补助主要是拨给哪些行业的。

确定行业后，我开始制订学习计划。我想进入一个新行业，或者说想从传统财务转型到财务 BP，必定要储备相应的理论知识。首先，我给自己做了 SWOT 分析，明确哪些是我的优势、哪些是我目前欠缺的、哪些是可以帮助我在财务 BP 岗位中快速站稳脚跟的，对劣势查漏补缺，快速补充完善自己的知识体系。其次，我开始寻找财务 BP 的相关学习资料。

为了能快速从传统财务转型到财务 BP，可以说市面上只要带"财务 BP"的书、培训课程，我基本看过、参加过。但是在学习的过程中，我遇到了很多问题。财务 BP 是个考验财务人员综合能力的岗位，当时只有几年财务工作经验的我看不懂书中列举的公司实操案例，不会将在课程中学习的各种理论知识应用于实际。同时，财务 BP 课程中的大多数案例来自国外或者上市公司，这导致我无法在中小企业中实操，因为中小企业通常没有大型公司的资源。

在不断补充完善自己知识体系的过程中，我迎来了工作的第 10 年。通过 10 年的努力，我成了财务 BP 部门的负责人。2022 年我在小红书平台创立了账号，主要是跟大家分享我认为比较实用的实操技能，没想到获得了很多财务人员的喜欢，我也在与他们沟通的过程中了解到很多财务人员目前正处在我从第一家公司辞职时的状态。

因此，我萌生了把我这么多年的经验汇总成一本财务 BP 方面的工具书或者答疑书的想法。想要从传统财务转型到财务 BP，需要用财务 BP 的思维逻辑去处理财务核算工作。每个人的工作环境和工作经验都是不一样的，所以个人的经历是很难被成功复制的。别人的成功可能是由于天时、地利、人和，不一定是他比你优秀，所以我觉得跟大家分享我在工作中是如何做的，不如跟大家分享我是如何用各种工具来完成财务 BP 工作的。"授人以鱼，不如授人以渔"。我将本书分成两大部分。

第一部分是理论知识篇，主要是跟大家分享财务 BP 的思考逻辑和框架思维，同时丰富大家在财务 BP 方面的认知，不局限于会计分录和报表。

第二部分是实操篇，主要围绕财务 BP 如何用数据处理工具建模进行讲解。数据处理工具包含 Excel、Power Query、Power Pivot、Fine BI 和 PPT。

本书适合财务相关专业学生、财务相关专业应届毕业生、有多年工作经验的财务人员阅读。

目 录
CONTENTS

第一篇

理论知识篇

第二篇

实操篇

第一篇
理论知识篇

第一章

财务职业规划

做好职业规划，可以让我们在职业生涯中少走很多弯路。懂得做职业规划的人会比不懂做职业规划的人获得更多晋升机会。

那么，财务人员应如何做职业规划呢？

首先，要了解财务这个行业。只有了解了财务这个行业，才能根据自己的能力去规划自己的职业生涯。

其次，多查看各大招聘网站财务岗位的职责、薪资等，研究以自己目前的能力能胜任哪些工作内容，哪些能力是招聘中频繁提及但是自己却没有的。可以对自己做财务能力 SWOT 分析，放大和包装自己的优势，弥补自己的不足，有针对性地提高自己。

最后，多与比自己厉害的人沟通，去了解他们的思维逻辑。不要让他人的负面情绪影响自己对工作的热情和积极性。

第一节 财务行业就业情况

相信很多财务人员在校期间都听说过，"财务是越老越吃香""财务是铁饭碗，工作随便找"。但在工作后才发现：财务的薪资很低；财务行业的内卷比想象中严重，可能几十个人竞争一个岗位，竞争者里不乏持有若干财务证书的名校毕业生。所以提起财务工作，大多数人都认为薪资很低，经常加班。

财务工作真的像上述那样吗？还是大多数人对财务工作的认知过于片面呢？为了解答以上问题，我从各平台发布的公开薪酬信息中抓取了关于财务两大岗位的数据，数据来源于职友集，仅供参考。

（一）财务核算岗位

财务核算岗位主要负责凭证审核、工资核算、库存盘点、账务处理、税务处理等。

1. 历年工资变化。

财务核算岗位的历年工资变化如图 1-1 所示。

2022 年平均月薪资为 5 710 元，较 2021 年下降约 16%。

2021 年平均月薪资为 6 817 元，略高于 2020 年，较 2020 年增长约 7%。

2020 年平均月薪资为 6 392 元，较 2019 年增长约 4%。

2019 年平均月薪资为 6 131 元，高于 2018 年，较 2018 年增长约 12%。

2018 年平均月薪资为 5 474 元，高于 2017 年，较 2017 年增长约 5%。

图 1-1　财务核算岗位的历年工资变化

2. 历年招聘需求。

财务核算岗位的历年招聘需求变化如图 1-2 所示。

2021 年发布财务核算岗位 36.6 万个，较 2020 年下降约 9%。

2020 年发布财务核算岗位 40.2 万个，较 2019 年下降约 43%。

2019 年发布财务核算岗位 70.3 万个，较 2018 年下降约 29%。

2018 年发布财务核算岗位 98.4 万个，较 2017 年上升约 11%。

财务核算岗位的市场需求从 2018 年开始至 2021 年总体

呈下降趋势，2021 年财务核算岗位的市场需求约为 2018 年的 37%。

图 1-2　财务核算岗位的历年招聘需求变化

3.学历和经验分布。

（1）企业招聘学历分布。

企业在招聘财务核算岗位的人员时，对学历的要求如图 1-3 所示。其中，大专和本科分别约占 40%，约占整体招聘需求的 80%。

（2）企业招聘经验分布。

企业在招聘财务核算岗位的人员时，对经验的要求如图 1-4 所示。其中，工作经验 10 年以上占 5%，3～10 年占 37%，1～3 年占 28%，应届生占 5%，不限经验占 25%。

财务核算岗位企业招聘学历分布

■ 硕士　■ 本科　■ 大专　■ 高中　■ 中专　■ 不限学历

不限学历，13%　　　　　　硕士，2%
中专，2%
高中，3%
　　　　　　　　　　　　　本科，40%

大专，40%

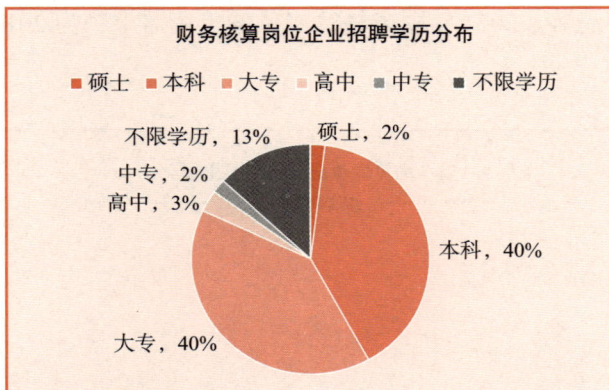

图 1-3　财务核算企业招聘学历分布

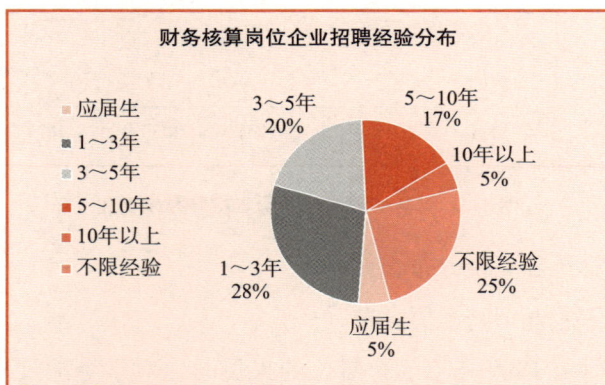

财务核算岗位企业招聘经验分布

■ 应届生
■ 1～3年
■ 3～5年
■ 5～10年
■ 10年以上
■ 不限经验

3～5年　　　5～10年
20%　　　　17%
　　　　　　10年以上
　　　　　　5%

1～3年　　　　　不限经验
28%　　　　　　25%

应届生
5%

图 1-4　财务核算岗位企业招聘经验分布

（二）财务 BP 岗位

财务 BP 岗位的工作主要有统筹编制全面预算、滚动预算，预算分析及核心指标变动情况分析；熟悉公司战略和业务模式，站在财务的角度提供管理建议，推动业务改善；主导运营分析工作，通过数据分析，为公司管理层和业务部门决策提供有效数据支撑；跟踪业财数据，归集整理和分析，并提出合理化建议。

1. 历年工资变化。

财务 BP 岗位的历年工资变化如图 1-5 所示。

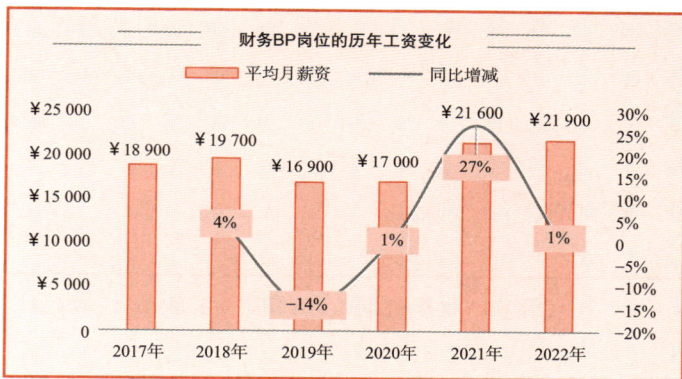

图 1-5 财务 BP 岗位的历年工资变化

2022 年平均月薪资为 21 900 元，略高于 2021 年，较 2021 年上升了约 1%。

2021 年平均月薪资为 21 600 元，高于 2020 年，较 2020 年增长约 27%。

2020 年平均月薪资为 17 000 元，略高于 2019 年，较 2019 年增长约 1%。

2019 年平均月薪资为 16 900 元，低于 2018 年，较 2018 年降低约 14%。

2018 年平均月薪资为 19 700 元，略高于 2017 年，较 2017 年增长约 4%。

2.历年招聘需求。

财务 BP 岗位历年招聘需求变化如图 1-6 所示。

图 1-6　财务 BP 岗位历年招聘需求变化

2021 年发布岗位 3 727 个，较 2020 年上升约 133%。

2020 年发布岗位 1 600 个，较 2019 年上升约 33%。

2019 年发布岗位 1 200 个，较 2018 年上升约 37%。

2018 年发布岗位 873 个，较 2017 年上升约 190%。

财务 BP 岗位的市场需求从 2017 年开始至 2021 年逐年上升，2021 年财务 BP 岗位的市场需求较 2017 年上升约 1 138%。

3.学历和工作经验要求分布。

（1）企业招聘的学历要求分布。

企业在招聘财务 BP 岗位的人员时，对学历的要求如图 1-7 所示。其中，本科占 87%，硕士占 1%，二者合计占整体招聘需求的 88%。

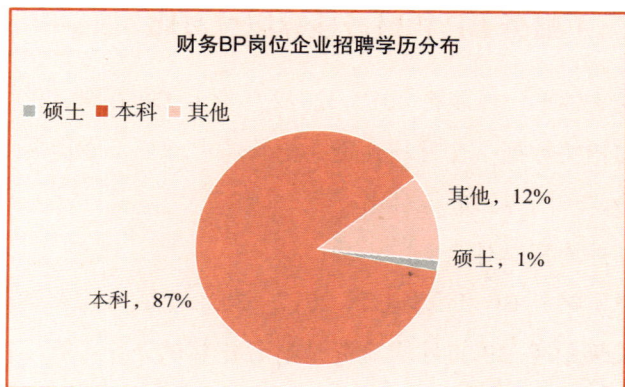

图 1-7　财务 BP 岗位企业招聘学历分布

（2）企业招聘的工作经验要求分布。

企业在招聘财务 BP 岗位的人员时，对工作经验的要求如图 1-8 所示。其中，工作 5 年以上占 53%，工作 3～5 年占 26%，工作 1～3 年占 6%，其他占 15%。

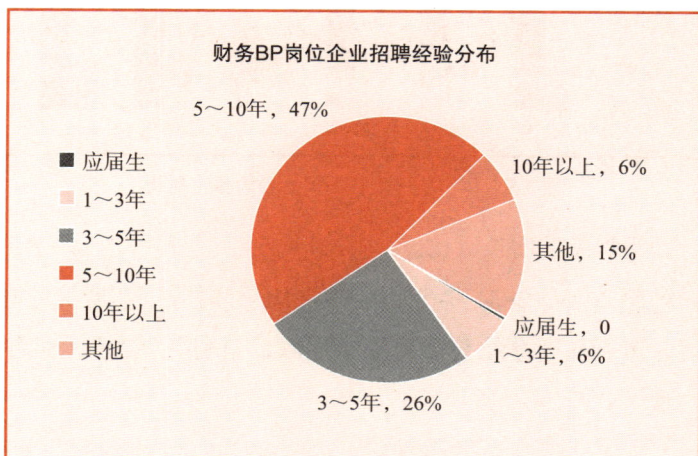

图 1-8　财务 BP 岗位企业招聘经验分布

（三）财务 BP 和财务核算岗位对比

我从各平台抓取了 2017—2022 年财务 BP 和财务核算两个岗位的相关数据，在月均薪资、招聘需求增长、学历要求和工作经验要求四方面进行对比。

1. 月均薪资对比。

对比财务 BP 和财务核算 2017—2022 年的月均薪资，我们可以发现财务 BP 的月均薪资是财务核算的 2～4 倍，具体如图 1-9 所示。

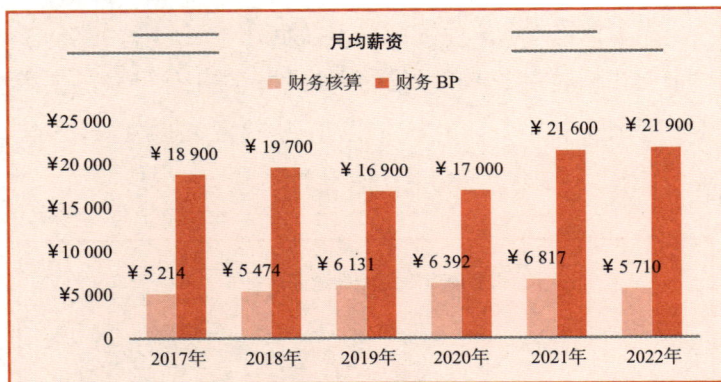

月均薪资

■ 财务核算　■ 财务 BP

	2017年	2018年	2019年	2020年	2021年	2022年
财务核算	¥5 214	¥5 474	¥6 131	¥6 392	¥6 817	¥5 710
财务 BP	¥18 900	¥19 700	¥16 900	¥17 000	¥21 600	¥21 900

图 1-9　财务 BP 和财务核算月均薪资对比

2. 招聘需求增长对比。

对比 2018—2021 年市场对财务 BP 和财务核算需求的增长幅度，市场对财务核算需求逐年递减，对财务 BP 需求逐年增长，具体如图 1-10 所示。

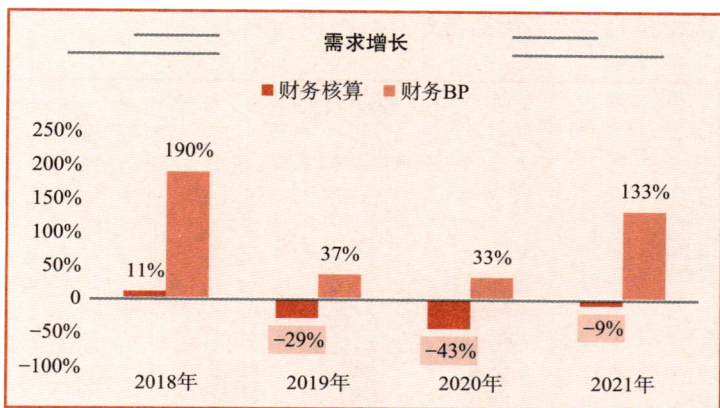

图 1-10 财务 BP 和财务核算市场需求增长对比

3. 学历要求对比。

从市场对财务 BP 和财务核算的招聘数据看，要求具有本科学历的招聘岗位在财务 BP 招聘中占比最高，具体如图 1-11 所示。

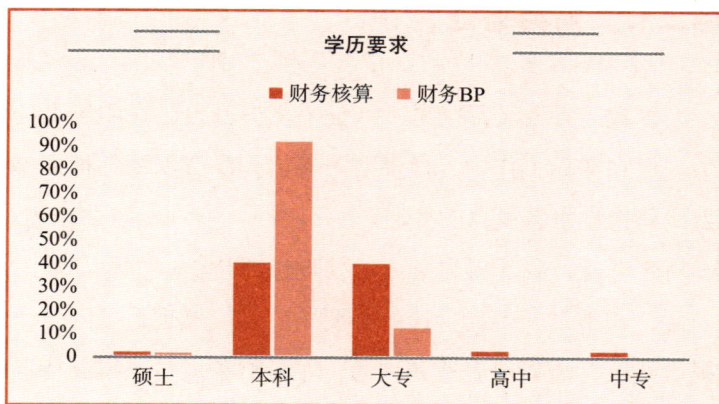

图 1-11 财务 BP 和财务核算学历对比

4. 工作经验要求对比。

从市场对财务 BP 和财务核算的招聘数据看，财务 BP 对工作经验的要求高于财务核算，具体如图 1-12 所示。

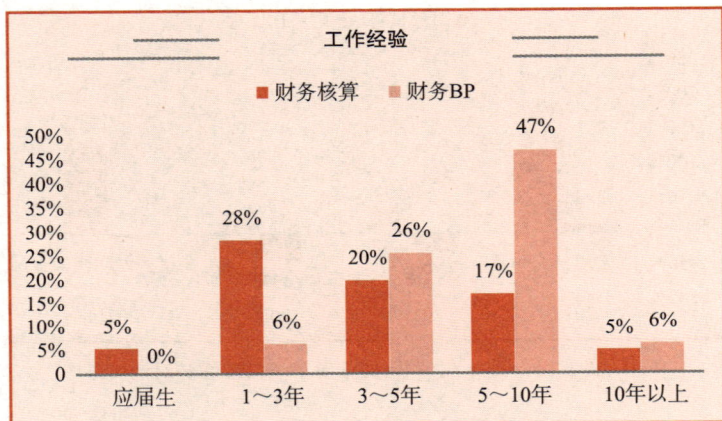

图 1-12　财务 BP 和财务核算工作经验对比

第二节　财务考证

大多数财务人员都会考一些证书来提升自己在职场上的竞争力。但在实际工作中，很多财务人员并没有因为各种证书而获得比其他竞争者更高的待遇。

对于考证，我建议财务人员要理性对待。证书是求职时的敲门砖，却不是获得高待遇的必要条件。能梳理重要问题，快速提出建议，清晰地表达和沟通，才是财务人员获得高待遇的必要条件。

拥有初级会计专业技术资格的财务人员需要知道管理费用在利润表中列示。拥有中级会计专业技术资格的财务人员需要知道管理费用不仅体现在利润表，也是资产负债表里未分配利润的组成部分，还体现在现金流量表中。拥有注册会计师（CPA）证书的财务人员需要知道如何审计管理费用各明细科目，每个明细科目对应什么原始凭证。拥有财务 BP 能力的财务人员需要知道管理费用各明细科目所关联的业务流程，以及如何优化业务流程，以降低管理费用。

各类财务相关证书及考试的简介如下。

（一）初级会计专业技术资格考试

1. 考试条件：高中以上学历。

2. 考试科目：《经济法基础》和《初级会计实务》。

3. 建议考试时间：高中毕业后。

初级会计专业技术资格证书是进入财务行业的有效证书。该证书的价值体现在两个方面。

第一，该证书是进入财务行业所具备能力的基本证明，证明持证者对财务有基本的认识：知道资产增加放借方，负债增加放贷方；知道财务报表有资产负债表、利润表和现金流量表等。

第二，证明持证者对做账有基本的知识框架体系，知道资产负债表、利润表的大部分会计项目。

（二）中级会计专业技术资格考试

1. 考试条件：必须具备下列条件之一。

（1）具备大学专科学历，从事会计工作满 5 年。

（2）具备大学本科学历或学士学位，从事会计工作满 4 年。

（3）具备第二学士学位或研究生班毕业，从事会计工作满2年。

（4）具备硕士学位，从事会计工作满1年。

（5）具备博士学位。

（6）通过全国统一考试，取得经济、统计、审计专业技术中级资格。

2. 考试科目：《财务管理》《经济法》《中级会计实务》。

3. 建议考试时间：工作5年之内。

中级会计专业技术资格证书是财务人员在职业生涯中更进一步的有效证书，是进入管理层的必要条件。

目前市场总账会计、主办会计、财务主管、财务经理、财务总监的招聘需求中，要求具备中级以上会计职称。

中级会计知识框架体系包括财务管理相关知识，也就是财务分析或财务BP岗位人员的必备知识。预算管理、项目投融资管理、成本分析等都属于会计核算外的管理会计范畴。

（三）注册会计师（CPA）全国统一考试

1. 考试条件具体如下。

（1）拥护《中华人民共和国宪法》，享有选举权和被选举权。

（2）具有完全行为能力。

（3）具有专科以上学历，或者具有会计或相关专业中级以上技术职称。

2. 考试科目。

（1）专业阶段考试科目：《会计》《审计》《财务成本管理》

《经济法》《税法》《公司战略与风险管理》。

（2）综合阶段考试科目：职业能力综合测试。

3. 建议考试时间：毕业后尽早。

不建议在职备考 CPA，CPA 考试所需时间很多，在职备考 CPA 有 4 种情形和对应结果。

（1）工作时间做基础和简单的财务工作，其余时间专心学习，最终获得 CPA 证书和几年基础财务工作经验。

（2）工作时间做基础和简单的财务工作，其余时间专心学习，最终没有获得 CPA 证书，但拥有几年基础财务工作经验。

（3）工作时间做有一定难度的财务工作，其余时间学习新知识和技能、保持一定的职场社交以及学习备考 CPA，最终没有获得 CPA 证书，但拥有几年有效财务管理工作经验。

（4）工作时间做有一定难度的财务工作，其余时间学习新知识和技能、保持一定的职场社交以及学习备考 CPA，最终获得 CPA 证书和拥有几年有效财务管理工作经验。

非常遗憾的是，根据相关数据，大多数人都属于第二类。

对于财务人员来说，CPA 证书是职业生涯中含金量最高的证书，也是考证规划的终极目标。但是近几年，大多数财务人员形成了一种错觉——CPA 证书 = 高薪。绝大多数人把自己职业生涯的不如意归结于没有 CPA 证书。

CPA 全国统一考试可以帮助财务人员搭建整个财务知识体系，但最终建立的只是体系，不代表持证者获得了能力。

企业要的是具备财务能力和匹配岗位需求的财务人员，而不是一张证书。

4. CPA 证书是否值得考。

有时候选择比努力更重要。CPA 证书值不值得考，取决于自己的职业规划。

（1）选择会计师事务所作为自己财务职业努力方向的，请竭尽全力、排除万难，无论如何都要获得 CPA 证书。会计师事务所的财务职业发展一般可分为三类。

① 持有 CPA 证书 + 业务能力强，一般可以成为合伙人。

② 持有 CPA 证书 + 业务能力弱，根据会计师事务所的业务量大小被动分配项目，可以成为项目经理。

③ 无 CPA 证书，没有签字权，可以成为助理或者业务经理。

以上提到的业务能力指的是销售能力，拥有开发客户和维护客户的能力是在会计师事务所中脱颖而出的重要因素之一。

（2）选择企业作为自己财务职业努力方向的，根据自己所处的阶段不同，CPA 证书的重要性也不同，具体如下。

① 应届生，CPA 证书是你从众多竞争对手中脱颖而出的筹码。

② 拥有 1～3 年工作经验，工作经验与岗位匹配程度的重要性大于 CPA 证书。

③ 拥有 3～5 年工作经验，除核算外的工作经验，如管理、分析、投融资经验的重要性大于 CPA 证书。

④ 拥有 5 年以上工作经验，行业工作经验的重要性大于 CPA 证书，CPA 证书只是加分项。

⑤ 特殊机构如金融机构等，拥有 CPA 证书是基础项。

对于不同的职业规划，CPA 证书的价值是不一样的。所以，是否考 CPA 证书跟如何规划职业道路紧密相关。

（四）美国注册管理会计师（CMA）考试

1. 考试条件：符合下列条件之一的人员。

（1）大专及以上学历。

（2）注册会计师。

（3）持有中级会计专业技术资格证书及以上。

2. 考试科目：《财务规划、绩效与分析》和《战略财务管理》。

3. 建议考试时间：开始学习财务理论知识的时候，就可以准备考试，一年一门。

CMA 证书是目前比较权威的管理类会计证书。与 CPA 考试相比，CMA 考试较简单，考试通过率也在 40% 以上。

CMA 考试更偏向于财务分析、绩效管理、战略管理、商业模型等，学习《财务规划、绩效与分析》和《战略财务管理》可以为后续从事财务分析工作建立比较完善的知识框架体系。

对于应届生来说，CMA 证书是从众多竞争对手中脱颖而出的筹码，并且在某些初级分析类岗位，CMA 证书的重要性大于 CPA 证书。

（五）全国计算机等级考试（NCRE）

1. 考试条件：考生不受年龄、职业、学历等限制。

2. 考试科目：计算机二级《MS Office 高级应用与设计》和二级《Python 语言程序设计》。

3. 建议考试时间：任何空余时间。

财务自动化是时代发展的趋势，利用软件进行数据处理是财务人员的必备技能。目前市面上用得较多的数据处理软件是 WPS 和 Office，建议以 Office 为主、WPS 为辅。Office 中的很多高阶数据处理方法和插件，WPS 目前还未能实现。Python 是目前相对比较简单的编程语言，建议可以浅学数据清洗，提高财务实操工作效率。

第三节　学历

大多数公司选人的第一步是根据岗位的基本要求海量筛选简历。学历和职称是海量筛选简历阶段优先看的。所以学历低会让你丧失很多机会，特别是优质的机会。

那么，学历不突出的财务人员应该如何做呢？

第一，选择发展中的行业。稳定的行业和企业需要的是稳定的"螺丝钉"，想在已经成形的行业的财务领域突出重围，难度很大。

第二，不要排斥基础财务工作，扎扎实实地把会计基础打好，把公司怎么赚钱研究透，把财务跟业务之间的逻辑关系搞明白。

第三，多接触各种财务系统，如金蝶、用友等，从中把握财务和业务之间的关联。

第四，学会包装自己和适度跳槽。初入职场，工作前 5 年的目标应该是用工作经验不断优化自己的简历，每次跳槽的职位都要有变化。工作 5 年以上，不要频繁换行业，行业经验会让你获得更多的机会。

第五，虽然学历不代表一切，但是因为学历太低丧失平等竞争机会是非常可惜的。财务人员如果想以大型公司管理层为奋斗目标，首先应具备较高的学历。图 1-13 和图 1-14 展示了公司招聘财务管理层时对学历的要求。

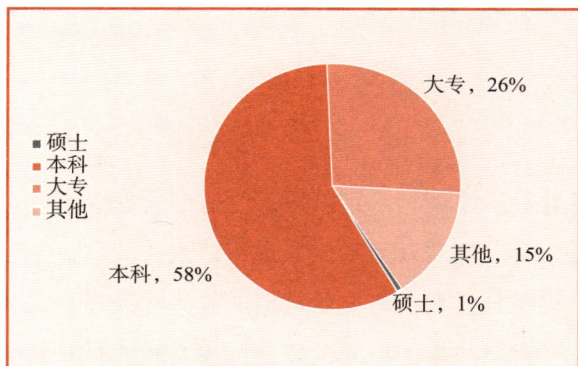

图 1-13 财务经理招聘学历分布

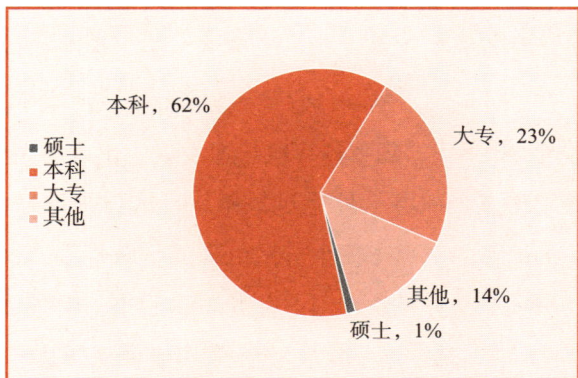

图 1-14 财务总监招聘学历分布

第二章

财务 BP 是什么

　　财务是社会发展到一定阶段，为适应管理生产过程的需要而产生的对劳动耗费及劳动成果进行记录、计算、比较和分析的工具。财务通过对大量原始数据的收集和处理，反映企业的财务状况和经营成果，以帮助管理层对企业的经营做出正确的决策。财务的变革必定伴随着企业的发展模式多样化和社会经济的不断增长。

　　最初，财务的工作模式是手工记账。手工记账指的是借助算盘和计算器对原始数据进行收集、分类、汇总、计算等。

　　20 世纪 90 年代，随着计算机快速发展，出现了财务软件，比如金蝶和用友。财务软件通过数据库存入或提取财务信息，打破了手工记账中对财务事项分散处理的记账规则。最初，财务软件只有一个财务模块，与业务脱节；后来，财务软件整合了销售、生产、供应链、绩效考核等其他模块，出现了 ERP 和 SAP 等系统，大大增加了企业各业务线与财务的紧密联系。

　　近年来，大数据技术的迅速发展和人工成本的不断上升，使得华为、阿里巴巴等大型集团出现了财务共享中心。财务共享中心是企业把大量重复，易于实现标准化、流程化的会计核算从分散的业务部门抽出，集中到一个新的独立运营的业务单元（财务共享中心）进行流程再造、标准化、集中处理的一种新型财务管理模式。

对于我国财务行业，2016年是非常重要的一年，我国财务行业在这一年正式步入人工智能自动化时代。2016年，财务智能机器人的出现颠覆了传统财务工作模式。财务智能机器人一方面可以高效、准确地完成基础财务工作，另一方面可以储存大量财务数据且快速筛选对企业有用的数据。

我国的财务核算工作随着信息技术不断发展，不断呈现新的面貌。目前在招聘市场上，财务基础岗位的需求量已经开始呈现逐年减少的趋势，特别是一、二线城市。同时，符合新时代的多元化新型财务岗位的需求量逐渐增加。比如财务BP。在BOSS直聘、智联招聘等各类招聘网上随处可见财务BP岗位，年薪大多在30万元以上。那么，财务BP到底是什么呢？

第一节　财务BP概述

近年来，随着社会经济和互联网技术的不断发展，传统的财务核算已无法满足企业的高速发展，财务BP这一职业应运而生。

财务业务伙伴（Finance Business Partner）简称财务BP，是随着信息技术的快速发展而衍生出来的新兴管理会计模式。财务 BP 是指围绕企业价值最大化，利用专业的财务知识，结合业务相关视角，深度参与业务活动，针对业务问题第一时间提供财务解决方案和支持服务的财务人员。

由于我国财务 BP 岗位的发展还处于初级阶段，企业对财务 BP 岗位职责了解不深，认识不清，经常会出现财务 BP 岗位的从业人员做的工作仍是传统财务核算分析的情况。所以，有必要了解财务 BP 的工作内容。

财务 BP 需要给各业务部门提供**及时和多样**的数据，使业务部门可以通过数据及时调整运营策略，做出有科学依据的有效决策。

1. 财务 BP 更关注财务数据的及时性，而传统财务关注的是财务数据的准确性。

由于谨慎性原则，传统财务关注的是出具的财务报告是否符合企业会计准则，提供的财务数据是否符合税款申报规则。但是市场是日新月异的，业务是多元化的，传统财务提供的财务数据往往滞后于业务真实发展情况。

财务岗位最基本的职能是真实记录业务的实际发展情况和企业的经营成果。但是，财务用数据记录业务的过程受企业会计准则和税法的约束，因此有时无法及时给业务部门提供有效的财务数据。传统财务提供的滞后数据往往会让业务部门失掉很多市场先机及市场份额，这对刚发展或急速发展的企业来说是致命的。

为解决传统财务提供数据的滞后性，企业有了对财务 BP 的需求。

　　财务 BP 就像传统财务和业务之间的一座桥梁，把传统财务提供的财务数据更及时地传递给不同业务部门，使财务与业务发展同步。因此，企业对财务 BP 的能力要求会高于传统财务。财务 BP 既要懂各项企业会计准则和相关财务法则，也要懂业务运营的各种策略。财务 BP 要围绕真实业务发展情况，应用自己的专业财务能力协助并优化整个业务流程，进而降低业务流程中不必要的沉没成本，增加更多的业务机会。

　　2. 财务 BP 提供的财务数据更具多样性，而传统财务更偏向于提供财务报告上的单一数据。

　　传统财务的思考逻辑通常是从原始凭证出发，围绕着三张报表展开分析。因此，传统财务提供的分析往往被业务部门认为缺少价值，脱离了业务实际。造成这一后果的主要原因是分析依据的原始数据过于片面。

　　财务报表上的原始数据属于企业内部数据，建立在内部数据基础上的财务分析仅仅反映的是企业该业务的变化，而不是市场上该业务的变化。脱离整体市场的数据分析是不准确的。

　　【案例】某业务部向管理层提出下月在 ×× 地铁口增加广告投入 100 万元，预计展示 10 天，目的是宣传新品。管理层将该申请转发至财务部，要求财务部根据业务实际情况给出是否审批通过广告费增加 100 万元的意见。

　　1. 传统财务接到此任务，开展以下工作并给出意见。

　　（1）分析得出广告费和业务宣传费属于汇算清缴重点调整数据，未超过当年营业收入 15% 的部分可以税前扣除。根据年度预算以及历史销售和广告费比例测算，若增加这 100 万元广告费，预算金额未超标。

（2）财务部给出意见：新增广告费100万元在年度预算金额内，且财务风险较小。

2. 财务BP接到此任务，开展以下工作并给出意见。

（1）根据业务部提供的广告合同，对新广告投放公司做详细尽职调查，包含广告投放渠道、以往作品广告投放渠道、投放优势渠道；同时，对相关合作渠道做行业调查，事先了解行业报价和流程。

（2）与业务部相关负责人沟通广告投入的目的性、投放效果和投放收益期限等。结合广告合同以及相关尽职调查来确定业务部的独立性和是否按照公司广告投放流程操作，尽到监督责任。

（3）选择连续的3天，包含周末，每天选择5个不同时间点，在××地铁口统计人流量以及广告位停留量。根据收集的人流量统计数据（部分见表2-1）搭建100万元地铁广告投放模型，测算广告曝光率、转化率等数据指标。根据模型测算结果与历史广告投放数据对比分析，得出结论：此渠道广告投放所带来的流量远低于以往投放渠道。

表 2-1　××地铁口人流量统计（部分）

| 日期 | 时间段 | 人流量 | | 广告牌停留人数 ÷ 通过地铁口人数 × 100% |
		通过地铁口人数（人次）	广告牌停留人数（人次）	
周六	7：00—9：00	618	86	13.9%
周六	11：00—13：00	6 666	1 386	20.8%

（续表）

日期	时间段	人流量		广告牌停留人数 ÷ 通过地铁口人数 × 100%
		通过地铁口人数（人次）	广告牌停留人数（人次）	
周六	14:00—16:00	3 661	976	26.7%
周六	17:00—19:00	9 800	3 366	34.3%
周六	21:00—23:00	1 008	169	16.8%
小计		21 753	5 983	27.5%

（4）分析得出广告投放目的是宣传新品，此新品的主要客户群体为年轻客户群体，传统广告投放并不符合年轻客户群体的消费习惯。

（5）财务BP给出意见：新增加广告费100万元虽然在年度预算金额内，但是广告投放给新产品带来的长期回报风险较大，而且投放渠道不符合新产品主要客户群体的消费习惯，建议业务部调整投放渠道和前期投放金额。

3. 财务BP提供多样化的增值服务。

财务BP的主要工作内容不再是传统的财务核算，而是以增加企业整体价值为工作重点。传统财务核算工作内容比较标准化，即以会计准则、税法等为导向，很少会以企业业务变动为导向。与传统财务核算相比，财务BP的工作内容无法标准化和统一化。业务在不同的阶段，企业在不同发展阶段，因此财务BP的工作内容并不一样。财务BP在以下3个阶段中提供不同的增值服务。

（1）在业务初期，财务BP需要参与业务商业模式和盈利模式设计。业务部在设计商业模式时会更关注如何快速抢占市场份额，扩大销售规模，而忽略项目的盈利点，且较少关注资金流转。在业务商业模式设计方面，财务 BP 需要站在专业财务的角度，提供包含项目收益回收期、投资回报率、资金预算周期表、投融资计划表等的项目可行性分析报告。如果企业资金无法支持一个项目的运转，财务 BP 就要及时提出项目风险点，协助业务部修正策略。在成本和利润方面，财务 BP 会从成本费用的结构、盈亏平衡点，为业务部和公司管理层提供有力的决策依据和专业意见。在设计产品定价时，财务 BP 需要参与新产品设计包装、供应商谈判、研发周期制定、竞品调研、客户群体分析、新业务在企业资源的分配等工作，从项目开始到结束为止。财务 BP 应将对利润和资金的敏感性延伸到业务的各个方面，使财务做到事先预测和协助，而不是事后提供数据。

（2）在业务发展期，财务 BP 需要持续复盘数据，优化业务测算模型；协助业务部根据市场反馈不断调整运营策略，并在业务不可控或脱离预算时有依据地暂停业务活动。在业务发展到一定规模、有了一定数据沉淀后，财务 BP 应使用趋势分析、比率分析、结构分析等分析方法进行分析，找出实际与预测的差异点，控制超预算的部分，及时地给业务部提供有效的决策依据。

（3）在业务成熟期，财务 BP 需要重点关注业务流程的合规性和合理性，优化业务流程，完善业务流程机制。当一项业务进入成熟期、在市场上有一定规模和竞争力时，在外部环境没有太大变动的情况下，收入会趋向于平稳。同时，在企业与供应商的长期稳定合作中，产品价格的谈判空间通常会被压缩。当业务发展到这个时期，财务 BP 需要寻找流程中存在的问题，降低烦琐业务流程产生的额外成本，提高业务各方面的效率。

第二节 财务 BP 岗位职责

我国的财务 BP 岗位还处于初级阶段，不同企业对财务 BP 的理解也大不相同。不同的企业管理模式、不同的行业，财务 BP 岗位职责截然不同。

（一）隶属部门和汇报领导不同

根据财务 BP 隶属部门和汇报领导不同，财务 BP 岗位职责可以分为以下几类。

1. 隶属于财务部，汇报领导为财务总监。

有些企业会在财务部新增财务 BP 岗位。从人事归属来看，财务 BP 仍然隶属于财务部，汇报领导是财务总监。财务 BP 一般会以外派的方式到其他各部门或分公司进行协同工作，工作内容主要是从专业财务角度优化业务流程，进行预算管控、经营分析等，工作结果汇报给财务总监，出具的是财务端的分析报告。

这样的隶属关系对财务 BP 的沟通能力有着较强的要求。财务 BP 需要以"外人"的角色快速融入其他部门或分公司，获得其他部门同事的充分信任与认可，以及时获取有价值的数据来支撑自己的分析报告和建议。而不畅的沟通不仅会让财务BP获取无用的信息，而且会让其他部门认为财务BP是来插手内行人的工作的。这样财务BP就会变成集团派下来的监督人员，使得工作难以开展。

2. 隶属于业务部，汇报领导为运营总监。

很多企业会存在财务部和业务部势不两立的局面，财务部和业务部始终无法站在同一条线朝着同一个目标前进。这个局面是由两个部门具有不同职责所导致的，客观存在且难以调和。一般来说，组织架构越大，两个部门之间的矛盾会越深。因为烦琐的组织架构让两个部门之间的沟通变得难上加难：业务部认为财务部死板，不知变通，不了解业务，经常无故削减运营费；财务部认为业务部对资金使用没有计划，大额亏损无法止损，业务流程不符合企业制度和审计要求。

有些企业为了缓和两个部门之间不可调和的矛盾，会在业务部增加财务BP岗位，财务BP用财务专业知识将业务相关内容传递到财务部门。财务BP根据不同的业务模式协助财务部优化财务制度，减少无效烦琐的流程。同时，财务BP用专业财务知识优化业务流程，使得业务流程中各种运营动作符合企业制度、会计制度和审计制度。

隶属于业务部的财务BP，其工作结果汇报对象是运营总监，其出具的是业务端分析报告。

3. 隶属于财务部和业务部，双向汇报。

在规模较小、组织结构简单的中小型企业，财务BP会出现双向汇报的情况，即既向财务总监汇报，又向运营总监汇报。与大规模企业相比，中小型企业的人事关系划分并不是非常清晰，部门隶属关系可能仅仅表现为工位的安排。财务BP的工作既涉及财务，又涉及业务，不是单个部门就可以确定的。比如新品定价的汇报，财务BP既要跟业务部领导汇报关于新品前期费用的投入、销售增长的计划、新品的竞争力等，也要跟财务部领导汇报新品方案的资金流转、新品研发的投入计划、产品生产安全储备量等。这样往往会出现同一个业务向不同汇报对象出具不同的分析报告的情况：向业务部领导汇报使用业务数据和重点业务指标，比如销售规模、竞争对手、行业分析等；向财务部领导汇报使用财务数据和重点财务指标，比如项目投资回报率、资金回收期、存货周转率等。

4.独立于其他部门，汇报领导为CEO或董事会。

独立于业务部和财务部而单独设置的财务BP部门，直接汇报对象为CEO或董事会。有些企业会把财务BP部门设置在总经理办公室下，人事权直接归属于CEO。比如华为，它有财务共享中心、财务赋能中心、财务BP中心，很多跨国企业、跨行业企业会根据不同的事业线设置财务BP岗位。财务BP主要协助事业部负责人完成各种事项，同时监督事业部有效、合法合规地开展业务。与上述3类隶属关系相比，这样的隶属关系对财务BP的综合能力要求会更高。在规模小的企业，财务BP相当于职业经理人。除了沟通能力、业务能力、专业财务能力，财务BP还需要具备相应的管理能力。

（二）专项业务不同

根据财务 BP 负责的专项业务不同，财务 BP 岗位职责可以分为以下几类。

1. 预算财务 BP。

【案例】杭州 × × 公司招聘财务 BP（预算方向），月薪 1.2 万元至 2 万元。

岗位描述。

（1）具备经营数据分析处理能力：①能够输出本岗位相关的经营管理数据并形成分析报告，确保数据准确完整；②能基于业务出具预算、预测相关数据，评估其合理性并反馈确认。

（2）具备业务对话能力：①能主导完成二级架构层面的全面预算编制工作，包括对各编制部门编制逻辑的宣贯、数据收集反馈并形成管理报表；②能够与二级架构负责人及各部门负责人保持密切沟通，协助完成项目全周期财经节点管理；③能够将集团财务领域专家培训的财经知识转训至项目部，打穿一线。

（3）具备经营风险识别反馈能力：①能通过本岗位的相关经营数据发现所在工作单元中存在的经营管理问题，并能够推动解决问题；②能协助项目部解决各项财经问题。

（4）有财务分析、财务 BP 相关经验，具备中级会计职称等。

编制预算是财务 BP 非常重要的能力之一，这一点可以通过财务 BP 招聘需求了解。事实上，很多传统财务其实也是会接触预算的，但是更多接触的是财务预算。财务预算往往脱离了业务模型和企业战略，传统财务只是做了数据拆解的工作。大多数传统财务对预算的认识停留在"有预算就给报销，没预算就砍费用"的层面，导致自身和预算使用部门产生不可调和的矛盾。预算使用部门害怕预算不够用，通常上报较高的预算，而传统财务只是根据审批后的预算额度一味控制费用，两者都偏离了预算的本质目的。

而财务 BP 的预算工作需要多方面数据的支撑，以协助预算使用者合理做好预算指标的拆解、各项资源的分配，同时协助财务核算人员把业务执行落实到财务数据上。

2. 供应链财务 BP。

【案例】上海 ×× 公司招聘财务 BP（供应链方向），月薪 1.5 万元至 2.5 万元。

岗位职责。

（1）业务单位的全面财务管理工作。

（2）业务单位年度预算编制及半年度预算调整，月度预算执行监控及差异分析。

（3）业务单位月度综合财务分析及专项分析工作。

（4）业务单位资金计划的收集、汇总、沟通及下达，月度资金执行情况的分析及通报。

（5）业务单位全流程成本管理工作。

（6）供应链商务谈判及合同评审等。

（7）采购申请审批。

（8）生产成本核算管理工作。

（9）企业财务制度及流程在业务单位的落地。

（10）其他临时性工作。

任职要求。

（1）全日制统招本科及以上学历，财务管理、会计学相关专业。

（2）5年以上财务工作经验，熟悉供应链业务流程，具备生产成本核算工作经验。

（3）具备财务相关流程及制度建设能力。

（4）会计师以上职称，具有CPA/CMA证书的优先考虑。

（5）熟练使用Office软件，熟悉SAP系统的优先考虑。

企业招聘供应链财务BP的主要目的是降低产品成本，提高产品流通效率，优化原材料采购、加工、组装、仓储、运输、销售等流程，提高整体效率。传统财务在供应链分析上的参与性是很低的，往往只是接受已经谈判结束的采购成本、加工成本、人工组装成本、仓库费用、快递费等谈判结果，未参与形成各谈判结果的过程，因此难以给出有效的成本降低建议。

3. 研发财务BP。

【案例】上海××公司招聘财务BP（研发方向），月薪2万元至3.5万元

岗位职责。

（1）每月准备项目预提费用清单并对财务部门进行预提指引。

（2）每月进行预实差异分析，准备上会材料。

（3）上海研发部门的合同审核，以及信息统计与预算匹配。

（4）为预算、SAP、采购等系统上线提供支持。

（5）配合集成部门进行实验室设备管理，包括但不限于设备管理流程制定、设备专项预算审核、设备维修保养的预算收集审核等。

（6）研发类会计科目添加整理，固定资产列表中实验设备类型添加整理。

任职要求。

（1）5年以上财务分析工作经验。

（2）3年整车厂研发财务BP经验或5年整车厂财务经验。

（3）有SAP和预算系统上线经验。

（4）Excel数据处理能力强，如果会Power Query则优先考虑。

当今科技快速发展，创新日益重要，而企业创新的重要投入就是研发。传统财务对研发的每个环节不熟悉，无法对研发成本进行有效控制，无法在研发的过程中提出对研发有效的建议和控制手段。

研发项目的开展都是从预算开始的，因为传统财务欠缺研发体系和流程知识，以及研发过程不确定因素、不可量化因素过多，所以传统财务制定的研发预算往往脱离研发实际。此外，传统财务核算研发费用时，往往会带着固化思维和固化模板去生搬硬套，导致研发预算脱离实际，与实际偏差较大。同时，传统财务对研发项目不熟悉、不了解，导致常出现硬套研发费用加计扣除政策的现象，反而使得企业无法真正充分利用国家各种研发优惠政策。

4. 销售财务 BP。

【案例】深圳××公司招聘财务 BP（销售方向），月薪 2 万元至 3 万元。

岗位职责。

（1）建立及优化产品利润模型，跟进产品条线经营计划，并进行滚动预测追踪。

（2）建立和优化产品条线预算管理体系及流程，组织年度预算编制和更新。

（3）定期为公司管理层提供财务分析报告，并提供相关管理建议及决策支持。

（4）参与产品项目日常管理，并从财务角度提出有效建议。

（5）有效管理产品业务端风险，包括合同风险、税务风险、资金风险、流程风险等。

（6）梳理产品端业务及财务流程，提供改进建议。

任职要求。

（1）本科及以上学历，财经类或统计类专业。

（2）5 年以上财务相关工作经验，有财务分析或者财务 BP 工作经验的优先。

（3）具有优秀的沟通协调能力、高度责任心及团队合作精神。

（4）具有良好的数据分析能力、流程梳理能力。

（5）具备良好的计算机应用基础，包括精通 Excel、PPT。

销售财务 BP 可以为企业提供以下方面的分析。

（1）增加销售收入并控制成本：销售财务 BP 可以通过建立健全的财务管理体系，优化产品利润模型和预算管理体系，帮助企业增加销售收入并控制成本，提高盈利能力。

（2）提高决策效率：销售财务 BP 可以提供准确的财务数据和分析报告，为企业管理层提供决策支持和建议，帮助企业更好地把握市场和客户需求，制定更有效的销售策略和计划。

（3）降低风险：销售财务 BP 可以有效管理产品业务端风险，包括合同风险、税务风险、资金风险、流程风险等，提出相应的风险防控措施，降低企业的风险和损失。

（4）实现业务流程优化：销售财务 BP 可以梳理产品端业务及财务流程，提供改进建议，优化业务流程，提高效率和质量，为企业未来的发展打下坚实的基础。

综上所述，企业需要销售财务 BP 是为了全面增加销售收入并控制成本，提高决策效率，降低风险，实现业务流程优化，进而获得长期发展。

5. 流程财务 BP。

【案例】北京 ×× 公司招聘财务 BP（流程方向），月薪2.5万元至 5 万元。

职位描述。

（1）支持数据中心及研发部门人力成本等内部计价和分摊规则的落地及跟进优化，提高数据准确性、合理性、及时性，满足对业务侧相关成本的核算需求。

（2）负责全集团数据中心成本内部计价部分管报入账及全

年、双月滚动预算编制工作，监控各业务线预算实施偏差，并完成相关费用报告的撰写。

（3）对接内部计价系统，合理提出系统优化需求，推动和跟进系统上线，进行数据验证及持续改进，从而提高效率。

（4）协助优化现有数据中心成本内部计价部分预算编制流程，并推动流程落地。

（5）协助推进数据中心降本增效专项工作，跟踪优化结果，并出具专项分析报告。

岗位要求。

（1）本科及以上学历；4年以上财务分析工作经验。

（2）具有较强的跨部门沟通协调能力、学习能力、主动思考能力以及较强的自我驱动力和责任心。

（3）具有较强的逻辑及数据分析能力，对企业内部系统和流程有一定认知。

（4）工作有责任心、敬业精神，开放谦逊，务实敢为，有自驱力。

（5）能熟练运用办公软件和在线办公工具，掌握 SQL 语言和能用英文交流是加分项。

一般情况，流程财务 BP 的薪资会远高于其他财务 BP。从各个岗位的招聘需求看，不仅是财务 BP，其他岗位，如运营高管或者人事高管，岗位需求里都会有一条"优化流程"，以推动企业发展。流程优化是企业管理的重要一环，是企业为实现价值最大化而进行的一系列的、有规则的动作。

6. 渠道财务 BP。

【案例】南京 ×× 公司招聘财务 BP（渠道方向），月薪 3.5 万元至 5 万元。

岗位描述。

（1）主要跟进以及反馈产品业务进展；长期对产品的规划、财务的影响进行管控；跟进项目执行效果，判断收益是否达到预估效果、是否需要调整长期策略。

（2）长期决策上，根据业务变化，进行 3 年财务状况预估，把控财务经营利润或者亏损的走向。

（3）运营等成本控制，收入商业化预算合理性把控。

（4）专项执行效果的复盘，对投资回报率的合理性把关。

（5）对分摊合理性进行把控，分析成本上升或下降的原因。

岗位要求。

（1）有企业经验或会计师事务所经验的优先。

（2）有互联网行业经验或咨询相关工作经验的优先。

（3）有较强的沟通能力和情商；能够主动发现问题，推动问题解决。

（4）能熟练使用 Excel、Power BI、PPT。

根据不同企业战略和规模，渠道可以分为直接渠道和间接渠道。直接渠道指的是企业负责从生产到销售的全流程，中间没有经销商；间接渠道指的是企业从生产到销售的过程涉及一个或多个经销商，涉及环节越多，企业的利润空间越小。传统财务在分析渠道时，通常会围绕采购成本进行分析，较少深入分析渠道来源。渠道财务 BP 通常会围绕产品特征进行分析，根据不同产品的特征，选择不同渠道来源以及不同价格策略。

7. 分析财务 BP。

【案例】成都 × × 公司招聘财务 BP（分析方向），月薪 1.8 万元至 2.2 万元。

职责描述。

（1）基于公司战略方针及业务规划，负责公司的预算编制及预算的跟踪执行。

（2）搭建公司的财务分析体系，建立财务模型，为经营管理提供财务分析与决策。

（3）完成当月经营结果的分析并出具分析报告，完成月度公司管理会议的数据准备工作。

（4）优化并改进内部控制流程，监控公司各部门日常经营、费用情况，对异常情况及时汇报并提出改进、处理方案。

（5）全面深入了解业务，为业务决策提供全面支持。

（6）其他经营分析和支持工作。

（7）协助上级完成本部门工作。

岗位要求。

（1）8 年以上财务相关工作经验，有财务分析工作经验的优先。

（2）具有较扎实的会计、财务及税务专业知识，对财务分析有一定的敏感性。

（3）擅长使用 SQL、Python、Power BI 等数据处理工具。

（4）具备优秀的逻辑思维和分析判断能力，有进取心和学习的意愿。

相比其他财务 BP，企业对分析财务 BP 的数据处理能力有更高的要求，会要求其擅长使用 SQL、Python 等数据处理工具。

第三节 财务 BP 必备的能力

在了解了财务 BP 的岗位职责之后，接下来就需要了解从财务核算转型为财务 BP 需要具备什么能力。

财务核算工作跟企业所处行业紧密相关，不同行业之间的财务核算工作内容相差会比较大，但是同行业不同企业之间的财务核算工作输出的内容（会计分录）基本相同。

比如互联网企业，研发费用核算是非常常见的，但是贸易企业就基本不会出现研发费用核算。因此，通常情况下，财务核算人员在同一个行业待得越久，其眼界和分析逻辑会越来越受限制和固化，甚至其综合财务能力也会越来越弱。在同一个行业工作若干年的财务核算人员，往往会发现自己的财务能力仅限于会做部分会计分录，发展非常受限制。

然而，财务 BP 不同，财务 BP 的工作内容是通过分析思考给相关利益方提供有效建议。不同行业之间的很多商业逻辑和分析逻辑是相似的、可复制的，因此，财务 BP 的每一段工作经验都是非常有价值的，其能力会随着工作时间的推移不断提升。

那么，财务核算需要具备什么样的能力才能成功转型为财务 BP 呢？

（一）财务能力

1.财务能力的宽度。

财务 BP 是业财融合的一种新兴岗位，也代表着未来财务的发展方向。

跟传统财务人员相比，财务 BP 强调财务结合业务的能力，但是结合和加强业务能力不代表抛弃财务能力。财务 BP 之所以能成为财务 BP，而不是数据分析师或者运营人员，是因为其与其他竞争者相比具备了技能壁垒——财务能力。

对于财务能力，不同的人看法不同。通常，在业务人员和管理者的认知中，财务能力主要表现为报销、贴发票、发工资、报税、付款、做账；在财务核算人员的认知中，财务能力主要表现为开发票、写分录、计提工资、盘点资产、报税、汇算清缴；在财务 BP 的认知中，财务能力可以根据中级会计专业技术资格考试科目分成三大基本能力。

第一个基本能力：财务核算能力。

根据《中级会计实务》考试大纲，财务核算能力主要体现为资产负债表项目和利润表项目的核算。

第二个基本能力：财务分析能力。

根据《财务管理》考试大纲，财务分析能力主要体现为资金使用过程的本量利分析，主要涉及以下方面。

（1）需要多少资金：预算。

（2）资金怎么来的：筹资。

（3）资金怎么分配：运营。

（4）多余资金怎么用：投资。

（5）资金用得好不好：分析。

第三个基本能力：法务合规能力。

根据《经济法》考试大纲，法务合规能力主要体现为掌握法律常识，涉及合同、证券等方面的法律知识。

用中级会计专业技术资格考试3门科目梳理财务 BP 应具备的三大基本能力，有助于理解财务能力的宽度。

2.财务能力的深度。

与中级会计专业技术资格考试相比，CPA 考试多了 3 门科目，其建立的财务知识体系，难度有所加深，能力有所拓展。

（1）财务核算能力的拓展。

中级会计专业技术资格考试的《中级会计实务》和 CPA 考试的《会计》的知识体系重合度近 90%，财务核算能力的拓展体现为涉及复杂的资产负债表项目和利润表项目的核算。

（2）财务分析能力的拓展。

中级会计专业技术资格考试的《财务管理》和 CPA 考试的《财务成本管理》的知识体系重合度近 85%，但是《财务成本管理》比《财务管理》包含更多的实操案例应用。

另外，CPA 考试涉及《公司战略与风险》，这是财务分析能力拓展的主要方面，即涉及如何结合外部环境，怎样分配资金，实现企业价值最大化。

（3）法务合规能力的拓展。

中级会计专业技术资格考试的《经济法》知识体系与 CPA 考试的《经济法》和《税法》的知识体系相对应。法务合规能力的拓展主要体现为涉及更多与企业商业行为相关的法律知识，如合同、物权等，以及对规范企业税收行为提出更高要求。

从财务核算转型到财务 BP 最重要的始终是具备较强的财务能力。一个人的时间是有限的，不要浪费和看轻我们多年的财务学习和工作经验，要从财务核算转型为财务 BP，重要的是深入钻研财务领域，拓展自己的财务知识结构。

（二）业务能力

拥有扎实的财务知识是财务核算转型为财务 BP 的能力基础，然而随着某一行业领域的工作经验和专业财务能力增强，创造力可能会被限制。在实际工作中，财务部门与运营部门或者其他部门经常会产生冲突。究其原因，财务人员固化的财务思维可能是主要因素。

拓宽业务知识的广度是财务人员更上一层楼的关键，业务能力是财务核算转型为财务 BP 必备的关键能力。拓宽业务知识的广度意味着能接受更多元的观点，能有效地重组运用财务知识和业务知识。

业务跟财务一样，有着庞大的知识体系，从哪里开始学、应该学什么、学到什么程度，困扰着想从财务核算转型为财务 BP 的人。想转型的财务人员要明白，拓宽业务知识广度的目的是增加处理问题的角度和提高工作灵活性，财务 BP 应将业务能力和财务能力结合运用，以更准确地贴近经济业务。以下是从庞大的业务知识体系中提炼的三大业务知识体系，基本涵盖财务 BP 日常工作运营方面。

1.组织架构。

财务 BP 有两个非常重要的岗位职责，即优化流程和绩效考核，组织架构就是优化流程和绩效考核的起点。

（1）优化流程的起点。

组织架构是经济业务在企业内部的流转过程。企业依据自身业务建立组织架构，组织架构的流畅度直接影响业务流转的效率。财务 BP 要了解业务在企业内部的流转过程，流转过程越多，沉没成本越高。优化流程是企业开源节流、降低固定成本的关键因素。

（2）绩效考核的起点。

组织架构同时也是绩效考核的依据之一。不同部门的绩效指标是相关联的，没有一个部门的绩效指标能够单独存在，各部门之间的绩效指标通过组织架构联系起来。比如财务部在组织架构中属于职能部门，主要工作是协助企业经济活动正常运行，因此财务部绩效指标需要跟其他部门挂钩。

此外，组织架构可以帮助财务 BP 了解不同部门在业务中负责的主要内容，从而科学制定相关绩效指标。比如根据工作内容不同，市场部绩效考核指标是不一样的，见表 2-2。

表 2-2　市场部绩效考核指标

部门	负责内容	考核指标
市场部	市场推广	销售达成率、投资回报率
市场部	商品管理	库存周转率、产品动销率
市场部	会员管理	会员数量、会员充值额、会员转化率
市场部	市场研究	数据及时性、数据准确性

2. 行业分析。

一般的财务分析和财务 BP 的分析最大的不同就是是否详细分析行业外部数据。一般的财务分析根据企业内部数据做事前、事中、事后的分析，如盈利能力分析、偿债能力分析、营运能力分析等。而财务 BP 会在内部数据基础上，结合行业等外部数据，给业务部门提供更科学、更符合市场和行业发展要求的决策依据。那么，一般如何获取行业分析数据呢？下面总结了几种收集行业数据的方法。

（1）通过百度等搜索引擎搜索，获取行业动态信息。

（2）分析行业专业分析报告，如通过艾瑞网、移动观象台、199IT 等平台查询相关资料。

（3）分析投资分析报告，如通过洞见研报、月狐数据等平台查询相关资料。

（4）分析上市公司公布的财报，如通过中国证监会官网、深交所官网、上交所官网、巨潮资讯网等平台查询相关资料。

（5）进行深度访谈，如与行业相关人员直接沟通。

3. 商业模型。

商业模型由商业模式和盈利模式组成。

商业模式指的是卖方与买方的关系，也就是企业与客户的关系。目前市面上常见的商业模式有以下 6 种。

B2B（Business to Business）：买卖双方都是企业，如阿里巴巴。

B2C（Business to Customer）：卖方是企业，买方是个人，如天猫、京东、苏宁。

C2C（Customer to Customer）：买卖双方都是个人，如闲鱼。

D2C（Direct to Customer）：卖方是厂商或品牌商，买方是消费者，卖方不再通过传统的渠道（如批发、经销、零售等）销售产品，而是直接与消费者沟通和交易。这种模式可以让卖方更好地掌握消费者需求，提高产品质量和服务水平，同时也能降低中间环节的成本和价格，实现更高的利润率。比如直播，可以被视为D2C模式的一种。在直播平台上，厂商或品牌商直接向消费者展示和销售产品或服务，消费者可以直接与主播互动，提出问题、获得反馈和下单购买。这种直接互动的销售模式有助于消费者更好地了解产品和服务。

B2G（Business to Government）：卖方是企业，买方是政府，如智慧城市中的智慧交通、智慧公共安全等领域，企业可以向政府提供相关技术和服务，实现合作共赢。

B2VC（Business to Venture Capital）：互联网特有模式，如共享单车。B2VC颠覆传统财务思维模式，企业暂时不以营利为目的，以免押金等模式在短期内扩大市场份额，抢占客户数量，淘汰竞争对手；在后期不断以融资方式获取资金流，扩大企业规模，最终成功上市。

随着业务的逐渐复杂化，大多数企业的商业模式都是组合模式。随着互联网和大数据技术的快速发展，行业之间的商业模式的界限变得越来越模糊，不同行业之间的商业模式相同是非常常见的，所以财务BP掌握基本商业模式即可。

盈利模式指的是企业靠什么赚钱。目前常见的盈利模式有以下 5 种。

（1）靠卖产品赚钱。产品可以是有形资产，比如快消品、家具等；也可以是无形资产，比如游戏里的道具、电影的版权。

（2）靠卖服务赚钱。服务包括美容服务、培训服务、广告服务等。

（3）靠卖品牌赚钱。如消费者购买奢侈品，主要是看中其品牌价值。

（4）靠资本市场赚钱。比如某些信贷平台。

（5）靠信息不对称赚钱。比如在某平台低价买入，在另一平台高价卖出。

（三）逻辑能力

逻辑能力可以将财务能力和运营能力连接起来，是成为优秀财务 BP 的必备要素。

很多人的思维是没有逻辑的，经常从一面转到另一面，把简单的事复杂化。没有逻辑能力的人面对复杂的经济业务时，无法快速锁定重点、提炼精华、产出结果。

对于财务 BP 来说，逻辑能力容易靠后天训练而提升。下面提供了两大逻辑分析模型。

（1）纵向逻辑分析模型。

① 从上而下，先确定结果，再分析原因。

② 从下而上，先确定原因，再总结结果。

（2）横向逻辑分析模型。

① 分组归纳，把烦冗的事变简单。

② 关联归纳，包括递进关联、顺序关联、选择关联、转折关联、条件关联、因果关联、取舍关联等。

第四节 财务 BP 必会的工具

进入新媒体时代后，人们获取的信息越来越多，对不同的信息要有自己的判断能力。目前市面上关于财务 BP 的培训课程或者图书，主要介绍如何使用 Python、SQL、Power BI、Tableau 等工具，向人们传达只要掌握了这些工具就可成为财务 BP。但这些课程或图书通常只是介绍如何使用工具，就像工具说明书，没有展开介绍怎么用工具去做分析。工具可以提高分析和产出的效率，但它不能提升分析的能力。我们要从财务核算转型到财务 BP，不是从财务核算转型到 IT 工程师。

那么，如何使用这些工具呢？下面是我的经验总结。

1. 用 Excel 分析数据。

要使用 Excel 分析数据，至少要知道 Excel 的常用函数有哪些。现在拿出一张白纸，写下你用过的函数，如果你只能想到 SUM、IF、SUMIF、COUNTIF、VLOOKUP 等基本函数，我建议你马上开始系统学习 Excel。有时候对处理数据感到无从下手，原因是理论知识匮乏，也就是对 Excel 的常用函数不了解。

Excel 的常用函数基本不超过 20 个，当碰到特殊函数的时候，上网学习就够了，但前提是大概知道特殊函数有哪些，不然都不知道上网学习什么。

此外，Excel 的两大插件一定要学。

① Power Query，能处理超过 100 万行数据。

② 方方格子，具有文本处理、数值输入、批量删除、合并转换、统计分析等上百个实用功能。

2. 用 Power BI 美化数据。

Power BI 的常用功能是美化数据，可以快速生成可视化动态图表。其实，Excel 本身也可生成可视化动态图表，但是操作比较复杂。Power BI 有多种可视化模板可供选择，可以快速实现数据图表化，向数据使用者直观展示结论。

3. 用 PPT 汇报数据。

目前在职场培训领域中，PPT 课程比 Excel 课程更火，因为 PPT 培训结果很直观。课程中展示的效果确实会使在职人员有学习的冲动。那么，财务 BP 是否也需要花费时间深入学习 PPT 呢？

答案是财务 BP 不需要深入学习 PPT，但要有符合自己汇报逻辑的 PPT 模板。

大多数传统财务人员会使用 Excel 做数据的展示和汇报，因为他们汇报的是数据产生的过程。但是对财务 BP 来说，他们汇报的是数据的结果和提出的建议，大部分是不可量化的过程，比如什么原因导致这一结果、什么流程产生这一结果等。因此，财务 BP 需要用 PPT 这个工具来汇报成果。

下面给大家总结了财务 BP 应掌握的 PPT 知识。

（1）了解 PPT 的基本功能，包括怎么插入图表、怎么美化图表、怎么插入文字、怎么播放 PPT 等。

（2）了解如何动态关联 PPT 和 Excel 文件，实现数据同步更新。

（3）熟悉不同图表代表的逻辑意义。比如，柱形图描述的是分类数据，解决的是每一类"有多少"的问题；折线图描述的是某一事物在连续时间间隔上的变化，如数据是递增的还是递减的、增减的速度、增减的规律（趋势性、周期性、螺旋性、随机性等）、峰值、谷值等特征。

（4）重点掌握 PPT 汇报逻辑，形成一份带有自己风格的 PPT 汇报模板。同一个数据指标或同一件事，不同的人用不同的方法描述，结果会相差很大。

第三章
财务的深度

前文一直在强调财务 BP 要具备业务能力，要结合业务为企业输出更有价值的建议。但是，财务 BP 的财务工作内容绝非写会计分录、报税等基础工作。所以，要成为一名合格的财务 BP，就要在日常工作中不断挖掘财务的深度和提升财务能力。

第一节　非核算财务常识

众所周知，财务是跟数字打交道的工作，跑银行、报销、做账、做预算、报税等都是围绕着数字进行的。但实际工作中，财务人员往往会碰到一些非核算财务工作。这些非核算财务工作往往是财务人员应该做的，如果财务人员无法胜任这类工作，则会被认为是不合格的。本节总结了实践中经常会被问起，但是又不归属于财务核算范围的非核算财务工作，分别涉及注册资金、公司章程和财务报表方面的问题。

（一）注册资金的秘密

《中华人民共和国企业法人登记管理条例施行细则》第二十二条规定："注册资金数额是企业法人经营管理的财产或者企业法人所有的财产的货币表现。"

注册资金一般会出现在 4 个地方：一是营业执照上会显示企业注册资金是多少；二是公司章程中会列示企业注册资金是多少；三是资产负债表上，实际缴纳的注册资金，体现在实收资本项目中；四是国家企业信用信息公示系统会公示企业注册资金实缴情况。

在实践中，财务 BP 需要了解注册资金给企业带来的隐藏风险，对企业注册资金风险进行事前控制。

1. 注册资金高的风险。

有些人认为企业注册资金越高越好，因为这样企业规模看起来比较大。那么，注册资金高会带来哪些不可控的风险呢？

（1）注册资金高代表验资审计费用高，会计师事务所验证企业注册资金是按照企业认缴的注册资金的一定比例来收取审计费用的。

（2）注册资金越高代表破产清算时所有者承担的债务越高。

《中华人民共和国公司法》第二十六条规定："有限责任公司的注册资本为在公司登记机关登记的全体股东认缴的出资额。法律、行政法规以及国务院决定对有限责任公司注册资本实缴、注册资本最低限额另有规定的，从其规定。"目前公司的注册资金制度是认缴制度，也就是说，注册公司时只需在有限期限内认缴注册资金，不需要实际支付。有限期限是公司自主决定的，当认缴期限到期，公司也可以延长期限。银行业金融机构、证券公司、期货公司、基金管理公司、保险公司、保险专业代理机构和保险经纪人、直销企业、对外劳务合作企业、融资性担保公司、募资设立的股份有限公司，以及劳务派遣企业、典当行、保险资产管理公司、小额贷款公司等27个行业企业，仍然实行注册资金实缴登记。

《最高人民法院关于适用〈中华人民共和国公司法〉若干问题的规定（二）》第二十二条规定："公司解散时，股东尚未缴纳的出资均应作为清算财产。股东尚未缴纳的出资，包括到期应缴未缴的出资，以及依照公司法第二十六条和第八十条的规定分期缴纳尚未届满缴纳期限的出资。公司财产不足以清偿债务时，债权人主张未缴出资股东，以及公司设立时的其他股东或者发起人在未缴出资范围内对公司债务承担连带清偿责任的，人民法院应依法予以支持。"《中华人民共和国企业破产法》第三十五条规定："人民法院受理破产申请后，债务人的出资人尚未完全履行出资义务的，管理人应当要求该出资人缴纳所认缴的出资，而不受出资期限的限制。"也就是说，在公司破产的情况下，无论股东认缴出资期限是否到期，债权人都有权要求未实缴出资的股东按照出资比例承担连带清偿责任。

表 3-1 所示为甲企业（有限责任公司）注册资金。

表 3-1　甲企业注册资金

企业情况	股东 A	股东 B	合计	实缴期限
注册资金认缴	100 万元	100 万元	200 万元	
注册资金实缴	100 万元	0	100 万元	
欠债余额			1 500 万元	2030 年 12 月 31 日
股东需要补缴	0	100 万元	100 万元	
欠债余额			1 400 万元	

　　由表 3-1 可知，甲企业注册资金为 200 万元，两个股东分别认缴注册资金 100 万元，其中股东 A 已全部缴纳，股东 B 准备在实缴期限最后一天缴纳。如果 2026 年，甲企业因经营不善，资不抵债，宣布破产，破产清算时总计欠款 1 500 万元。请问股东 A 和股东 B 各需要承担多少？

　　① 股东 A 认缴 100 万元，实缴 100 万元，实缴已完成，不需要补缴注册资金来偿还欠款。

　　② 股东 B 认缴 100 万元，实缴 0 元，实缴未完成，需要补齐注册资金 100 万元来偿还欠款。

　　③ 剩余 1 400 万元欠款已超出股东实缴注册资金，法律规定有限责任公司股东承担有限责任，不再追缴个人资产。

　　④ 虽然破产时还未到实缴期限，但是未实缴股东仍需要补齐注册资金。

　　乙企业注册资金如表 3-2 所示。

表 3-2 乙企业注册资金

企业情况	股东 A	股东 B	合计	实缴期限
注册资金认缴	1 000 万元	1 000 万元	2 000 万元	
注册资金实缴	500 万元	0	500 万元	
欠债余额			1 500 万元	2030 年 12 月 31 日
股东需要补缴	500 万元	1 000 万元	1 500 万元	
欠债余额			0	

由表 3-2 可知，乙企业注册资金为 2 000 万元，两个股东分别认缴注册资金 1 000 万元，其中股东 A 实缴一部分，股东 A 和股东 B 准备在实缴期限最后一天缴纳。如果 2026 年，乙企业因经营不善，资不抵债，宣布破产，破产清算时总计欠款 1 500 万元。请问股东 A 和股东 B 各需要承担多少？

①股东 A 认缴 1 000 万元，实缴 500 万元，实缴未完成，需要补齐注册资金 500 万元来偿还欠款。

②股东 B 认缴 1 000 万元，实缴 0 元，实缴未完成，需要补齐注册资金 1 000 万元来偿还欠款。

③虽然破产时还未到实缴期限，但是实缴未完成的股东仍需要补齐注册资金。

从以上两个案例可以看出，甲企业和乙企业都欠了 1 500 万元，但是因为注册资金不一样，企业股东所需要承担的结果也不一样。甲企业股东 A 不需要承担债务，股东 B 只需要按照未缴纳的注册资金承担有限债务，即承担 1 500 万元中的 100 万元。乙企业股东 A 需要以未缴纳的注册资金 500 万元为限承担债务，股东 B 需要按照未缴纳的注册资金 1 000 万元为限承担债务，2 人共同承担所有债务。

（3）融资路上绊脚石。

当企业实际经济规模和企业注册资金不匹配的时候，在企业进一步发展的过程中融资失败的概率会增大。企业估值一般会使用现金流量折现法，步骤如下。

①预测企业未来 3～5 年的营业收入。

②预测企业未来 3～5 年的毛利率。

③预测企业未来 3～5 年的运营费用。

④预测企业未来 3～5 年的资本支出。

⑤依据以上预测结果，使用现金流量折现法计算企业估值。

从以上步骤可以发现，融资机构对企业的估值主要依赖于企业产生的利润和前期投了多少钱，跟企业注册时认缴多少注册资金没有关系。因此在实际融资中，经常会发生付出的钱可能比融到的钱还要多的情况。

【案例】甲企业注册资金 5 000 万元，股东 A 认缴出资 1 000 万元，股东 B 认缴出资 4 000 万元，经营几年后企业效益不错，每年利润可达 500 万元左右。天使投资机构 C 认为甲企业未来发展前景非常好，因此按照甲企业利润估值 3 000 万元，出资 600 万元现金，占比 20%。

①天使投资机构 C 投资 600 万元，甲企业注册资金 5 000 万元，600÷5 000×100%=12%。因为天使投资机构 C 认缴甲企业 20% 的注册资金，实际缴纳 12%，所以还剩 8% 属于未缴纳状态。如果甲企业破产，天使投资机构 C 还需要补缴剩余的

8% 未实缴资金。因此，天使投资机构 C 很有可能会在投资协议里要求甲企业其他股东或者大股东补缴这 8%，也就是 400 万元。那么，对于甲企业原来的股东 A 和股东 B，他们在融资到 600 万元现金的同时还需要再掏 400 万元现金。

②天使投资机构 C 投资 600 万元，占比 20%，倒推可知注册资金应该是 600÷20%=3 000（万元），甲企业需要减资到 3 000 万元。但是，减少注册资金伴随着风险，比如，减资必须登报公示，通知所有债权人；若减资时间较长，企业自登报公告之日起 45 日后才能申请减资变更，而在这期间企业很可能已经倒闭了。

2. 注册资金低的风险。

（1）注册资金低会间接让企业失去很多业务机会。假设企业的拟合作企业的注册资金是 100 万元，而将签署的合同价值为 200 万元，财务 BP 在审核该合同时，可能会提出如果合作失败，对方最多只需要承担 100 万元，这样会导致合作不成立。

（2）核心人员股权。实践中，企业会通过给予股权的形式捆绑核心人员与企业利益。假设企业注册资金 100 万元，大股东持股 80%，总经理持股 20%。大股东前前后后共投入 500 万元的启动资金到企业。假设企业在总经理的带领下最终实现盈利 1 000 万元，总经理可分红 200 万元；假设企业最终被总经理搞倒闭了，欠债 100 万元，总经理需承担 20 万元，而大股东实际亏损了 580 万元（500+80）。

（3）特殊行业招投标底线。有些特殊行业招投标时对企业的注册资金有要求。比如，工程行业招标会要求施工资质等级，企业在办理相对应的资质等级时会有注册资金的要求。

3.注册资金应与业务匹配。

（1）对于初创企业、规模不大的企业，建议初始注册资金在 50 万～100 万元，后续可以根据企业发展逐渐增资。

（2）对于有投融资计划和规模较大的企业，与实际业务相匹配的注册资金是合适的。企业可以利用相关方法来预估注册资金为多少是合适的，具体如下。

企业可以将新建项目划分成筹备期和营业期。

① 筹备期资金需求＝原始投资额＝长期资本投资＋垫支营运资本＝固定资产采购＋无形资产采购＋其他长期资产采购＋垫支营运资本

② 营业期第 1 年资金需求＝营业收入－付现营业费用＝税前经营利润＋折旧

③ 营业期第 2 年资金需求＝营业收入－付现营业费用＝税前经营利润＋折旧

④ 安全资金＝每月付现固定成本 ×6/9/12（根据企业股东资金情况和财务风险偏好决定）

⑤ 注册资金预计＝筹备期资金需求＋营业期第 1 年资金需求＋营业期第 2 年资金需求＋安全资金＝企业开业前需要花的钱＋企业运营中实现利润前需要花的钱＋每月付现固定成本 ×6/9/12

（二）公司章程的秘密

公司章程是指公司依法制定的，规定公司名称、住所、经营范围、经营管理制度等重大事项的基本文件，也是公司必备的规定公司组织及活动基本规则的书面文件。公司章程是股东一致的意思表示，载明了公司组织和活动的基本准则，是公司的宪章。公司章程具有法定性、真实性、自治性和公开性等基本特征。

1. 分红。

大部分公司章程较少涉及股东如何分红，那么在公司章程中约定按照股东出资比例分配利润，这样对吗？

《中华人民共和国公司法》第三十四条规定："股东按照实缴的出资比例分取红利；公司新增资本时，股东有权优先按照实缴的出资比例认缴出资。但是，全体股东约定不按照出资比例分取红利或者不按照出资比例优先认缴出资的除外。"也就是说，公司股东约定了分红方式的，依据约定分红；未约定的，股东按照实缴的出资比例分取红利。《最高人民法院关于适用〈中华人民共和国公司法〉若干问题的规定（三）》第十七条规定："股东未履行或者未全面履行出资义务或者抽逃出资，公司根据公司章程或者股东会决议对其利润分配请求权、新股优先认购权、剩余财产分配请求权等股东权利作出相应的合理限制，该股东请求认定该限制无效的，人民法院不予支持。"

【案例】甲企业注册资金200万元，有2个股东分别认缴100万元，其中股东A已全部实缴，股东B准备在实缴期限的最后一天缴纳。年末，根据财务报表，甲企业可供分配利润为10万元，请问甲企业应该如何分配利润？

①查询甲企业的公司章程可知，股东没有约定如何分红。年末可供分配利润 10 万元都归属股东 A，股东 B 未实缴注册资金，无分红权利。

②查询甲企业的公司章程可知，股东约定按照认缴资金比例分红。年末股东 A 可分红 5（10×50%=5）万元，股东 B 可分红 5 万元。

2. 表决权。

《中华人民共和国公司法》规定：股东会会议作出修改公司章程、增加或者减少注册资本的决议，以及公司分立、合并、解散或者变更公司形式的决议，必须经代表三分之二以上表决权的股东通过。

公司章程中不能订立与上述规定相背离的条款；但可规定需要全体股东表决通过才能修改公司章程，以及增加或减少注册资本，公司分立、合并、解散或变更公司形式。

3. 股东退出机制。

《最高人民法院关于适用〈中华人民共和国公司法〉若干问题的规定（三）》第十八条规定："有限责任公司的股东未履行出资义务或者抽逃全部出资，经公司催告缴纳或者返还，其在合理期间内仍未缴纳或者返还出资，公司以股东会决议解除该股东的股东资格，该股东请求确认该解除行为无效的，人民法院不予支持。"该条款表明，股东抽逃全部注册资金，法院才支持公司以股东会决议解除该股东的股东资格。说得极端点，如果未事先在公司章程中约定，股东出资 100 万元，抽逃 99.9 万元，公司也无法强制解除其股东资格。

建议在公司章程中约定，在股东未足额出资、抽逃全部或者部分出资的情况下，公司可通过股东会决议解除该股东资格，或者在股东存在损害公司利益行为的情况下，通过股东会决议解除该股东资格。

4. 查账权。

《最高人民法院关于适用〈中华人民共和国公司法〉若干问题的规定（四）》第七条规定："股东依据公司法第三十三条、第九十七条或者公司章程的规定，起诉请求查阅或者复制公司特定文件材料的，人民法院应当依法予以受理。公司有证据证明前款规定的原告在起诉时不具有公司股东资格的，人民法院应当驳回起诉，但原告有初步证据证明在持股期间其合法权益受到损害，请求依法查阅或者复制其持股期间的公司特定文件材料的除外。"该条款表明，股东想通过查账了解被投资企业的经营情况，在某些情况下被投资企业是有权拒绝的，除非在公司章程中约定股东允许查阅和复印会计账簿和原始凭证或者允许委托专业机构审计。

可能对于大多数财务人员来说，公司章程只不过是注册公司时需要提供的一份文件而已，但是如果想成为一名财务BP或者管理型财务人员，就应该仔细研究公司章程。想在财务领域有所提升，不是一步就可以完成的，只有逐渐积累才能稳扎稳打地跨上一个台阶。

（三）财务报表的秘密

财务核算和财务BP的区别之一就是财务核算只要求自己

能看懂财务报表，财务 BP 则要能让业务人员或者管理者看懂财务报表。也就是说，财务报表所列数据没有变，经济业务没有变，只是表达方式变了，最终获取的成果也就不同了。

1. 资产负债表。

对于资产负债表，不同的表述如下。

百度百科：资产负债表亦称财务状况表，表示企业在一定日期（通常为各会计期末）的财务状况（即资产、负债和所有者权益的状况）的主要财务报表。

财务核算：资产负债表就是每个月报税要提交的报表。

财务 BP：资产负债表就是反映我有一套价值 200 万元的房子（资产），我父母（股东权益，即所有者权益）出首付款 100 万元，我向银行贷款 100 万元（负债）的报表。房子（资产）= 父母的钱（股东权益，即所有者权益）+ 银行贷款（负债）。

从以上对资产负债表的不同表述可以看出，与业务人员沟通或者与其他非财务人员沟通时应注意以下方面。

（1）不要用财务专业名词。财务人员对资产、所有者权益和负债等名词是很熟悉的，但是非财务人员对其了解较少。

（2）用生活中的常见例子会比只使用干枯的文字更有说服力。是否能把专业的财务知识转化成口语化的表达，其实考验的是财务人员对知识的了解程度。接下来给大家罗列一些财务术语的口语化表述。

① 货币资金：可以花的钱。

② 应收账款：客户欠我的钱。

③ 其他应收款：其他人欠我的钱。

④ 存货：买货物花了多少钱。

⑤ 固定资产：买设备、买厂房等摸得着的东西花了多少钱。

⑥ 无形资产：买商标、知识产权等摸不着的东西花了多少钱。

⑦ 资产总计：我花钱买的所有东西和我剩的钱的合计。

⑧ 短期借款：我欠银行的钱。

⑨ 应付账款：我欠供应商的钱。

⑩ 应付职工薪酬：我欠员工的钱。

⑪ 应交税费：我欠国家的钱。

⑫ 其他应付款：我欠其他人的钱。

⑬ 实收资本：股东给企业投了多少钱。

⑭ 资本公积：股东给企业多投的钱。

⑮ 净利润：我赚了多少钱。

2. 利润表。

对于利润表，不同的表述如下。

百度百科：利润表是反映企业在一定会计期间的经营成果的财务报表。

财务核算：利润表就是反映企业每个月实现多少盈利的报表。

财务BP：利润表有3种表现形式，具体说明如下。

（1）财务核算利润表，如图3-1所示。其主要反映本月 / 本年盈利为多少。

利润表

编制单位： 单位：元

项 目	本年累计数
一、主营业务收入	
减：主营业务成本	
税金及附加	
销售费用	
管理费用	
财务费用	
资产减值损失	
加：公允价值变动收益（亏损以"—"号填列）	
投资收益（亏损以"—"号填列）	
二、营业利润（亏损以"—"号填列）	
加：营业外收入	
减：营业外支出	
三、利润总额（亏损以"—"号填列）	
减：所得税	
四、净利润（亏损以"—"号填列）	

图 3-1 财务核算利润表

（2）适合业务的利润表，如图 3-2 所示。在实践中，特别是毛利率很低的项目，业务人员认为的利润是没有扣除非付现费用/成本的，如未扣除固定资产折旧、无形资产摊销等。所以，财务 BP 在与业务人员沟通时要根据业务实际情况调整利润表。非付现费用/成本就是经营过程中日常非现金支付发生的费用，比如固定资产折旧、无形资产摊销等。所以，与财务核算利润表相比，适合业务的利润表没有营业利润以后的影响净利润的项目，同时增加了财务核算利润表扣除的非付现费用/成本。

利润表

编制单位：   单位：元

项　　　目	本年累计数
一、主营业务收入	
减：主营业务成本	
税金及附加	
二、主营业务利润（亏损以"－"号填列）	
加：其他业务利润（亏损以"－"号填列）	
减：销售费用	
管理费用	
财务费用	
三、营业利润（亏损以"－"号填列）	
四、加：非付现费用/成本	
固定资产折旧	
无形资产摊销	
五、净利润	

图 3-2　适合业务的利润表

（3）适合管理层的利润表，如图 3-3 所示。其适用公式为净利润 = 经营损益 + 金融损益。管理层除了关注业务的盈利，还需关注金融活动给企业带来的其他盈利。

利润表

编制单位：　　　　　　　　　　　　　　　　　　单位：元

项　　　目	本年累计数
经营损益	
一、主营业务收入	
减：主营业务成本	
税金及附加	
二、主营业务利润（亏损以"－"号填列）	
加：其他业务利润（亏损以"－"号填列）	
减：销售费用	
管理费用	
财务费用	
三、税前营业利润	
加：补贴收入和营业外收入	
减：营业外支出	
四、税前经营利润	
减：经营利润所得税	
五、税后经营净利润	
金融损益	
一、利息费用	
二、利息费用抵税	
三、税后利息费用	
四、投资收益/资产减值损失/公允价值变动	
净利润	

图 3-3　适合管理层的利润表

金融活动的费用包含以下内容。

① 利息费用，其为财务核算利润表中财务费用的一部分。

② 金融资产公允价值变动，其对应财务核算利润表的公允价值变动。

③ 金融资产的减值损失，其对应财务核算利润表的资产减值损失。

④ 金融资产处置的损失，其对应财务核算利润表的投资收益。

金融活动的收益包含以下内容。

① 闲置资金产生的利息收入。

② 金融资产公允价值变动产生的收益，其对应财务核算利润表的公允价值变动。

③ 金融资产的减值损失，其对应财务核算利润表的资产减值损失。

④ 金融资产处置的收益，财务核算利润表的投资收益。

3. 现金流量表。

对于现金流量表，不同的表述如下。

百度百科：现金流量表是反映一定时期内（如月度、季度或年度）企业经营活动、投资活动和筹资活动对其现金及现金等价物所产生影响的财务报表。

财务核算：现金流量表就是企业现金流水账。

财务 BP：现金流量表就是企业现金流水账，但是过于专业化，要调整成简单现金收支表，如图 3-4 所示。

企业的经营活动周期分成投资建设期和运营期。

投资建设期现金流量 = -长期资产投资（包括固定资产、无形资产、其他长期资产等）-垫付的营运资本-原有资产的

变现价值 – 原有资产变现净损益对所得税的影响

运营期现金流量 = 销售收入 – 付现变动成本 – 付现固定成本 – 付现期间费用 – 所得税

财务 BP 现金流量表

阶段	投资建设期	202× 运营期											
	0 年	1月	2月	3月	4月	5月	6月	7月	8月	9月	10月	11月	12月	合计
固定资产购置成本														
垫付营运资本														
专利技术使用费														
投资成本小计														
销售收入														
付现变动成本														
付现固定成本														
付现销售费用														
付现管理费用														
付现财务费用														
经营净利润														
减：所得税														
税后经营净利润														
生产设备折旧抵税														
专利技术摊销抵税														
非付现成本小计														
非付现成本抵税														
垫付营运资本回款														
固定资产变现														
专利技术变现														
现金净流量														

图 3-4　财务 BP 现金流量表

第二节　合同常识

（一）合同条款审核重点

买卖合同是财务 BP 在实际工作中接触较多的合同，也是企业经营签订较多的一类合同。由于企业业务的多样化和复杂化，买卖合同争议较常出现，所以财务 BP 应掌握合同常识，了解日常审核合同时需要重点审核的部分。

1. 合同的结构

根据《中华人民共和国民法典》（以下简称《民法典》）第五百九十五条、第五百九十六条的规定，买卖合同是出卖人转移标的物的所有权于买受人，买受人支付价款的合同。买卖合同的内容一般包括标的物的名称、数量、质量、价款、履行期限、履行地点和方式、包装方式、检验标准和方法、结算方式、合同使用的文字及其效力等条款。《民法典》第四百七十条规定，合同的内容由当事人约定，一般包括下列条款：当事人的姓名或者名称和住所；标的；数量；质量；价款或者报酬；履行期限、地点和方式；违约责任；解决争议的方法。以上内容是财务 BP 审核合同的基础架构。

（1）当事人的姓名或者名称和住所。应重点审核当事人是否有案底，以减少不可控因素。合同主体是自然人的，可以在中国裁判文书网查询其是否涉及诉讼案件。合同主体是企业的，可以在第三方平台，如企查查、爱企查等查询其是否涉及法律诉讼。

（2）**标的**。标的指产品或服务，审核重点如下。

① 标的名称。标的名称应当使用产品或服务全称，不建议使用代称、俗称等会引起歧义的名称。

② 标的的商标。如标的涉及多个品牌或商标，建议附上产品对应的品牌或商标。商标在资产负债表中属于无形资产，品牌属于资产负债表的表外项目。

③ 标的的规格。一般食品或化学产品的规格应当约定清楚型号、生产厂家、生产场地、产品主要成分及含量。标的的规格也是验收条件之一。

④ 标的的单位。标的的单位要避免使用"批""套"这些有争议的单位。此外，开具发票的时候也是不允许开具"批""套"等单位，除非附上销售清单。为了保持合同和发票一致，一般建议标的的单位要与发票一致。

财务 BP 可以根据增值税专用发票（见图 3-5）类目复核合同。

（3）**违约责任**。实践中买卖合同会涉及各种违约责任条款，比较常见的是违约金、定金、订金等相关条款。

① **违约金**，指由当事人通过协商预先确定的、在违约发生后做出的独立于履行行为的给付；当事人在合同中约定的或者由法律直接规定的一方违反合同时应向对方支付一定数额的金钱。在实践中一般分在合同中没有约定违约金和约定违约金两种情况。

a. **未在合同中约定违约金**。《最高人民法院关于审理买卖合同纠纷案件适用法律问题的解释》第二十四条规定，买卖合

增值税电子专用发票（票样）

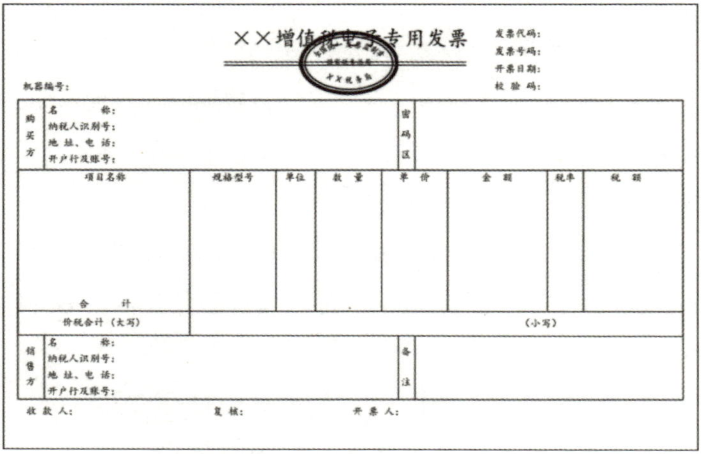

××增值税电子专用发票

发票代码：
发票号码：
开票日期：
校验码：

机器编号：

购买方	名称： 纳税人识别号： 地址、电话： 开户行及账号：	密码区	

项目名称	规格型号	单位	数量	单价	金额	税率	税额
合计							
价税合计（大写）					（小写）		

销售方	名称： 纳税人识别号： 地址、电话： 开户行及账号：	备注	

收款人：　　复核：　　开票人：

图 3-5　增值税专用发票

同对付款期限作出的变更，不影响当事人关于逾期付款违约金的约定，但该违约金的起算点应当随之变更。买卖合同约定逾期付款违约金，买受人以出卖人接受价款时未主张逾期付款违约金为由拒绝支付该违约金的，人民法院不予支持。买卖合同约定逾期付款违约金，但对账单、还款协议等未涉及逾期付款责任，出卖人根据对账单、还款协议等主张欠款时请求买受人依约支付逾期付款违约金的，人民法院应予支持，但对账单、还款协议等明确载有本金及逾期付款利息数额或者已经变更买卖合同中关于本金、利息等约定内容的除外。买卖合同没有约定逾期付款违约金或者该违约金的计算方法，出卖人以买受人违约为由主张赔偿逾期付款损失，违约行为发生在 2019 年 8 月 19 日之前的，人民法院可以中国人民银行同期同类人民币贷款基准利率为基础，参照逾期罚息利率标准计算；违约行为发生在 2019 年 8 月 20 日之后的，人民法院可以违约行为发生时中国人民银行授权全国银行间同业拆借中心公布的一年期贷款市场报价利率（LPR）标准为基础，加计 30%～50% 计算逾期付款损失。

b. **在合同中约定违约金**。《民法典》第五百八十五条规定："当事人可以约定一方违约时应当根据违约情况向对方支付一定数额的违约金，也可以约定因违约产生的损失赔偿额的计算方法。约定的违约金低于造成的损失的，人民法院或者仲裁机构可以根据当事人的请求予以增加；约定的违约金过分高于造成的损失的，人民法院或者仲裁机构可以根据当事人的请求予以适当减少。"上述条款虽然没有明确规定造成损失的上限，但给予了法官根据案情进行酌情裁量的权利，实际中一般以 30% 作为"过分高于造成的损失"的界限。

② **定金**，是指当事人约定的，为保证债权的实现，由一方在履行前预先向对方给付的一定数量的货币或者其他代替物。

《民法典》第五百八十六条规定："当事人可以约定一方向对方给付定金作为债权的担保。定金合同自实际交付定金时成立。定金的数额由当事人约定；但是，不得超过主合同标的额的百分之二十，超过部分不产生定金的效力。实际交付的定金数额多于或者少于约定数额的，视为变更约定的定金数额。"

《民法典》第五百八十七条规定："债务人履行债务的，定金应当抵作价款或者收回。给付定金的一方不履行债务或者履行债务不符合约定，致使不能实现合同目的的，无权请求返还定金；收受定金的一方不履行债务或者履行债务不符合约定，致使不能实现合同目的的，应当双倍返还定金。"该条款表明，如果卖家因为缺货、商品属性有更改等原因拒绝买家的退款要求，是违约行为，这种情况下，卖家应当向买家双倍退还定金。如果买家因为自身原因要求退款，卖家有权拒绝退还定金。比如淘宝平台大促期间预付定金活动，对于买家交付的定金，如果是因为买家自身原因要求退款或者未在规定时间支付尾款，淘宝商家有权不退还定金。

《民法典》第五百八十八条规定："当事人既约定违约金，又约定定金的，一方违约时，对方可以选择适用违约金或者定金条款。定金不足以弥补一方违约造成的损失的，对方可以请求赔偿超过定金数额的损失。"也就是说，定金和违约金只能二选一，但是定金不足以弥补一方违约造成的损失，另一方还可请求赔偿超过定金部分的损失，但定金和损失赔偿的数额总和不应高而于因违约造成的损失。

③ **订金**，是预付款的习惯用语，它是没有法律效力的，也不具有担保性质，只是买卖合同款项中的一部分。如果合同不履行，不管是哪一方的责任，订金都是可以退的。

2. 合同的结算。

审核合同的价款和结算条款是财务 BP 审核合同的重要内容之一，合同的价款和结算条款直接影响财务数据确认时间点、现金流安排节奏。支付价款是买卖合同中买受人的基本义务，是出卖人交付标的物并转移其所有权的条件。支付方式是指买受人履行价款支付义务的具体方法，与买卖双方的权益有密切关系。

（1）合同价款的金额以及支付方式。

①《民法典》第六百二十六条规定："买受人应当按照约定的数额和支付方式支付价款。对价款的数额和支付方式没有约定或者约定不明确的，适用本法第五百一十条、第五百一十一条第二项和第五项的规定。"《民法典》第五百一十条规定："合同生效后，当事人就质量、价款或者报酬、履行地点等内容没有约定或者约定不明确的，可以协议补充；不能达成补充协议的，按照合同相关条款或者交易习惯确定。"《民法典》第五百一十一条第二项和第五项规定："（二）价款或者报酬不明确的，按照订立合同时履行地的市场价格履行；依法应当执行政府定价或者政府指导价的，依照规定履行。""（五）履行方式不明确的，按照有利于实现合同目的的方式履行。"以上条款明确了即使合同没有直接约定价款，只是约定了一个计算方法，只要方法清晰明确，合同也是有效的。

②《民法典》第六百二十九条规定："出卖人多交标的物的，买受人可以接收或者拒绝接收多交的部分。买受人接收多交部分的，按照约定的价格支付价款；买受人拒绝接收多交部分的，应当及时通知出卖人。"该条款规定了以下内容：①销售方多交标的物的，购买方有接收或者拒绝接收的选择权；②购买方拒绝接收应当履行提前通知义务。

③《民法典》第五百一十条规定："合同生效后，当事人就质量、价款或者报酬、履行地点等内容没有约定或者约定不明确的，可以协议补充；不能达成补充协议的，按照合同条款

或者交易习惯确定。"

④《企业所得税税前扣除凭证管理办法》（国家税务总局公告2018年第28号）第十四条规定："企业在补开、换开发票、其他外部凭证过程中，因对方注销、撤销、依法被吊销营业执照、被税务机关认定为非正常户等特殊原因无法补开、换开发票、其他外部凭证的，可凭以下资料证实支出真实性后，其支出允许税前扣除：

"（一）无法补开、换开发票、其他外部凭证原因的证明资料（包括工商注销、机构撤销、列入非正常经营户、破产公告等证明资料）；

"（二）相关业务活动的合同或者协议；

"（三）采用非现金方式支付的付款凭证；

"（四）货物运输的证明资料；

"（五）货物入库、出库内部凭证；

"（六）企业会计核算记录以及其他资料。

"前款第一项至第三项为必备资料。"

其中需要引起财务BP审核注意的是采用非现金方式支付的付款凭证。文件对"采用非现金方式支付的付款凭证"有限制条件：在双方一方法律主体消失或者处于停滞状态的情况下，采用现金方式支付的付款凭证不得税前扣除。虽然目前未有制度规定业务中不可以以现金支付货款，但是以上规定也透露了现金支付的风险性。

税务机关在税务稽查中非常重视"四流合一"。"四流合一"就是指发票流、资金流、合同流、物流相对应，企业未做到"四流合一"可能涉嫌虚开增值税专用发票，不但不能抵扣进项税，还可能受到处罚。

（2）合同价款的支付时间。

《民法典》第六百二十八条规定："买受人应当按照约定的时间支付价款。对支付时间没有约定或者约定不明确，依据本法第五百一十条的规定仍不能确定的，买受人应当在收到标的物或者提取标的物单证的同时支付。"《民法典》第五百一十条规定："合同生效后，当事人就质量、价款或者报酬、履行地点等内容没有约定或者约定不明确的，可以协议补充；不能达成补充协议的，按照合同相关条款或者交易习惯确定。"根据以上规定，合同中未约定支付时间的，应先协议补充；协议不成的，按照合同有关条款或者交易习惯确定；若仍不能确定的，则应当一手交钱，一手交货。

在实践中，经常碰到分期付款的支付模式。目前没有法律明确规定分期付款的支付比例，一般建议分 3～4 期支付货款：①在合同生效后，按照总价款的 20% 支付首付款；②在卖方向买方交付货物的时候，买方向卖方支付总价款的 40%；③在验收或安装完成后，买方向卖方支付总价款的 30%～35% 或者剩余价款；④类似装修行业，可以剩余 5%～10% 的价款以作为合同质保金，在质保期届满后支付。

（3）合同价款的支付地点。

《民法典》第六百二十七条规定："买受人应当按照约定的地点支付价款。对支付地点没有约定或者约定不明确，依据本法第五百一十条的规定仍不能确定的，买受人应当在出卖人的营业地支付；但是，约定支付价款以交付标的物或者交付提取标的物单证为条件的，在交付标的物或者交付提取标的物单证的所在地支付。"《民法典》第五百一十条规定："合同生效后，当事人就质量、价款或者报酬、履行地点等内容没有约定或者约定不明确的，可以协议补充；不能达成补充协议的，按照合同相关条款或者交易习惯确定。"根据以上规定，合同中未约定支付地点的，先协议补充；协议不成的，按照合同有关条款或者交易习惯确定；若仍不能确定的，一般情况下买受人应当在出卖人的营业地支付。

（4）合同结算时间和纳税义务发生时间。

财务 BP 在审核合同时，要重点审核合同结算条款是否符合法律法规对收入确认时点的规定。根据税法规定，增值税、企业所得税等税种都是有相应的纳税义务发生时间的。

《中华人民共和国增值税暂行条例》（中华人民共和国国务院令第 691 号）第十九条规定："增值税纳税义务发生时间：

"（一）发生应税销售行为，为收讫销售款项或者取得索取销售款项凭据的当天；先开具发票的，为开具发票的当天。

"（二）进口货物，为报关进口的当天。

"增值税扣缴义务发生时间为纳税人增值税纳税义务发生的当天。"

《中华人民共和国增值税暂行条例实施细则》（中华人民共和国财政部 国家税务总局第 50 号令）第三十八条规定："条例第十九条第一款第（一）项规定的收讫销售款项或者取得索取销售款项凭据的当天，按销售结算方式的不同，具体为：

"（一）采取直接收款方式销售货物，不论货物是否发出，均为收到销售款或者取得索取销售款凭据的当天。

"（二）采取托收承付和委托银行收款方式销售货物，为发出货物并办妥托收手续的当天。

"（三）采取赊销和分期收款方式销售货物，为书面合同约定的收款日期的当天，无书面合同的或者书面合同没有约定收款日期的，为货物发出的当天。

"（四）采取预收货款方式销售货物，为货物发出的当天，但生产销售生产工期超过 12 个月的大型机械设备、船舶、飞机等货物，为收到预收款或者书面合同约定的收款日期的当天。

"（五）委托其他纳税人代销货物，为收到代销单位的代销清单或者收到全部或者部分货款的当天。未收到代销清单及货款的，为发出代销货物满 180 天的当天。

"（六）销售应税劳务，为提供劳务同时收讫销售款或者取得索取销售款的凭据的当天。

"（七）纳税人发生本细则第四条第（三）项至第（八）项所列视同销售货物行为，为货物移送的当天。"

《国家税务总局关于增值税纳税义务发生时间有关问题的公告》（国家税务总局公告 2011 年第 40 号）规定："纳税人生产经营活动中采取直接收款方式销售货物，已将货物移送对方并暂估销售收入入账，但既未取得销售款或取得索取销售款凭据也未开具销售发票的，其增值税纳税义务发生时间为取得销售款或取得索取销售款凭据的当天；先开具发票的，为开具发票的当天。"

《财政部 税务总局关于全面推开营业税改征增值税试点的通知》（财税〔2016〕36号）附件1《营业税改征增值税试点实施办法》第四十五条规定："增值税纳税义务、扣缴义务发生时间为：

"（一）纳税人发生应税行为并收讫销售款项或者取得索取销售款项凭据的当天；先开具发票的，为开具发票的当天。

"收讫销售款项，是指纳税人销售服务、无形资产、不动产过程中或者完成后收到款项。

"取得索取销售款项凭据的当天，是指书面合同确定的付款日期；未签订书面合同或者书面合同未确定付款日期的，为服务、无形资产转让完成的当天或者不动产权属变更的当天。

"（二）纳税人提供建筑服务、租赁服务采取预收款方式的，其纳税义务发生时间为收到预收款的当天。

"（三）纳税人从事金融商品转让的，为金融商品所有权转移的当天。

"（四）纳税人发生本办法第十四条规定情形的，其纳税义务发生时间为服务、无形资产转让完成的当天或者不动产权属变更的当天。"

3. 合同的发票。

财务BP在审核合同涉及的发票和税务问题时，应确保自己具备除财税知识以外的法律知识。

增值税专用发票可以抵扣税款，因此需要把增值税专用发票作为一项条款列入合同。在实践中，发票风险包括供应商付款后提供发票的时间有误、供应商不愿意提供增值税专用发票、供应商不愿意提供税务机关认可的发票。

《中华人民共和国发票管理办法》第二十条规定："销售商品、提供服务以及从事其他经营活动的单位和个人，对外发生经营业务收取款项，收款方应开具发票；特殊情况下由付款方向收款方开具发票。"第二十一条规定："所有单位和从事生产、经营活动的个人在购买商品、接受服务以及从事其他经营活动支付款项时，应当向收款方取得发票。取得发票时，不得要求变更品名和金额。"因此，供应商提供发票是其必须承担的义务，在合同中需要明确供应商按规定提供发票的义务。

此外，在合同中明确适用的增值税税率、交付发票的要求和时间等有利于控制财务风险。

（1）《增值税专用发票使用规定》第十二条规定："一般纳税人销售货物或者提供应税劳务可汇总开具专用发票。汇总开具专用发票的，同时使用防伪税控系统开具《销售货物或者提供应税劳务清单》（附件2），并加盖财务专用章或者发票专用章。"该条款表明：汇总开具专用发票无销货清单的，不能进行进项税抵扣和企业所得税税前扣除；专用发票提供的销货清单未加盖财务专用章或者发票专用章的，不能进行进项税抵扣和企业所得税税前扣除；未从税控系统开具增值税发票的销货清单的，不能进行进项税抵扣和企业所得税税前扣除。

（2）在合同中分开列示价款和税款，可以清晰体现标的物税率，也可以使企业少缴印花税。印花税是以合同价款为计税依据的，如果在合同中合并列示价税合计额，就需要按照含税价缴纳印花税。

【案例】本合同乙方向甲方提供服务，金额总计人民币【 】元（大写：【 】），其中不含税金额人民币【 】元（大写：【 】），税额人民币【 】元（大写：【 】）。

（3）为了使得发票符合税务稽查要求的"四流合一"，可以在合同中规避合同流、资金流与发票流不一致的问题。

【案例】甲方以银行转账方式向乙方支付款项。甲方向乙方付款，不接受乙方委托第三方收款的要求。甲方在付款时仅按合同载明的户名、开户行、银行账号付款，如乙方银行账号有变，需提前2个工作日书面通知甲方账户变更信息。

（4）为了避免收到不合规的发票，可以在合同中列明相关条款来规避风险。

【案例】乙方若未按合同开具合规增值税专用发票，导致甲方增值税抵扣失败，甲方有权退回失效增值税专用发票，乙方应在收到失效发票后2个工作日提供新的增值税专用发票。

（5）对于大金额增值税专用发票或上市公司、国有企业审计要求严格的，可以在违约责任中明确不提供合规发票需要赔付的条款。

【案例】乙方的以下行为构成违约。

① 向甲方开具虚假发票，或开具与合同经济业务不符的发票，或开具与合同标的物税率不符的发票。

② 未按合同约定时间向甲方开具发票或拒绝开具发票。

③ 甲方发票遗失，乙方未在5个工作日提供甲方其他可抵扣凭证或重新开具发票。

④ 乙方因自身欠税导致甲方无法抵扣进项税额。

⑤ 乙方其他原因导致甲方无法实现进项税额抵扣的情形。

乙方构成上述违约情形的，甲方有权单方面解除合同，同时要求乙方按照以下计算方式赔付相应损失。

在合同规定开具时间未按时开具增值税专用发票，造成甲方未按时抵扣，乙方应按以下计算方式承担相应损失：赔付损失 = 税额 × 银行同期贷款利率 × 时间（合同约定开始时间至甲方实际收到发票的时间）。

（二）合同涉税事项

财务 BP 需要利用财务专业知识与企业经营者和法务深入沟通，规避合同中的税务风险。

1. 一般纳税人资格核查。

签订合同时，需要核查清楚双方的纳税资格。一般在涉及增值税专用发票时，需要购买方提供一般纳税人证明以及购买方全称、纳税人识别号、地址、电话、开户行、银行账号等。

2. 明确是否为含税价格。

含税价格指含增值税的价格。合同中的价格应明确是否为含税价格，若合同中涉及包装费、交通费、仓储费、违约金等价外费用，也需要在合同中明确规定开具相应的发票。

3. 税费承担。

在实践过程中，经常会发生卖方要求买方承担税费的情况。

《民法典》第一百五十三条规定："违反法律、行政法规的强制性规定的民事法律行为无效。但是，该强制性规定不导致该民事法律行为无效的除外。"税法并未规定禁止交易双方约定税收义务实际由纳税人以外的主体承担。因此卖方要求买方承担税费是合法合规的。

如果在合同中明确了卖方要求买方承担税费，就形成了债权债务的关系，买方未按合同支付税费，导致卖方未按时缴纳税款造成的损失，买方应当对卖方进行相应赔偿。

合同中明确了卖方要求买方承担税费，也不代表卖方不是法定纳税义务人，卖方与税务机关之间有缴纳税款的关系。

4. 先款后票还是先票后款。

对于普通消费者来说，先付款后开发票是常见的事。但是在实践中，发票是企业所得税汇算清缴以及增值税进项税额抵扣的凭证，大多数企业都要求先获得发票后付款，以免产生付款以后无法收到发票的风险。

5. 个人所得税代扣代缴。

在实践中，企业有个人所得税代扣代缴义务。

《中华人民共和国税收征收管理法》第四条规定："法律、行政法规规定负有纳税义务的单位和个人为纳税人。法律、行政法规规定负有代扣代缴、代收代缴税款义务的单位和个人为扣缴义务人。纳税人、扣缴义务人必须依照法律、行政法规的规定缴纳税款、代扣代缴、代收代缴税款。"因此，企业与自然人签订合同时，为防后续纠纷，建议在合同中约定：企业按照相关税法为本合同所涉税款的代扣代缴义务人，自然人应该配合付款履行代扣代缴义务。企业按照规定应在代自然人向税务机关履行完纳税义务的3个工作日内向自然人提供完税证明。

6. "四流" 不一致。

如果企业在实际经营过程中，不能保证资金流、发票流、物流和合同流统一，就会涉嫌虚开发票，有被税务稽查的风险。

虚开发票是指不如实开具发票的舞弊行为。纳税单位和个人为了达到偷税的目的或者购货单位为了某种需要在商品交易过程中开具发票时，在商品名称、商品数量、商品单价以及金额上采取弄虚作假的手法，甚至利用比较熟悉的关系，虚构交易事项，属于虚开发票。财务 BP 需要持续追踪合同的执行情况，当发现发票与实际经济业务不符的时候，要及时止损。

如果是收取发票方，同样需要注意"四流"是否一致，以免发票不能列支费用或者抵扣。建议在合同中加入以下条款："×× 应在款项支付 3 个工作日内向 ×× 提供货物发出的出库凭证、物流信息及票据和增值税发票。如果本合同是 ×× 委托第三方物流发出的，则需要 ×× 提供与第三方物流合同复印件、第三方出库凭证、物流凭证复印件，并加盖公章或财务专用章。"

7. 税率变动导致货款不一致。

近年来，我国频繁地出台税率变更政策和相关优惠政策。实践中，税率的变化会导致合同双方涉及货款额的争议。为了避免不必要的损失，财务 BP 应重点审核年末和年初签订的合同，年末和年初通常是新政策的出台日期。其次，在合同中应加入以下条款：不含税金额【 】元，税额【 】元，税率【 】%，如遇国家税收政策调整，不含税金额不变，含税金额按照新税率计算。

第四章
业务的广度

财务 BP 是业财融合的代表，企业要求财务人员懂业务，以支持业务的发展，那财务人员到底要懂多少业务才算懂呢？我认为，财务人员至少应听得懂运营人员日常谈业务时到底在说什么，如果财务人员不知道他们在谈什么，怎么分析经济活动，同时给出有效建议呢？财务 BP 需要具有一定的业务广度：其一，掌握基本业务知识；其二，熟悉各种分析方法，把听到的业务量化成为数字，给出客观有效建议。

第一节　业务知识

业务知识涉及内容非常多，财务 BP 该如何开始且快速学习业务呢？

首先，要明确学习业务的目的是能更好地参与企业业务，而不是成为业务人员。有的人会问，财务 BP 学精了业务知识，可以代替业务人员吗？我觉得不可以，因为财务 BP 与业务人员相比，更多是扮演第三方监督角色，财务 BP 主要监督业务人员的经济行为是否符合企业战略，是否有利于完成企业目标，是否合理合规。

我学习业务知识的经历跟绝大多数业务人员不一样。在实践中，我第一次有了业务概念是我帮第一家公司融资进行尽职调查时。当时因为人手有限，所以投资机构的财务、法务和业务尽职调查都是财务部统筹和对接的。在与投资机构负责尽职调查的人沟通中，我发现他们其实对我所任职的公司所处的行业一点都不了解，但是他们可以在 1 天中掌握企业财务、法务和业务 70% 的实际情况，而且总结得比企业管理层还要好。这其实是因为他们有一套尽职调查模板，他们只需要收集数据，把收集回来的数据汇总整理，然后填满框架即可。这个框架思维对我转型财务 BP 有很大的启发。

本节用尽职调查的思维逻辑梳理财务 BP 到底要怎么去学习业务知识。

根据投资机构对企业的基本业务尽职调查流程，我把财务 BP 需要知道的业务知识分成六大板块，分别是组织架构、商业模式、产品、销售、采购、生产。

（一）组织架构

组织架构经常会被财务人员忽视，他们认为关注组织架构是人力资源管理人员和老板的事。中小企业的财务人员普遍认为企业规模小，根本就没有组织架构。大型企业的财务人员又普遍认为企业规模太大，组织架构根本就不是自身应该关心的事。那为什么财务 BP 要去了解组织架构呢？

了解企业组织架构有两大原因。

第一，进一步了解企业商业模型。企业建立组织架构依据的是企业的商业模型或者业务。从组织架构可以大致了解企业目前的商业模式是怎么样的。

第二，为优化业务流程提供基础。了解组织架构，可以更好地了解业务在企业内部的流转过程。业务的流转过程就是制度的执行过程，业务涉及的人员就是制度的执行者。组织架构可以反映部门和部门之间的关系，有助于了解哪些绩效考核指标是协同决定的，哪些绩效考核指标是互相影响的结果，使得绩效考核更科学。

组织架构根据管理模式、企业规模、企业文化等分为5类，即直线式组织架构、职能式组织架构、矩阵式组织架构、集团式组织架构、事业部式组织架构。具体采用哪种类型，一般由企业管理层根据企业战略制定。

（二）商业模式

商业模式指企业与企业之间、企业的部门之间，以及企业与顾客之间、与渠道之间存在的各种各样的交易关系和联结方式。为什么财务BP要了解商业模式呢？很多财务人员因为不了解企业的商业模式，所以怎么都想不明白，为什么企业一直亏损，却发展得越来越好。

【案例】滴滴出行最开始的时候，天天给乘客发券，给滴滴司机高佣金，乘客每天只需要花费几元甚至不花钱就能打到车。比如原本应支付50元的打车费，乘客实际支付了5元给滴滴平台，同时滴滴平台还付了30元佣金给司机。从传统财务角度思考，乘客支付的车费怎么也无法覆盖平台支付给司机的佣金以及其他运营成本。收入越多亏得越多，这其实颠覆了财务认知。

商业模式指卖方与买方的关系，前文介绍过目前市面上常见的商业模式有 6 种，即 B2B、B2C、C2C、D2C、B2G、B2VC。

商业模式可细化为行业模式，所以财务 BP 分析商业模式可从分析行业模式入手。

财务 BP 要会划分行业。 大多数行业仍然是在做买卖产品 / 服务的交易。进入移动互联网时代，很多行业开始互联网化，从一开始的入驻淘宝、京东，到开展抖音直播等，可从本质上来说，这些行业仍然是在做买卖产品 / 服务的交易，只是多了卖货的渠道。企业所处的行业决定了其盈利模式，这也是财务 BP 需要深入了解行业的原因。

财务 BP 在实践中分析行业有一定难度，因为日常接触的业务场景太少。财务 BP 想通过与业务人员沟通来深入了解行业，但发现业务人员说的都是难以量化的信息，那财务 BP 应怎么做呢？

下面以一家美容院为例展开介绍。小明经营了一家美容院，其营业执照所列的经营范围如下。

美容服务；护肤类化妆品的生产；美容美发及技术咨询服务；化妆品的批发、零售；美容连锁系统；租赁店铺。

仅从"美容院"三个字是很难确定企业是属于哪个行业的。因此，想确认一个企业属于什么行业，关键要看以下几点。

第一，卖什么。

一般会用增值税税率来区分企业卖什么。 排除特殊行业，一般纳税人销售商品或服务适用的增值税税率有 6%、9% 和 13%。

（1）若适用的增值税税率为 6%，企业就是卖摸不着的东西，如服务、游戏里的虚拟道具等。一般销售摸不着的产品的行业的特征是轻资产、重人力。

（2）若适用的增值税税率为 9%，企业一般提供不动产租赁服务等。一般租赁行业的特征是资金占用率高。

（3）若适用的增值税税率为 13%，企业一般卖的是摸得着的东西，如各种有形产品。一般销售摸得着的产品的行业的特征是注重前期投入收回时间和对毛利润的把控。

小明开的美容院涉及几个行业，如图 4-1 所示。

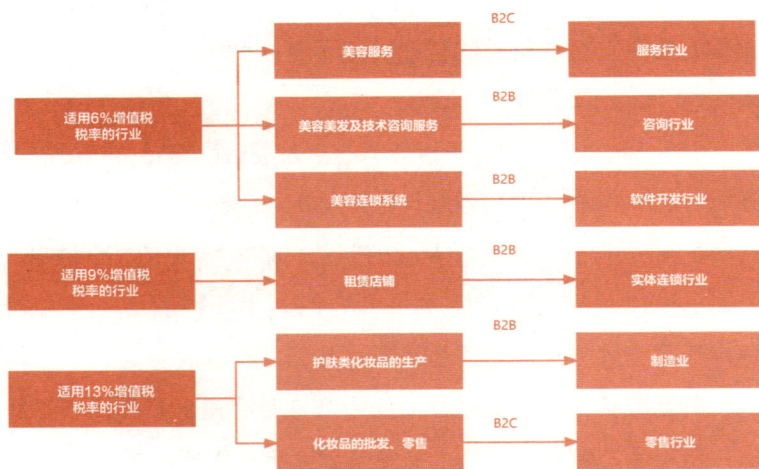

图 4-1　美容院涉及的行业

第二，卖给谁。

实际工作中，财务 BP 可以用增值税流转过程来区分企业将东西卖给谁。

从征税原理上说，增值税是对商品（含劳务和服务）的生产、流通中每一个环节的新增价值或商品的附加值征收的一种流转税。

（1）生产流转可以分为自己生产和委外生产。

（2）生产的商品流通、流转可以通过直销、经销、零售各渠道实现，如图 4-2 所示。

图 4-2　商品的流通、流转

第三，在哪卖。

一般根据是否能看见客户，把销售渠道大致分成两种类型，即线下渠道和线上渠道。线上渠道和线下渠道业务行为见图 4-3。

图 4-3　线上渠道和线下渠道业务行为

商业模式的探索方法类似于审计过程中了解企业内部控制的方法，即穿行测试。

穿行测试是指追踪某笔交易从发生到最终被反映在财务报表中的整个处理过程。审计人员在执行穿行测试时，通常需要综合运用询问、观察、检查相关文件及重新执行等程序。

穿行测试主要用于审计企业内部控制，是一种梳理企业业务流程的方法，财务BP可以用此来探索企业的商业模式。以销售与收款业务为例，企业大致的业务流程如下。

寻找客户—签订销售合同—客户预付款—仓库根据发货清单发货—快递公司送货—开发票给客户—客户付尾款。

从以上销售和收款业务流程可以看出，几乎每一步都有相对应的凭证，检查各环节涉及的原始凭证，有助于分析企业的商业模式，了解企业怎么赚钱。

（三）产品

产品的生命周期大致为：研发—测试—生产—上市—推广—增长—成熟—下滑—退市。财务BP可用数据记录产品的整个生命周期，通过及时发现数据问题，反馈问题，以协助整改问题。

说到分析产品，一般财务人员可能会想到产品生产成本如何核算。生产成本包含直接材料、直接人工和制造费用，也包括摊销的其他固定费用，一般财务人员可根据相关科目进行产品分析。这样其实会限制财务人员的想象空间。为什么说起产品分析一般财务人员只能想到成本分析呢？究其原因，是财务人员视野不够开阔。分析产品时，财务BP要灵活切换自己的角色，时而是消费者，时而是采购人员，时而是老板。当跳出财务角色时，同一个产品就能看到不同的分析面。

1.消费者购买面膜，可能会关注以下方面。

（1）这个面膜的功能是什么？

答：保湿、补水。**（产品功能）**

（2）这个面膜能给我带来什么，能解决什么问题？

答：皮肤变嫩。（**产品价值**）

（3）这个面膜什么时候用？

答：晚上。（**产品使用场景**）

（4）这个面膜怎么用？

答：用完洗面奶后用此面膜，可以晚上敷着睡觉。（**产品如何使用**）

（5）使用这个面膜有需要特别注意的地方吗？

答：敏感肌肤不能用。（**产品限制**）

（6）这个面膜的主要成分包含什么？

答：灵芝提取液、透明质酸、木糖醇。（**产品参数**）

（7）这个面膜用了什么科技？

答：灵芝提取液使用新提取技术，纯度高达 ××%。（**产品核心技术**）

（8）这个面膜是代工厂生产的还是 ×× 企业自己生产的？

答：是代工厂代工生产的。（**产品生产方式**）

（9）这个面膜一盒多少片？

答：一盒 5 片。（**产品规格**）

（10）这个面膜卖多少钱？

答：199 元 / 盒。（**产品定价**）

（11）这个面膜现在有没有优惠？

答：买一送一。（**产品促销**）

（12）这个面膜在线下实体店有卖吗？

答：全国线上和线下都有卖。（**产品渠道**）

以上消费者关注的方面其实也是销售人员需关注的方面，因为销售好不好，最终看的就是买单人满不满意。

财务 BP 扮演消费者角色时需考虑的内容如图 4-4 所示。

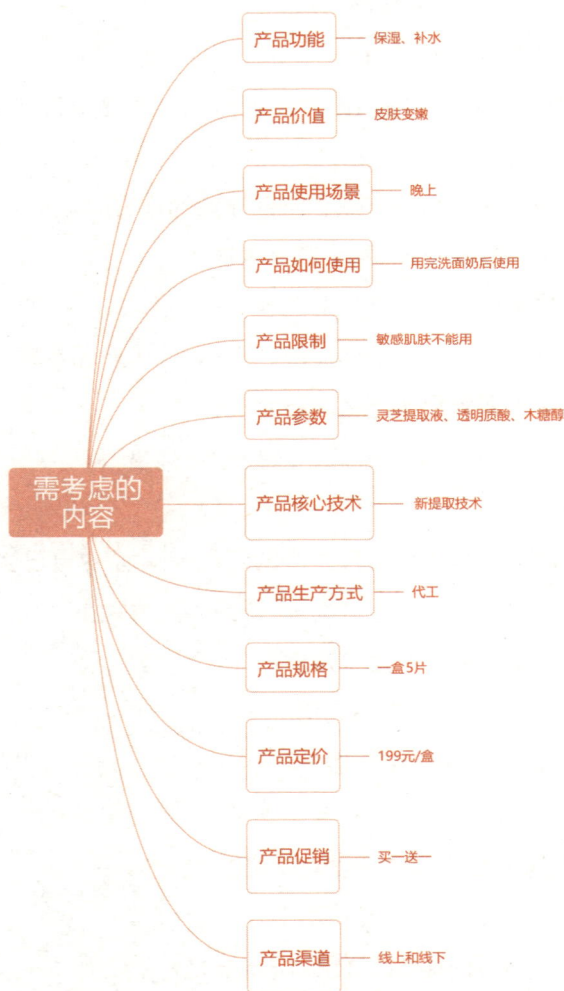

产品功能 —— 保湿、补水

产品价值 —— 皮肤变嫩

产品使用场景 —— 晚上

产品如何使用 —— 用完洗面奶后使用

产品限制 —— 敏感肌肤不能用

产品参数 —— 灵芝提取液、透明质酸、木糖醇

需考虑的内容

产品核心技术 —— 新提取技术

产品生产方式 —— 代工

产品规格 —— 一盒5片

产品定价 —— 199元/盒

产品促销 —— 买一送一

产品渠道 —— 线上和线下

图 4-4 财务 BP 扮演消费者角色需考虑的内容

2. ×× 企业的采购人员，需要采购原材料来制作面膜，具体关注企业准备采购什么，采购多少，目前有没有合作的供应商？

答：先评估已有合作的供应商，可以从以往合作绩效方面进行评估，包含交货时间、产品质量、售后服务、合作年限、合作是否愉快、付款账期等，选择合适的供应商后就直接询价（老供应商绩效评估）；如果没有合适的供应商，就开发新供应商。（新供应商开发）

对于新供应商评估，应关注以下方面。

（1）供应商的资质、信誉和声誉：企业需要对供应商的资质、信誉和声誉进行评估，包括企业注册情况、生产设备、员工素质、产品质量认证、企业社会责任等方面；同时也要了解供应商的历史记录、交易信用、供货能力、品牌形象等信息。

（2）供应商的产品和服务：企业需要对供应商提供的产品和服务进行评估，包括供应产品的技术水平、质量标准、价格、交货周期、售后服务等方面。

（3）供应商的生产能力和供货稳定性：企业需要对供应商的生产能力和供货稳定性进行评估，包括其生产规模、生产线配备、原材料供应等方面。

财务 BP 扮演采购角色需考虑的内容如图 4-5 所示。

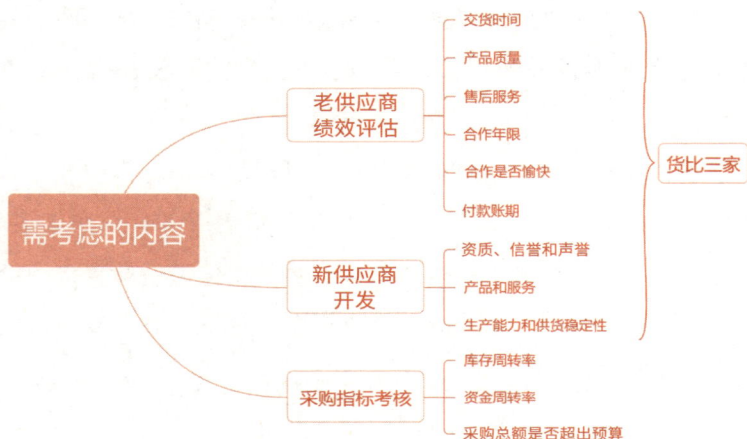

图 4-5　财务 BP 扮演采购角色需考虑的内容

3.××企业的老板，要制定面膜的相关目标和发展方向，具体关注方面如下。

（1）这款面膜近年销量怎么样？去年卖了多少？

（2）这款面膜主要销售到哪几个城市，有哪几个渠道？

（3）这款面膜目前有多少客户，主要是哪些性质的客户？

（4）这款面膜去年赚了多少钱？

（5）如何在去年基础上使销量增加 30%，利润翻倍？

（6）企业未来发展方向和战略是什么？

财务 BP 还可站在企业战略层面分析产品，此时可利用一个工具——微笑曲线。

微笑曲线最早是在1992年由宏碁集团创始人施振荣先生提出的，最初用来描述个人计算机制造流程中各环节的附加价值的变化，后来被广泛运用到其他行业，金融行业是其中一个。

除了金融行业，微笑曲线也被广泛运用到产业链分析中。

微笑曲线是一条两端翘起，中间凹陷，呈现微笑状态的曲线。学者认为，在产业链中，附加价值体现在两端，即研发和销售，中间凹陷（制造）的附加值最低。根据相关数据，在高新技术产业，处于两端的研发设计和品牌效应的附加值各占利润的 20%～25%，中间制造产生的利润只占 5%。

财务 BP 站在战略的层面分析产品，就要了解企业短期和长期战略目标。微笑曲线展示了企业产品的长远目标是拥有核心技术和品牌溢价。企业长期产品微笑曲线如图 4-6 所示。

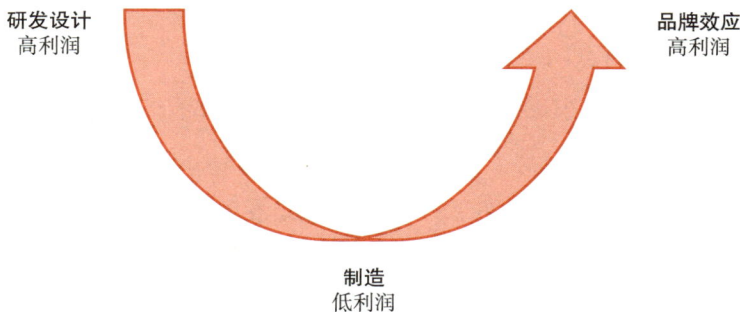

图 4-6　企业长期产品微笑曲线

（四）销售

财务 BP 可用 4P 营销理论来梳理企业的销售业务。4P 营销理论即四个基本策略的组合，包括产品（Product）、价格（Price）、渠道（Place）、推广（Promotion）。

1. 产品（Product）。

产品是个广泛的概念，不仅包括摸得着的产品，还有摸不着的产品，比如服务等。所以，财务 BP 必须清楚企业到底卖什么。

（1）财务 BP 需要了解产品的核心竞争力是什么；本企业产品与竞争对手产品相比，采购价是否更低，渠道是否独有。

（2）产品的最终价值体现在客户购买上，所以财务 BP 需要了解企业不同产品对应的客户。关于客户，财务 BP 可从以下几个部分梳理。

① 企业销售额排名前 10 的客户，平均客单价是多少，平均复购率是多少，占整体销售收入的比例是多少，为企业带来了多少利润。根据销售额排名前 10 的客户，可以分析出企业客户的集中程度。

a. 客户集中的好处：较少的销售费用换来更多且稳定的收入。

b. 客户集中的坏处：一旦失去头部客户，会直接影响企业发展；同时头部客户对价格敏感，稍微调整价格可能就会产生失去头部客户的风险，因此企业失去了主动议价能力。

除客户集中度以外，财务 BP 还可以对销售额排名前 10 的客户进行拓展分析，比如客户是自然人还是企业，是 B 端客户还是 C 端客户，主要是哪个区域的客户，等等。

② 企业新老客户带来的收益各是多少，占比多少；利润是多少，占比多少。

a. 通常，老客户的维护成本远远低于新客户开发成本，同时老客户创造的收益远高于新客户。

b. 新客户的占比代表企业引流的能力，只有拥有源源不断的新客户，企业才能不断扩展销售规模。

【案例】图 4-7 所示为 ×× 企业去年销售额排名前 10 和其他客户的明细，从中可以得出以下结论。

客户名称	客单价（元）	销售额（万元）	销售占比
客户1	612.11	1 257	9%
客户2	729.56	1 121	8%
客户3	640.34	1 262	9%
客户4	626.48	986	7%
客户5	597.13	1 082	8%
客户6	406.22	812	6%
客户7	631.42	785	6%
客户8	630.76	840	6%
客户9	609.57	758	5%
客户10	608.36	781	6%
其他客户	612.32	4 151	30%
合计/平均	609.48	13 835	100%

图 4-7　×× 企业去年销售额排名前 10 和其他客户的明细

① ×× 企业客户高度集中，销售额排名前 10 的客户占整体销售的 70%，企业一旦失去其中某个大客户，就会失去至少 5% 的销售收入。

② 其他客户过于分散，应做进一步的复购率分析。

③ 客户 2 的客单价高于平均值，需要深入分析原因。可以进一步提高客户服务过程中的体验感，高客单价客户对产品的价值需求高于对产品的价格需求，可用附加服务提高其消费额。

④ 客户 6 的客单价低于平均值，需要深入分析原因。可以通

过组合等促销方式，提高单次购买客单价，从而提高销售额。

（3）财务 BP 还需要了解产品是如何细分的。实践中，一般根据营销策略和产品毛利率细分产品。

① 根据营销策略细分产品。

根据营销策略细分产品，产品可分为以下几类。

a. 低价引流品。

低价引流品用于引导消费者下单，以提高销售额。

b. 新品。

若新品是企业的重点产品，前期研发周期长，是企业战略主打产品。一般这样的产品代表着企业的招牌。针对这类产品，一般营销费用预算会比较高，因此财务 BP 需要深入跟运营人员沟通此类产品的销售，避免无效的营销费用投入。

若新品是周期短、迭代比较快的产品，财务 BP 会先对此类产品的竞品做调研，比如竞品价格、竞品客户倾向等；运营人员会根据财务 BP 提供的相应调研数据制定新品运营策略。

c. 爆品。爆品不仅给企业带来了销售收入，同时也带来了流量。爆品打造初期，财务 BP 需要进一步提供竞品的详细信息及产品利润，辅助运营人员合理定价。爆品打造中期，财务 BP 需要根据产品销售情况协助运营人员调整产品定价和运营策略。爆品打造后期，财务 BP 应收集相应的数据建立模型，以优化产品销售。

d. 搭配品。有些产品本身就不具有爆品的特质，一般会和爆品搭配着一起销售。对于这些产品，财务 BP 不需要重点分析其销售情况，但是需要把控利润空间。

② 根据产品毛利率细分产品。实践中，一般可以根据毛利率把所有产品细分成 3 类，分别为毛利率小于 0 的产品、毛利率在 0 与其他变动成本率之间的产品和毛利率大于其他变动成本率的产品。

【案例】×× 企业上月销售若干产品，其中快递费和其他费用占销售收入的 12%（其他变动成本率），财务 BP 根据产品毛利率把产品细分成 3 类，如图 4-8 所示。

产品毛利率	销售额	利润额
毛利率 ≥ 12%	2 554.3 万元	525.2 万元
12% > 毛利率 ≥ 0	2 260.5 万元	186.1 万元
毛利率 < 0	1 560.8 万元	−306.8 万元

图 4-8　根据产品毛利率细分产品

a. 对于产品毛利率 ≥ 12% 的产品，这类产品只要卖出去就可以赚钱，这类产品销售占比越高越好。

b. 对于产品毛利率为 0 ～ 12% 的产品，这类产品卖出去越多，快递费等其他费用越多。企业适合用这类产品抢占市场。

c. 对于产品毛利率小于 0 的产品，销售这类产品就意味着亏损，卖得越多，亏损越大。财务 BP 需要持续跟踪分析这类产品的性价比。

2. 价格（Price）。

价格，主要针对的是产品定价。从财务核算角度，产品定价方法主要有 3 种。

（1）以成本为基础的定价方法。

① 成本利润率定价法。

单位成本（单位完全成本）＝单位变动成本 + 分摊后固定成本

成本利润率＝利润总额 ÷ 成本费用总额 ×100%

单位产品定价＝单位成本 ×（1+ 成本利润率）÷（1– 适用税率）

② 销售利润率定价法。

销售利润率＝利润总额 ÷ 销售收入总额 ×100%

产品定价＝单位成本 ÷（1– 销售利润率 – 适用税率）

（2）保本定价法，即确定最低价格。

产品定价＝（单位固定成本 + 单位变动成本）÷（1– 适用税率）

（3）目标利润法，即根据预期利润目标倒推定价。

产品定价＝（目标利润总额 + 完全成本总额）÷［产品数量 ×（1– 适用税率）］

＝（单位目标利润+单位完全成本）÷（1–适用税率）

以上 3 个定价方法是财务实践工作中比较常用的，本书就不展开讲解了。

3. 渠道（Place）。

产品以不同的价格通过不同的渠道销售到客户那里。比如我们想购买家具，可以在线下商城买，也可以在网上买，还可以去家具厂直接购买，这就是三种不同的渠道。

目前渠道可以分成线上渠道和线下渠道。线上渠道包含电商平台、搜索引擎、直播带货等。线下渠道包含线下零售店、工厂店等。

财务 BP 要清楚地知道产品涉及的所有渠道，每个渠道都是一个分析维度，财务 BP 应对各渠道产生的销售额、利润、维护成本等数据进行监控分析。

对于渠道经验比较少的财务 BP，可以参考以下方法。

（1）对于新产品，一般建议采用直营销售模式。首先，新产品采用直营销售模式，可以降低前期投入的渠道维护费；其次，企业可以快速获得市场对新产品的直接反馈，及时调整新产品策略。

（2）对于毛利率低的产品，一般建议采用直营销售模式或者一级分销模式。毛利率低的产品，多一层分销渠道，就多一道环节压缩企业的利润空间。

（3）对于客户集中度高的产品，一般建议采用直营销售模式。若客户集中在某个地方，不建议增加渠道商，企业可以采取多种促销手段提高销售，把利让给客户而不是渠道商。

（4）对于客单价低、品类数量多的产品，一般建议采取分销模式。分销渠道成本一般低于直营产生的变动成本。

4. 推广（Promotion）。

推广就是通过不同的渠道把企业的产品和价格信息传递给客户。传统的推广模式就是电视广告、交通工具广告等线下推广。但是随着互联网的快速发展，线上渠道变成了现在企业优先选择的推广渠道。根据产品和企业的特质，财务 BP 要结合线上和线下推广渠道的优劣势，围绕着推广的最优投资回报率进行分析和提出建议。

（1）传统电视广告。

传统电视广告是没有特定的客户群体的，并且广告成本高，销售转化率较低；但是电视广告有其他新型推广模式没有的优势，就是公信力和品牌力。当企业需要提高品牌效益、塑造品牌形象的时候，电视广告比其他新媒体广告更有权威性。因此在企业投放电视广告时，财务 BP 就不能以投资回报率或者支付转化率进行评估，因为电视广告获得的品牌效益属于无形资产，难以用数据衡量。

（2）地推。

地推类似于传统百货公司卖货员推销商品，只是现在把推销的场地变得无限大，本质是没有变化的。地推是新品上市时的主要推广方式。首先，新品的前期推广费相对比较少，地推的前期投入主要是业务员的薪资和一些小礼品。其次，地推不同于线上新媒体推广，它是直面客户群体的，业务员可以获得最真实的反馈，通过反馈可以及时调整新品推销策略。最后，业务员收集的信息可以作为地推转化率的数据来源。

（3）线上新媒体。

线上新媒体日新月异，采用线上新媒体推广模式的，财务 BP 需要重点追踪新增访客数、总访问客数、广告投放指标、投放回报率等。在业务员准备营销策划活动的时候，财务 BP 就需要参与，了解业务推广整体流程，以及相关销售和利润预测，以及时把控风险漏洞。

下面以电商行业为例，介绍业务推广活动前，财务 BP 需要了解什么。

【案例】对于某年某电商平台开展的"双十一"活动，财务 BP 需要了解的内容大致如下。

① "双十一"预热期、活动期、爆发期分别在什么时候。

② 此次"双十一"活动优惠方式有多少种（单品级优惠、店铺级优惠、跨店级优惠等）。

③ 每种优惠方式的官方解释是什么。

④ 哪些产品参与哪些活动。

⑤ 哪些产品参加多种活动，确定多重优惠叠加的可能性。

⑥ 优惠活动对产品毛利润有什么影响。

【案例】"双十一"期间，产品 A 参加了"前 N"活动和官方立减双重优惠活动，财务 BP 需要了解产品 A 的消费者到手价。产品 A 活动价 100 元，参与前 N 分钟官方大促活动，该前 N 分钟活动优惠价为 90 元，官方立减 10%，则在前 N 活动时间内，产品 A 消费者到手价为 90–90×10%=81（元）。

【案例】"双十一"期间，产品 B 参加了"前 N"活动，优惠价为 80 元，官方立减 10%，店铺券满 80 元减 5 元，此时产品 B 消费者到手价为 80–80×10%–5=67（元）。

推广促销期间，各竞争对手之间的价格竞争加剧，会使得财务 BP 收集的数据偏离日常值。这个时候财务 BP 不能只关注收入和利润指标，而要把更多注意力放在客单价和支付转化率这两个指标上，以判断推广促销期间活动的效果。

（五）采购

采购业务免不了与供应商打交道，实际工作中，财务 BP

直接接触供应商的概率比较小，因此财务 BP 拥有的大部分信息来自采购人员和业务人员。

在获取业务和采购信息后，财务 BP 可以作为第三方去了解供应商的实际情况，来验证从采购人员和业务人员处获取的信息。财务 BP 主要了解以下内容。

1. 供应商的基本信息，包括其经营范围、工厂地址、人员规模、主要合作伙伴。

2. 供应商的主要客户和竞争对手，包括供应商主要客户业务规模、是否是企业的竞争对手等。

3. 供应商涉及产品的价格变动规律，重点供应商涉及的产品近 3 年的产品单价的变动规律。在变动比较大的时间点，分析确定变动大的原因。

4. 行业发展情况。准确的行业发展情况来自与内部人员的沟通。

（六）生产

有关生产，财务 BP 主要关注以下内容。

1. 生产模式。

通常情况下，企业生产模式可以分成 4 类，分别如下。

（1）资源订单式生产：订单—资源—生产。此类模式下，先有客户，再找相关资源，最后生产。这一模式比较适合初创型企业，有利于减少前期资金投入。

（2）订单生产式生产：资源—订单—生产。此类模式下，先找到资源，再根据资源找相应客户，最后生产。这一模式比较适合规模大和资金多的企业，这一模式的优点就是可集中采买压低价格。

（3）库存生产式生产：资源—生产—订单。此类模式下，先找到资源并生产，再找客户。通常制造业采用这个模式，因为生产周期长。

（4）准时生产（Just in Time，JIT）：制造业的理想化生产模式，建立准时生产系统的目标是实现零库存，通过流程优化库存，使得库存量跟需求匹配。

以上生产模式中，风险最低的是资源订单式生产，一般先收款后生产，只要把收款和付款周期安排合理，资金压力是最低的。财务BP可以根据以下步骤确定企业生产模式。

第一步，通过财务数据，如采购合同、采购付款、产品入库以及库存明细账来推测企业的生产利润。

第二步，带着推测与相关负责人沟通确认企业属于哪种生产模式。

第三步，结合财务数据和非财务数据梳理确定企业的生产模式。

2.生产计划。

生产计划是指企业根据销售部提出的销售目标和仓库实际资源情况，制定的生产任务、时间表和生产过程中所需要的具体资源配置，包括人力、物料、工序、设备等方面的计划和安排。一般财务BP可以结合接触到的关于生产的所有原始凭证和生产计划，梳理生产流程，同时发现财务核算过程中是否有流程缺陷。

3.生产数据指标。

生产数据指标一般包括能生产多少、周转周期、生产效率。

（1）能生产多少。

能生产多少，即企业的产能是多少，按照时间，可把产能分成小时、日、周、月、季度等多个维度。

（2）周转周期。

产能的最终服务对象是销售，财务BP可通过周转周期来监测产能对销售的影响。

（3）生产效率。

生产效率是企业生产流程合理性的反映，财务BP可通过将企业当期生产效率与企业历史数据进行对比，以及与竞争对手的数据进行对比，查找异常数据。

（4）数据的合理性。

财务BP需要结合企业的生产流程去判断数据的合理性。比如辅助原料，如判断水、电、燃料等的消耗和产出之间的比例是否合理。从财务核算角度，这些辅助费用都是不重要支出，但是实际中往往是通过这些辅助费用发现企业内部流程问题的，因为这些费用的原始凭证都来自独立第三方，数据更加真实可信。辅助费用的投产比其实能反映企业内部流程是否按企业规定执行，是否存在内部控制问题。除辅助费用的投产比，还有快递费的投产比、周转材料投产比等。

4.生产业务分析方法。

常用的生产业务分析方法有固定制造费用两因素分析法和固定制造费用三因素分析法。

固定制造费用两因素分析法，是将固定制造费用差异分为耗费差异和能量差异的方法。

计算公式如下。

耗费差异＝固定制造费用实际数－固定制造费用预算数

能量差异＝固定制造费用预算数－固定制造费用标准成本

＝固定制造费用标准分配率 × 生产能量－固定制造费用标准分配率 × 实际产量标准工时

＝（生产能量－实际产量标准工时）× 固定制造费用标准分配率

固定制造费用三因素分析法，是将固定制造费用成本差异分为耗费差异、闲置能量差异和效率差异三部分的方法。

计算公式如下。

闲置能量差异＝固定制造费用预算数－实际工时 × 固定制造费用标准分配率

＝（生产能量－实际工时）× 固定制造费用标准分配率

效率差异＝实际工时 × 固定制造费用标准分配率－实际产量标准工时 × 固定制造费用标准分配率

＝（实际工时－实际产量标准工时）× 固定制造费用标准分配率

第二节　业务分析方法

上一节介绍了财务 BP 必备的业务知识，这一节介绍业务分析方法，帮助财务 BP 构建属于自己的数据分析体系。

（一）数据概述

1. 认识数据指标。

说起数据，大多数财务人员想到的可能是可加减乘除的数字。其实不然，可做计算的数字只是数据的一部分，数据逻辑关系是由数字和非数字组成的一串互相影响、互相制约的关系。这种逻辑关系不会单独存在。

根据是否可加减乘除，数据指标可分为两种类型。

（1）数字指标：可比大小、可加减乘除。比如，销售收入 100 万元，毛利润 80 万元。

（2）类别指标：没有大小之分，不可加减乘除。比如，20 岁以下客户偏爱价格低的产品，20 岁以上客户偏爱质量高的产品。

"20 岁以下客户偏爱价格低的产品"和"20 岁以上客户偏爱质量高的产品"，两者无法直接比较，但是可以把它们转换成数字指标。此时，可以人为地分类统计每个价格区间中 20 岁以下和 20 岁以上客户购买产品的人数，从而给产品定价提供数据依据，如表 4-1 所示。

表 4-1　不同年龄段客户付款情况

客户年龄	购买 5 ～ 10 元产品的人数（人）	购买 10 ～ 30 元产品的人数（人）	购买 30 ～ 100 元产品的人数（人）
20 岁以下	159	37	9
20 岁以上	25	85	95

把类别指标转成数字指标后，可以看到，20 岁以下客户偏爱 5～10 元的产品，针对这类客户，产品的定价就有了相对客观的数据依据。对于接受数据分析结果的不同使用者，对"低"字会产生不同的理解，但是对"5～10 元"就不会产生歧义。

所以财务 BP 在跟数据使用者沟通分析结果的时候，要以数字指标为基础，类别指标可能会产生歧义。

2. 数据指标框架。

数据指标框架就是根据实际业务建立的指标之间的关系，业务是在不断变化的，但是关系是不会变的。

财务 BP 搭建了属于自己的数据指标框架，就可以以不变（数据指标框架）应万变（多变的业务环境）。

一个完整的数据指标框架必须包括以下 5 项。

（1）分析对象。

（2）分析时间。

（3）数据来源。

（4）对比标准。

（5）计算公式。

【案例】计算分析昨天 ×× 企业在抖音平台的直播销售额，见表 4-2。由表 4-2 可知，不同岗位对同一个指标的理解差距非常大，所以财务 BP 在与不同部门沟通数据指标的时候，要与对方确定对数据指标框架内容的理解是否一致。

表4-2 不同岗位对数据必备项的理解

项目	运营	出纳	核算会计
①分析对象	抖音昨天直播销售额		
②分析时间	客户下单时间	钱实际到账时间	产品发货时间
③数据来源	抖音后台	银行账户	ERP系统
④对比标准	抖音前天直播销售额		
⑤计算公式	客户下单总额（含退款额）	实际收到的钱	发货金额

上面的抖音直播销售额是一个汇总指标，如果数据使用者想要了解以下内容，就无法用汇总指标回答。

（1）昨天直播销售额是好还是不好？

（2）哪一个时间段的销售额最好？

（3）哪一个产品的销售额最好？

因此，财务BP需要把汇总指标做拆解。2W+3T法则可用于拆解汇总指标。

3. 2W法则。

2W指When和Where，即将汇总指标拆解为"时间"和"地点"两大基本维度。

（1）When（时间）维度。

当财务BP拿到一个新的指标或者接触新的业务，首先要确定时间。时间的分类主要有以下4种。

①可以把数据分成日、周、月、季、年数据。

如一周中哪天销售额最高；季度累计销售指标；年销售目

标达成情况指标等。

②可以把数据分成昨天和今天数据、昨天和去年同天数据。

如企业内部数据指标环比分析和同比分析。

③可以把数据分成淡季数据和旺季数据。

如根据往年淡季和旺季销售额推测本年销售额。

④可以把数据分成活动期数据和非活动期数据。

如活动期存货备货指标。

（2）Where（地点）维度。

Where 维度一般是确定数据的趋势或者对比标准。Where 维度一般分地理维度和组织架构维度。

①地理维度：如华东区、华北区。

②组织架构维度：如事业部、区域、门店、平台等。

地理维度是外部维度（固定不变的），组织架构维度是内部维度（根据实际业务人为确定的）。图 4-9 所示为 ×× 企业在浙江省的 Where 维度分析。

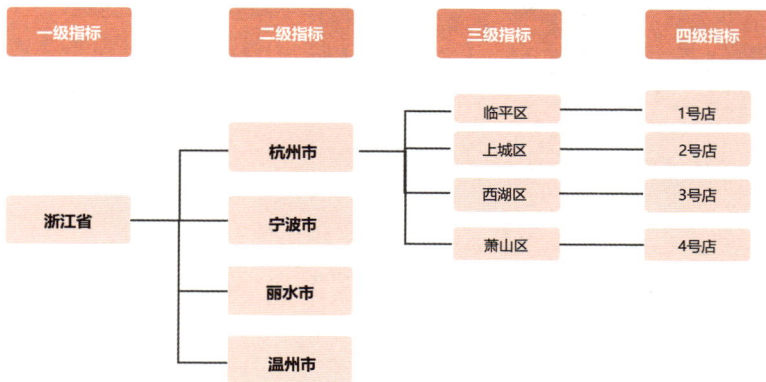

图 4-9 ×× 企业在浙江省的 Where 维度分析

4. 3T 法则。

3T 就是把数据分为 3 种类型（Type），分别为流程型、组合型和因果型，其反映的是数据和数据之间的关系。如果关系网设计合理，就会很快发现问题所在。

（1）流程型。

流程型方法是常用的分析数据的方法，即根据业务的流转过程确定数据指标。

下面以一个例子解释如何用流程型方法分析数据。小明开了一家手机店铺，花了 800 元雇用暑期工发传单，暑期工一共发了 120 张传单，有 70 个客户拿着传单进店，其中有 45 个客户看了手机，30 个客户咨询了手机情况，最后有 15 个客户买了手机。过了两天，有 8 个客户又来买手机，其中 2 个是带着朋友来的。图 4-10 把业务流程的每一个环节转化成数据指标，每一个数据指标都是运营策略的结果体现。

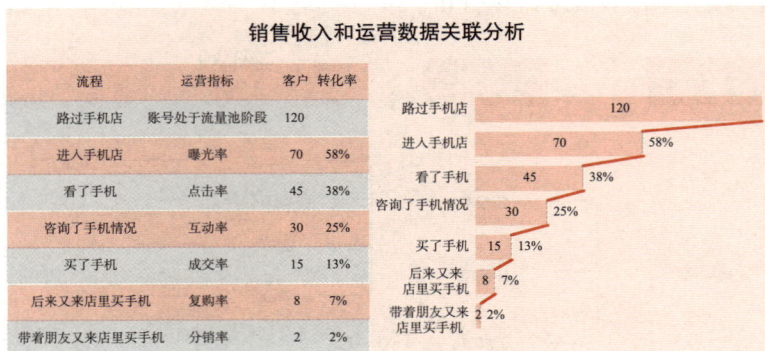

销售收入和运营数据关联分析

流程	运营指标	客户	转化率
路过手机店	账号处于流量池阶段	120	
进入手机店	曝光率	70	58%
看了手机	点击率	45	38%
咨询了手机情况	互动率	30	25%
买了手机	成交率	15	13%
后来又来店里买手机	复购率	8	7%
带着朋友又来店里买手机	分销率	2	2%

图 4-10　流程型

（2）组合型。

组合型对数据指标进行横向、竖向拆解，直到底层。

同样以上述小明开手机店铺的例子，介绍如何用组合型方法分析数据。

① 确定项目。

手机店推广效果分析如表 4-3 所示。

表 4-3 手机店推广效果分析

项目	内容
① 分析对象	×× 策划活动推广效果
② 分析时间	上月
③ 数据来源	投放平台后台
④ 对比标准	以往策划活动不同渠道投资回报率
⑤ 计算公式	投资回报率 = 广告费 ÷ 收入 ×100%

② 用 2W+ 组合型方法搭建数据框架。

a. When+ 推广费指标 + 对比标准。推广费指标这个大类数据指标包含线上推广和线下推广这两个二级分类指标。线上推广可以分为新媒体推广和电视广告，线下推广可以分为发传单和公交车广告。

第一分析组合：本月线上推广费 vs. 上月线上推广费。

第二分析组合：本月新媒体推广费 vs. 上月新媒体推广费。

第三分析组合：本月电视广告推广费 vs. 上月电视广告推广费。

第四分析组合：本月线下推广费 vs. 上月线下推广费。

第五分析组合：本月发传单费 vs. 上月发传单费。

第六分析组合：本月公交车广告推广费 vs. 上月公交车广告推广费。

b. Where（根据渠道分类）+ 推广费指标 + 对比标准，渠道分类如图 4-11 所示。

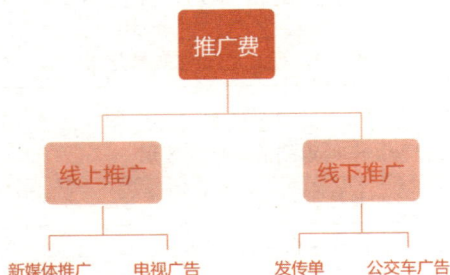

图 4-11　渠道分类

c. Where（根据地理位置分类）+ 推广费指标 + 对比标准，地理位置分类如图 4-12 所示。

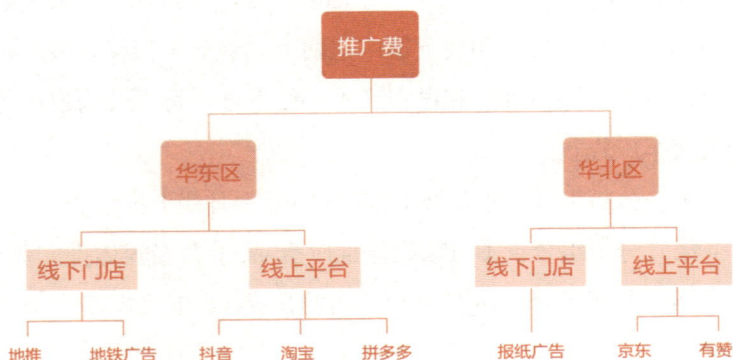

图 4-12　地理位置分类

（3）因果型。

因果型方法一般用于分析脱离正常流程的异常行为。原因可能是一个，也可能是多个，因果型数据指标如图 4-13 所示。

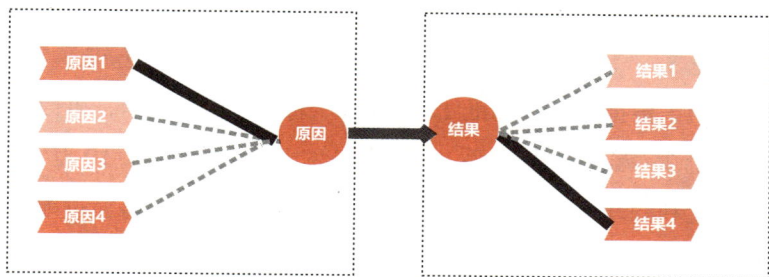

图 4-13 因果型数据指标

5. 对比数据。

数据脱离标准，就仅仅是数字而已，既有数据又有标准才能输出一个结果。举个例子，××店 10 月销售额 100 万元，毛利润 20 万元，如果没有标准，就无法判断 100 万元代表盈利状况好还是不好。数据：10 月销售额 100 万元，毛利润 20 万元。

标准 1：9 月销售额 50 万元。

标准 2：去年 10 月销售额 300 万元，去年 9 月销售额 45 万元。

标准 3：竞争对手 10 月销售额 90 万元。

标准 4：竞争对手 10 月销售额 90 万元，毛利润 50 万元。

（1）根据数据和标准 1，可以得出结论 1：××店 10 月销售不错，比上个月多了 1 倍。

（2）根据数据、标准 1 和标准 2，可以推翻结论 1。9 月是××店销售淡季，所以 9 月的数据和 10 月的数据没有可比性。

因此，可得出结论2：××店10月销售不太好，10月销售额只有去年的三分之一。

（3）根据数据、标准1、标准2和标准3，可以质疑结论2：可能因为外部因素，整个行业10月销售都不好。因此，可得出结论3：××店10月销售与竞争对手相比，还算不错。

（4）根据数据、标准1、标准2、标准3和标准4，可以推翻结论3：虽然竞争对手10月销售额比××店少了10万元，但是毛利润却多了30万元，由此可知，10月××店通过缩减利润来稳定销售额。因此可得出结论4：××店10月通过压缩利润来稳定销售额，但是销售额与去年同期相比减少三分之二，10月××店销售非常不理想。

（二）生命周期法

一个行业的发展需要经过4个周期，即导入期、成长期、成熟期和衰退期，不同行业的每个周期的数据指标有共同的特征。在实际工作场景中，生命周期法更多用于分析产品。

1. 导入期，其特点如下。

（1）新的产品刚出现在市场，产品类型、定价、性能和目标客户都在摸索中。

（2）客户群体少，为了增加客户数量，快速占领市场，推广费成本高且回收率低。

（3）销量少，毛利润低，单位固定成本高，导致生产成本高。

在导入期，财务BP更加关注推广费带来的客户增量数据指标，而不是收入和利润指标。

2. 成长期，其特点如下。

（1）客户群扩大，销量明显增长。

（2）销量产生规模效应，毛利润和单位固定成本下降，利润增加。

（3）需大于供，市场不断扩大，竞争者涌入，同类产品增加，市场竞争加剧。

在成长期，财务 BP 更加关注收入的环比增长数据指标，以预测销量高峰期。

3. 成熟期，其特点如下。

（1）销量达到最高峰且出现小幅度衰退。

（2）主要依靠老客户重复购买。

（3）竞争进入白热化，竞争者想要扩大市场，从而引发价格战。

（4）价格战导致产品客单价降低，销量、毛利润和净利润同时下降。

在成熟期，财务 BP 更加关注利润数据指标。

4. 衰退期，其特点如下。

（1）产品间差异小，价格趋同。

（2）单位流量费用增加，客户变得挑剔。

（3）销售渠道为竞争主战场。

在衰退期，财务 BP 更加关注供应链和现金流数据指标。

对于财务 BP 来说，生命周期法的意义有以下几点。

第一，了解产品目前处在什么阶段，不同的阶段重点关注的指标不一样。财务 BP 不能只关注利润指标和严控费用，利润指标下降和费用的增长不一定是坏事情。

第二，在业务和产品的初期提供参考价值，让财务 BP 预判业务走向，提前做好对资金和利润的把控。

【案例】A 产品是 ×× 企业的标杆产品，目前处于衰退期，销售逐年下降。为应对衰退期，×× 企业成功研发了 B 产品，准备接替 A 产品。如果你是 ×× 企业的财务 BP，你会如何用生命周期法预测 B 产品的上市？

图 4-14 通过分析标杆 A 产品的生命周期，选出了 5 个比较明显的拐点。

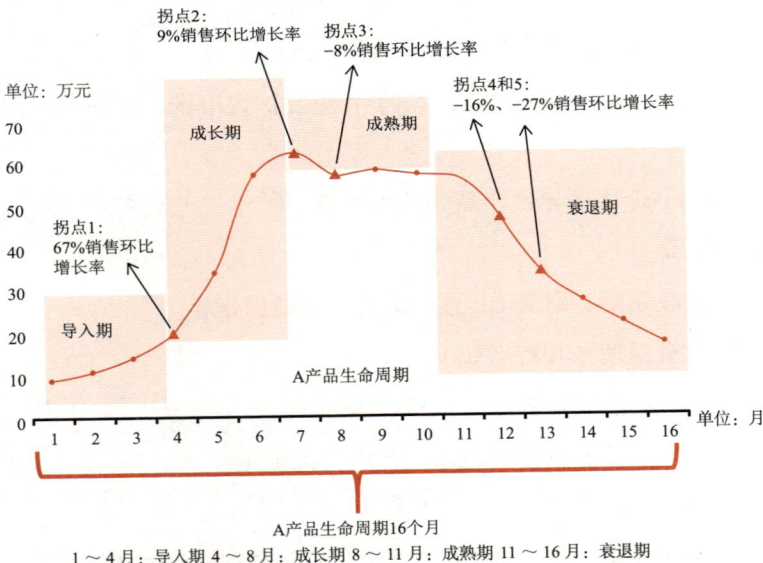

图 4-14　标杆 A 产品生命周期

（1）拐点 1：导入期—成长期。销售环比增长率为 67%，是 1 ～ 3 区间增长均值 28% 的 2 倍多；这一数据可作为 B 产品从导入期到成长期的参考依据。

（2）拐点 2 和拐点 3：成长期—成熟期。拐点 2 的销售环比增长率为 9%，是 4～6 区间增长均值的五分之一，拐点 3 表明销售下降后有小幅度提升，两者结合可作为 B 产品从成长期到成熟期的参考依据。

（3）拐点 4 和拐点 5：成熟期—衰退期。拐点 4 和拐点 5 的销售环比增长率分别为 -16%、-27%，连续两次销售大幅度下降，可作为 B 产品从成熟期到衰退期的参考依据。

（4）A 产品的生命周期为 16 个月，可作为 B 产品资金流转的参考周期。生命周期的统计单位不一定要采用会计月份，可以根据实际业务场景确定。

第三，了解和评估运营策略是否符合业务发展。很多财务人员在与运营人员沟通过程中，经常处于被动的地位，运营人员总会用财务人员不懂来反驳财务人员提出的建议。如果财务 BP 了解产品目前处于什么周期，那么当运营策略与产品所处周期的特性有明显相反的表现的时候，财务 BP 就能有科学依据地把控运营风险，并且清楚地知道应该把控哪些重要指标。

生命周期法除了可用于分析产品，还可以用于分析营销活动。

【案例】某个周会上，××企业 CEO 问财务人员今年电商平台"6·18"活动销售表现得怎么样。财务人员回答："数据表明，今年'6·18'销售比去年增长 5%，表现不错。"这可能是大部分财务人员汇报时停留的阶段，其实，财务人员可以更深入地分析，看这 5% 的增长主要来自哪个时间段。

图 4-15 是 ×× 企业去年"6·18"整体销售趋势，从中可以得出以下结论。

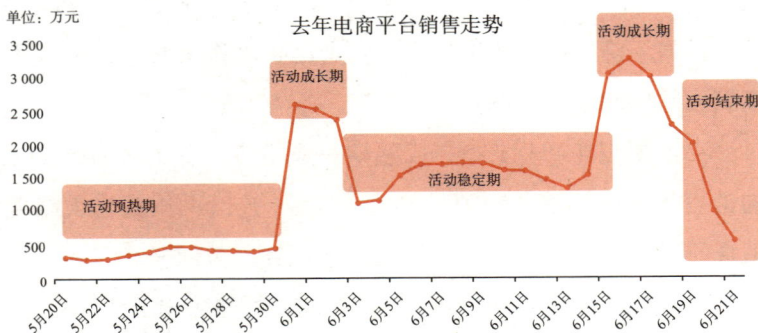

单位：万元

去年电商平台销售走势

活动预热期

活动成长期

活动稳定期

活动成长期

活动结束期

3 500
3 000
2 500
2 000
1 500
1 000
500
0

5月20日　5月22日　5月24日　5月26日　5月28日　5月30日　6月1日　6月3日　6月5日　6月7日　6月9日　6月11日　6月13日　6月15日　6月17日　6月19日　6月21日

图 4-15　×× 企业去年"6·18"整体销售趋势

（1）5月20日至5月30日，属于产品预售期（客户付定金的时间段），可以参考产品生命周期导入期的特征，推广费增加以抢占流量为主体，销售未有太大变动。

（2）5月31日至6月2日，这3天是"6·18"销售第一波爆发期，可以参考产品生命周期成长期和成熟期的特征，客户群扩大，销量明显增长，同类竞争进入白热化。

（3）6月3日至6月15日，这13天是第一波销售高峰期后的稳定期，可以参考产品生命周期成熟期的特征，客户会陆续购买，销售低于高峰期但是高于活动预热期。

（4）6月16日至6月18日，这3天是"6·18"销售第二波爆发期，可以参考产品生命周期成长期和成熟期的特征，客户群扩大，销量明显增长，同类竞争进入白热化。

（5）6月19日至6月21日，属于活动结束期，可以参考产品生命周期衰退期的特征，销售呈现下降趋势，价格开始恢复正常。

××企业今年"6·18"和去年"6·18"整体销售趋势对比如图 4-16 所示。从图 4-16 可以得出：今年"6·18"销售第一波爆发效果远比去年差，导致后续期间销售与去年相比未呈较大增长。在将今年活动情况与去年活动情况相比后，财务 BP 找到了异常数据，此后，财务 BP 需要与运营人员沟通出现异常数据的原因是什么。

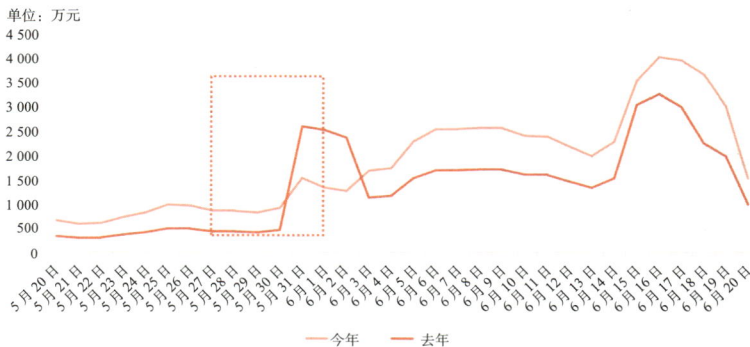

图 4-16 ××企业今年"6·18"和去年"6·18"整体销售趋势对比

（三）对比分析法

对比分析法是数据分析中简单且常用的方法，即将多个数据指标进行互相比较，分析其中的差异，从而寻找这些指标所代表的业务变化情况和规律。对比分析法常采用两个数据，一个是分析对象数据，另一个是标准数据，难点在于跟"谁"比，"谁"如果没有选对，对比分析法的结果就不具有参考性。

（1）对比规则。

第一，对比对象的性质是一致的。比如，要分析企业的管理费用，如果用财务费用作为对比对象，这就是性质不一致。

第二，对比的维度是一致的。比如，用资产负债表的项目和利润表的项目做对比，虽然单位都是一样的，但是维度不一致，资产负债表的数据是时间点数据，利润表的数据是时间段数据。

（2）对比对象。

对比对象一般为历史数据或者同行业类似企业数据。比如本月销售额可以跟上月销售额对比、跟去年本月销售额对比，也可以跟同行业规模相差不大的企业本月销售额对比，还可以跟同行业头部企业本月销售额对比。

（3）对比数据指标。

① 对比数据指标的大小，比如收入的平均值、中位数、最大值、最小值。

② 对比数据指标的波动，比如标准差一般用于分析业务的风险和稳定情况。当平均值一致的时候，标准差越大，代表业务稳定性越差，经营风险也越大；标准差越小，代表业务稳定性越好，经营风险也越小。当平均值不一致时，用变异系数（变异系数 = 标准差 ÷ 平均值）比较，变异系数越小，业务越稳定，经营风险越小。

图 4-17 所示为 ×× 企业 20×2 年销售收入数据，由此可知，×× 企业 20×2 年在 A、B、C、D 区域全年月收入平均值都约为 60.2 万元，但是仔细分析会发现，四个区域里 C 区

域收入表现是最稳定的（标准差最小），D 区域是最不稳定的（标准差最大）。

月份	A区域	B区域	C区域	D区域
1月	55.0万元	55.0万元	58.0万元	91.0万元
2月	55.0万元	57.0万元	62.0万元	73.0万元
3月	58.0万元	52.0万元	60.0万元	70.0万元
4月	59.0万元	50.0万元	59.0万元	48.0万元
5月	60.0万元	60.0万元	60.2万元	57.5万元
6月	55.0万元	65.0万元	60.0万元	38.0万元
7月	60.2万元	70.0万元	62.0万元	48.8万元
8月	63.0万元	60.0万元	65.0万元	61.0万元
9月	60.0万元	65.0万元	60.0万元	51.9万元
10月	77.0万元	60.0万元	56.3万元	56.3万元
11月	60.0万元	60.0万元	58.8万元	68.1万元
12月	60.0万元	68.0万元	61.0万元	58.8万元
平均值	60.2万元	60.2万元	60.2万元	60.2万元
标准差	5.6万元	5.9万元	2.1万元	13.3万元

图 4-17　××企业 20×2 年销售收入数据

③ 对比数据指标的变化趋势。

变化趋势是从时间维度来看数据随着时间发生的变化，常用的是同比分析和环比分析。

同比分析是指将当期与历史同时期进行比较，主要用于分析事物发展趋势。

如 20×2 年 1 月与 20×1 年 1 月相比。20×2 年 1 月销售额 120 万元，20×1 年 1 月销售额 80 万元，那么 20×2 年 1 月销售额同比 20×1 年 1 月增长 50%〔(120–80)÷80×100%〕。

环比分析是指将当期与前一个统计期比较，主要用于分析事物逐期发展的情况。

如 20×2 年 2 月与 20×2 年 1 月相比。20×2 年 2 月销售额 120 万元，20×2 年 1 月销售额 80 万元，那么 20×2 年 2 月销售额环比 20×2 年 1 月增长 50%〔(120–80)÷80×100%〕。

（四）分组分析法

分组分析法是对数据有规律地人为划分成若干组，然后组与组之间进行比较。比如，将产品按毛利率进行分组，可以分为亏损品、引流品、低利润品、高利润品。

【案例】××企业 20×2 年产品平均毛利率为 10%，图 4-18 所示为产品按毛利率分组。

第一组，毛利率 < 0，对应产品为亏损品。

第二组，10% > 毛利率 ≥ 0，对应产品为低利润品。

第三组，毛利率 ≥ 10%，对应产品为高利润品。

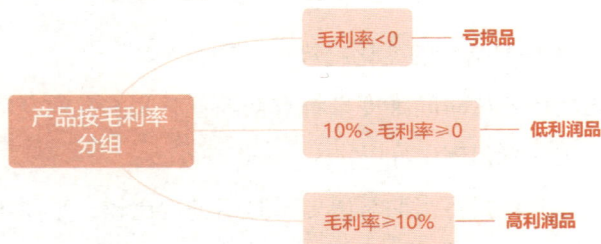

图 4-18　产品按毛利率分组

　　以上就是分组分析法中简单地按逻辑思维分组，但是这样的分组过于粗糙，可以**根据产品性质或实际业务**再细分。根据实际业务，可以把低利润品分成引流品和一般低利润品。引流品是用低价留住客户的产品，可以提高留存率；一般低利润品是采购成本高的正常价格产品。因此，根据产品客单价，低利润品可再细分成两类，如图 4-19 所示。

　　（1）客单价小于 10 元的，为引流品。

　　（2）客单价大于等于 10 元的，为一般低利润品。

　　这样就可以把产品分成 4 组，即亏损品、引流品、一般低利润品和高利润品。

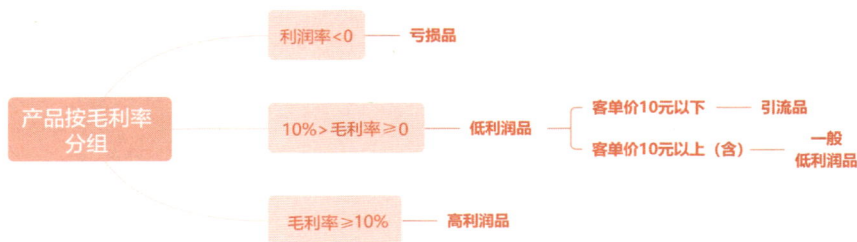

产品按毛利率分组
- 利润率<0 —— 亏损品
- 10%>毛利率≥0 —— 低利润品
  - 客单价10元以下 —— 引流品
  - 客单价10元以上（含）—— 一般低利润品
- 毛利率≥10% —— 高利润品

图 4-19　根据实际业务细分产品

　　当无法根据产品性质或实际业务对产品分组的时候，可以用**两类分组法**，即把数据分成两组来分析。用中位数或平均值作为两类分组法的界限是比较简单的方法。具体方法如下。

　　（1）把分析类目金额从低到高排序。

　　（2）以平均值或者中位数为界限。

　　① 若样本数据没有极端数据，可以用平均值作为界限。

② 若样本数据存在极端数据，用中位数作为界限。当样本数量为单数，中位数为处在中间位置的数；如果样本数量是双数，中间两个数据的平均值为中位数。

【案例】以图 4-20 中数据为例，×× 企业本月卖了 19 个产品（单数），其中产品 5 是极端数据，如果用平均值 325 作为界限，失去了分组的意义，因此需要用中位数 67 作为界限。在实践中，也可以把异常数据单独分为一组。

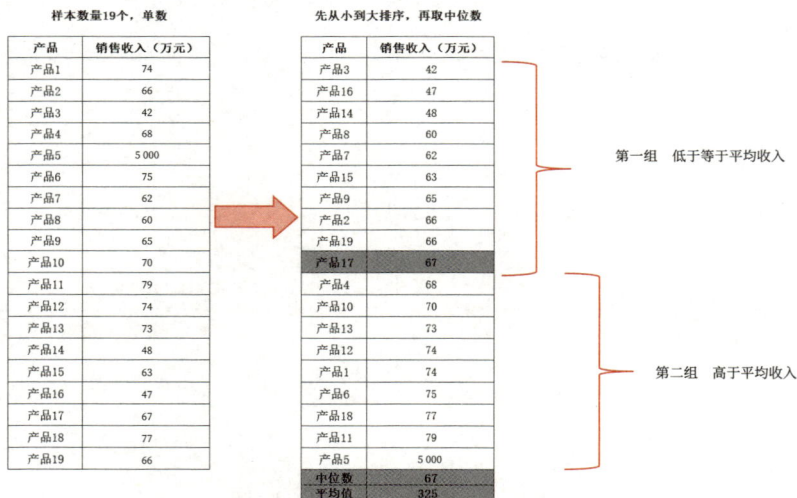

样本数量19个，单数

产品	销售收入（万元）
产品1	74
产品2	66
产品3	42
产品4	68
产品5	5 000
产品6	75
产品7	62
产品8	60
产品9	65
产品10	70
产品11	79
产品12	74
产品13	73
产品14	48
产品15	63
产品16	47
产品17	67
产品18	77
产品19	66

先从小到大排序，再取中位数

产品	销售收入（万元）	
产品3	42	第一组　低于等于平均收入
产品16	47	
产品14	48	
产品8	60	
产品7	62	
产品15	63	
产品9	65	
产品2	66	
产品19	66	
产品17	67	
产品4	68	第二组　高于平均收入
产品10	70	
产品13	73	
产品12	74	
产品1	74	
产品6	75	
产品18	77	
产品11	79	
产品5	5 000	
中位数	67	
平均值	325	

图 4-20　分组分析法

（五）帕累托分析法

帕累托分析法也叫二八定律分析法，是成本会计分析库存时经常用的方法。二八定律是意大利经济学家帕累托在 20 世纪初提出的。他认为，在任何大系统中，重要的只占其中一小部分，约 20% 甚至更少，其余 80% 甚至更多尽管是多数，却是次要的。成本会计在工作中常常会用二八定律根据资金占用比例把库存划分为重点产品和非重点产品：少数产品占用大部分资金，属于重点产品，需要进行重点管理，特别是其周转情况，以防出现资金缺口；多数产品只占用小部分资金，只需要进行批量管理。表 4-4 所示为帕累托分析法辅助表格举例。

表 4-4　帕累托分析法辅助表格

产品	资金占用额（万元）	占比	累计占比
产品 1	205	42%	42%
产品 2	90	19%	61%
产品 3	80	17%	77%
产品 4	45	9%	87%
产品 5	36	7%	94%
产品 6	22	5%	99%
产品 7	6	1%	100%
合计	484		100%

以下为帕累托分析法的分析步骤。

（1）把产品占用资金按照从高到低排序。

（2）计算产品 1 资金占用额占总资金占用额的比例，为 $205 \div 484 \times 100\% \approx 42\%$。

（3）计算产品 2 资金占用额占总资金占用额的比例，为 $90 \div 484 \times 100\% \approx 19\%$。

（4）计算产品 1 和产品 2 累计资金占用额占总资金占用额的比例，为（205+90）$\div 484 \times 100\% \approx 61\%$。

（5）计算产品 3 资金占用额占总资金占用额的比例，为 $80 \div 484 \times 100\% \approx 17\%$。

（6）计算产品 1、产品 2 和产品 3 累计资金占用额占总资金占用额的比例，为（205+90+80）$\div 484 \times 100\% \approx 77\%$。

（7）以此类推，计算剩下产品的资金占用率和累计资金占用率。

（8）财务 BP 根据经验，以 77% 作为重点产品和非重点产品的界限。帕累托分析模型如图 4-21 所示。

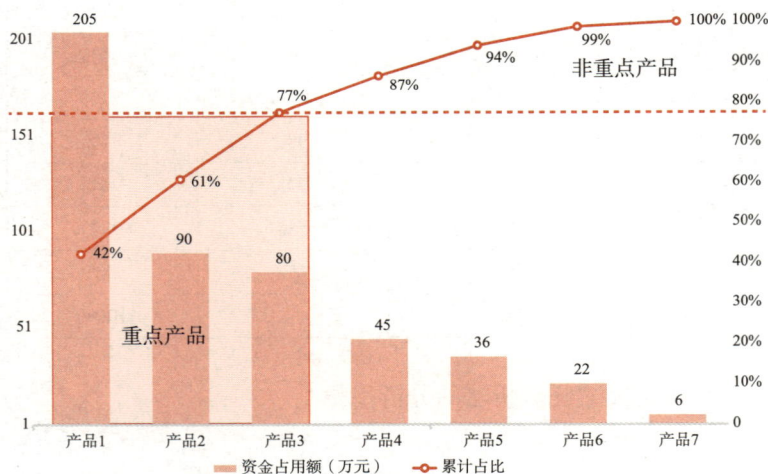

图 4-21 帕累托分析模型

从图 4-21 可看出：重点产品为产品 1、产品 2 和产品 3，企业需要对其重点管理；非重点产品为产品 4、产品 5、产品 6 和产品 7，企业只需要对其进行批量管理。

成本会计用二八定律分析库存，财务 BP 则可以用二八定律分析其他指标。

比如分析销售额：20% 的产品贡献了 60% 的销售额，可以定义这样的产品为头部产品；30% 的产品贡献了 30% 的销售额，可以定义这样的产品为中腰部产品；剩余产品可以定义为尾部产品。又或者分析业务员的业绩：10% 的业务员贡献了 70% 的业绩，可以定义这样的业务员为金牌业务员；10% 的业务员贡献了 20% 的业绩，可以定义这样的业务员为银牌业务员；剩余的为普通业务员。

从以上分析可以看出，虽然叫二八定律，但是并不表示分类比例必须是 2∶8，可以是 3∶7，也可以是 4∶6，根据实际业务确定。二八定律分析法除了可用于确定重点和非重点产品，也可用于分析业务风险度，可确定业务分散性和集中性。财务人员固有的思维方式偏保守，认为业务越分散越好。但是从运营角度，分散代表组织架构的扩展、客户群体的分散、业务员的增多、管理难度的加大，所以运营人员习惯采用二八思维，即抓住 20% 的大客户，之后再挖掘新客户或者新渠道。

【案例】×× 企业的业务具有集中性，80% 的销售来自 20% 的门店，现要求分析 ×× 企业商业模式是否健康。已知 ×× 企业的业务具有集中性，但不能主观地判断集中性是好的或者是不好的。

（1）如果销售模式具有集中性，那么企业的销售依赖 20% 的客户，一旦失去这 20% 的客户，企业就会面临资金链断裂的风险。

（2）如果采购模式具有集中性，那么供应商压力会迫使企业因为无法使价格覆盖成本而亏损。

（3）如果销售模式不具有集中性，那么企业销售分散，销售规模化形成可能性较低。

（4）如果采购模式不具有集中性，那么说明企业供应商分散以及缺乏长期合作的供应商。采购金额分散代表企业议价能力弱。同时，短期合作的供应商会缩短支付账期甚至要求现款现结，这会加大企业的资金压力。

综上，企业业务是否具有集中性，并不是判断企业业务情况的标准，是集中好还是分散好，具体问题还要具体分析。

（六）结构分析法

结构分析法用于分析总体内的各部分与总体之间的关系，用于考察总体和部分的关系。一般分析产品/业务结构占比以确定重点和非重点，或结构是否达到预期最优状态。结构分析法公式如下。

结构数据 = 总体中的一部分 ÷ 总体 × 100%

结构分析法一般采用饼图、旭日图、玫瑰图和堆积柱形图来直观呈现差异。饼图能直观体现指标的结构和组成，见图4-22；但是饼图有一个很大的局限，就是只能体现一个指标的结构。旭日图可以体现多个指标的结构，同时可以体现指标之间的层级关系，如图4-23所示。玫瑰图一般用来分析指标之间差异较大或者指标类目过多的情况，如图4-24所示。

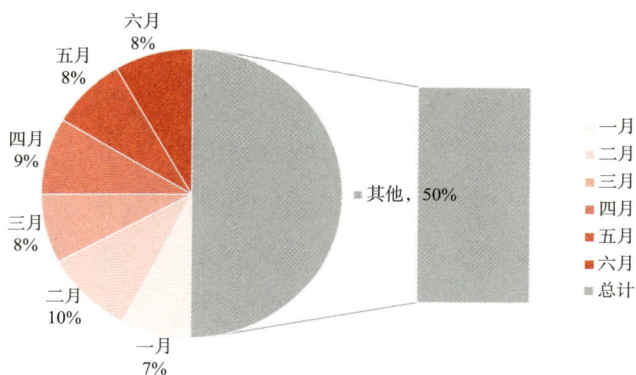

图 4-22　饼图

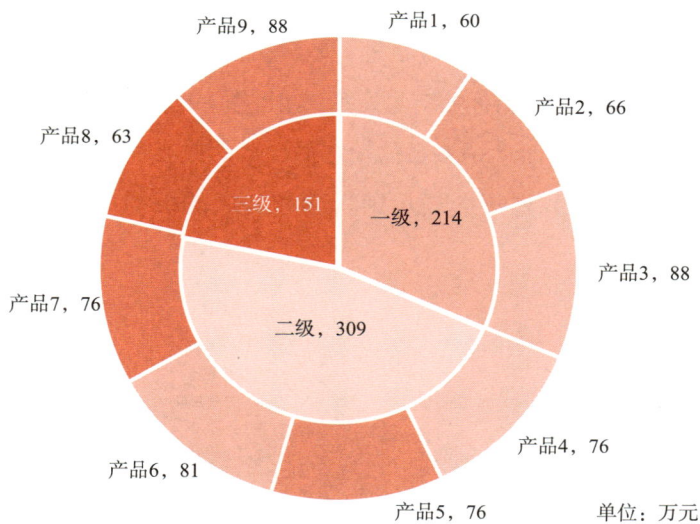

图 4-23　旭日图

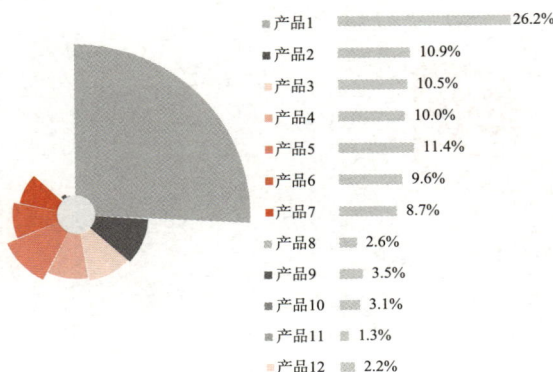

图 4-24　玫瑰图

堆积柱形图常被用来进行结构分析。

【案例】××企业有5个店铺，分析其去年销售和利润的关系。

（1）确定分析指标的结构关系。销售额＝产品成本＋毛利。

（2）明确 5 个店铺各自的销售额、产品成本和毛利。

（3）用堆积柱形图展示销售额和利润的结构关系，如图 4-25 所示。

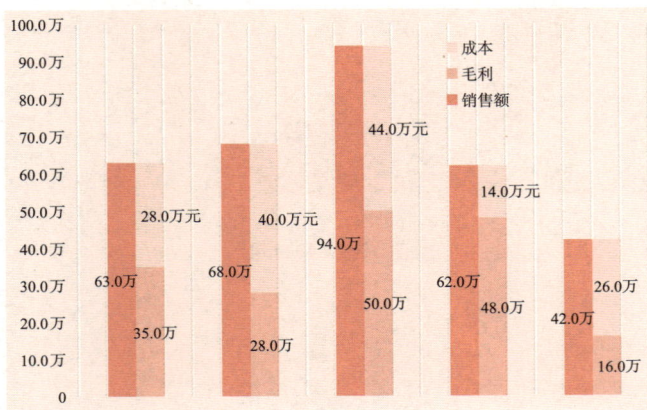

图 4-25　堆积柱形图

从饼图和堆积柱形图中可以直观地看出数据指标之间的结构关系和变化，但是结构本身没有正面和负面之分。比如在图4-25中，虽然店铺C的毛利（50万元）和店铺D的毛利（48万元）差不多，但是我们无法判断哪家店铺经营更好，因为店铺可能牺牲了销售增长来换取高利润，违背了企业的整体战略。所以结构分析法更多用来发现问题，而不是解决问题。

（七）趋势分析法

趋势分析法用于分析数据指标在一段连续的时间内呈现出的变化趋势，要求数据连续且数据量足够多。趋势分析法一般用于核心数据指标的长期跟踪，比如销售额、流量、毛利等。趋势分析可以了解数据的变化以及拐点，对拐点，要分析产生原因。

趋势分析法根据数据来源分成两类：现状趋势分析法和预测趋势分析法。现状趋势分析法的数据来源于历史数据，目的是分析现状的变化趋势；预测趋势分析法根据历史数据的变动预测未来的变化。图4-26所示为××企业去年销售趋势。从图4-26可以看出，1—5月××企业销售呈增长趋势，5—7月××企业销售持续下跌，到7月出现拐点，7—8月销售开始上升直到9月逐渐趋于平稳。

单个数据指标趋势分析步骤如下。

（1）分析趋势。

（2）找拐点。

（3）分析原因。

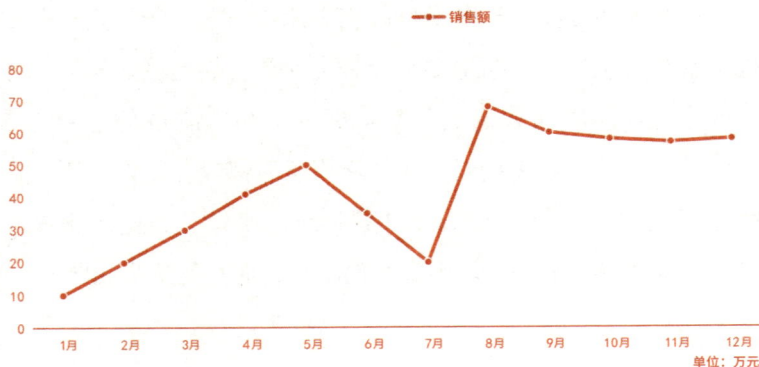

图 4-26　××企业去年销售趋势

图 4-27 所示为店铺 A、B、C 的销售趋势。从图 4-27 可以看出，店铺 B 整体销售波动很大，店铺 C 年初波动比较大，店铺 A 整体销售增长。

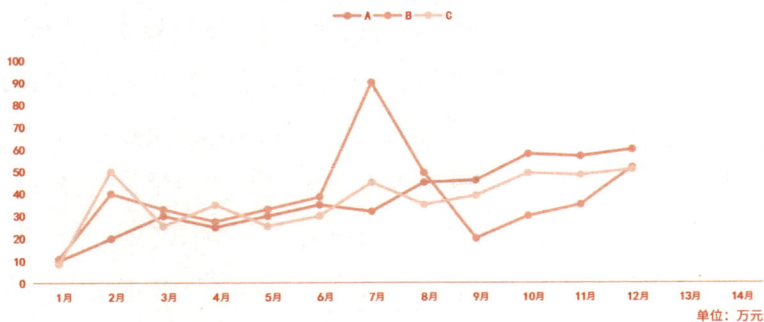

图 4-27　店铺 A、B、C 的销售趋势

多个数据指标趋势分析步骤如下。

（1）找各数据指标之间的差异。

（2）针对个别指标分析趋势。

（3）分析原因。

一般从 4 个维度描述趋势分析的结果：样本持续时间、累计增减幅度、最大增长幅度、最大和最小金额。

根据增长或降低是否连续，趋势可以分为持续增长 / 降低和波动增长 / 降低。持续增长 / 降低就是因变量随着自变量的变化持续不间断地增长 / 降低，如图 4-28 所示。

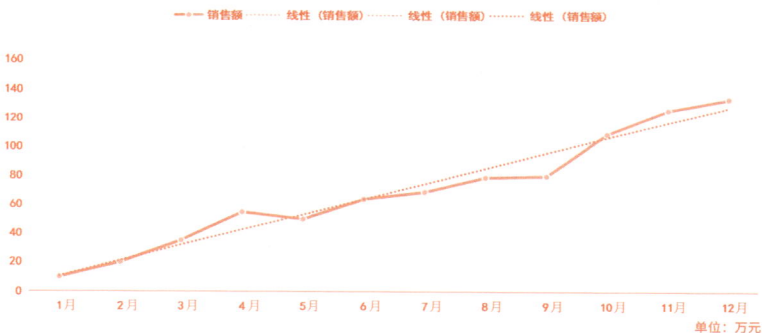

图 4-28　持续增长趋势

波动增长 / 降低指样本区间内数据有增有降，整体呈现增长 / 降低趋势。

（1）一般会把环比增长 / 降低幅度在 20% 之内的趋势描述为略微波动，环比增长 / 降低幅度在 20% 以上的趋势称为明显波动，也可以按照实际业务来确定。

（2）一般会把连续增长 / 降低 3 次以上（含）的趋势称为有分析意义的增长 / 降低趋势；3 次以下的增长 / 降低数据样本过少，会影响数据分析的结果，一般不建议根据其直接判断趋势。

图 4-29 所示为 ×× 企业销售趋势。从中可看出：×× 企

业第 1～4 个月销售呈明显波动，第 5～10 个月销售呈略微波动，第 11～14 个月销售呈增长趋势；×× 企业第 1～14 个月销售整体呈现增长趋势，第 5 个月增长幅度最大，第 14 个月销售额最高。

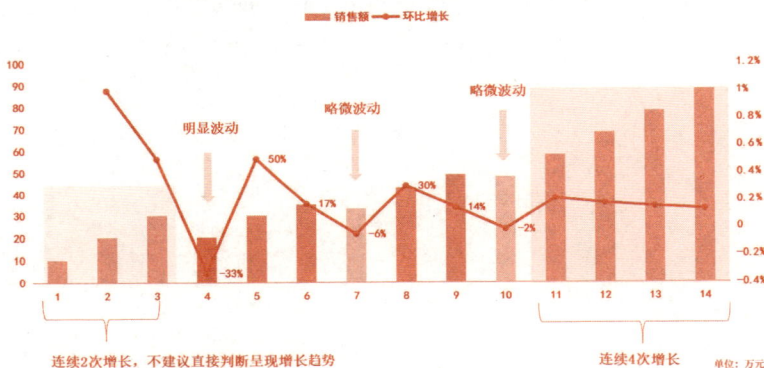

图 4-29　×× 企业销售趋势

（八）盈亏平衡分析法

盈亏平衡分析法是财务领域常用的分析方法。盈亏平衡分析法常用于产品定价和项目投资回报期的计算。

盈亏平衡基本公式推导过程如下。

q：产销量。

p：销售单价。

b：单位变动成本。

F：固定成本。

$q \times p$：销售额。

$q \times b$：变动成本。

$p–b$：单位边际贡献。

$q \times (p–b)$：边际贡献。

$q \times (p–b) \div q \times p$：边际贡献率。

盈亏平衡公式：$q \times (p–b)–F=0$。

盈亏平衡销量：$q=F \div (p–b)$。

盈亏平衡销售额：$q \times p=F \div (p–b) \times p$。

下面介绍如何用盈亏平衡分析法进行产品定价。

产品定价的一般逻辑是先核算成本，在成本基础上加上利润，然后确定产品定价。这其实是先用盈亏平衡分析法计算出保本价，然后在保本基础上增加利润。

产品定价是一个系统的工程，也是财务部门与业务部门之间博弈的过程，那么作为两个部门桥梁的财务 BP 应该如何进行产品定价呢？产品定价一般针对新产品，不仅要考虑产品成本，还要考虑企业所处的行业、企业战略、销售渠道等。

产品定价逻辑和步骤如下。

1. 根据企业实际情况，确定产品定价涉及的部门。产品的价格应该是由财务部、采购部、运营部、研发部、市场部、研发部等多部门沟通，最终由决策层决定的。

2. 收集相关数据。

（1）企业内部历史数据，主要如下。

① 以往新品从生产到上架销售的流程和时间进度，主要目的是预测资金成本和进行资金规划。

② 以往新品销售的生命周期，主要目的是预测前期宣传费和广告费投入、不同周期投资回报率以及项目止损叫停时间线。

③ 各渠道的历史流量数据，主要目的是作为销售预测的基数。

（2）外部数据，主要如下。

① 市场竞品或者类似产品数据，包括推广渠道、定价方法、客户群体、包装喜好等。

② 产品各渠道新品扶持相关政策。

③ 产品供应商调研报告，特别是新供应商。

④ 产品销售季节性偏好。

3. 结合内外部数据搭建盈亏平衡模型（假设为某新产品 A 产品确定价格）。

（1）列举 A 产品固定成本和变动成本明细。

① A 产品的固定成本分成两类：一类是没有销售的情况下也存在的固定费用，如职能部门人员薪资等；另一类是销售新品才会发生的固定费用，如新增销售人员的底薪和社保、新品研发费用等。

a. **职能部门人员薪资**。一般按照职能部门在职员工人数分摊，如表 4-5 所示。

表 4-5　职能部门人员薪资分摊

部门	职能部在职员工（人）	目前负责产品（个）	分摊到 A 产品人数（人）	分摊到 A 产品比率	薪资（万元）	分摊到 A 产品薪资（万元）
生产部	10	2	5		6	1.8
研发部	10	5	2		15	4.4
财务部	2	10	0.2		3	0.8

（续表）

部门	职能部在职员工（人）	目前负责产品（个）	分摊到A产品人数（人）	分摊到A产品比率	薪资（万元）	分摊到A产品薪资（万元）
总经办	2	10	0.2		1.6	0.5
人事部	2	10	0.2		1.6	0.5
小计	26	37	7.6	29%	27.2	8.0

生产部在职员工 10 人，同时负责 2 个产品，分摊到 A 产品的人数为 5 人（10÷2）；财务部在职员工 2 人，同时负责 10 个产品，分摊到 A 产品的人数为 =0.2 人（2÷10）。按照以上逻辑，分摊到 A 产品的人数为 7.6 人，分摊比率为 7.6÷26×100%=29%，因此分摊到 A 产品的薪资为 8 万元。

b. **新增销售人员的底薪和社保**。人事部根据企业制度和业务情况预测 A 产品上市需要的销售人员人数和底薪。需要注意的是，固定成本中的销售人员的薪资特指底薪，提成是有销售才会产生的，属于变动成本。

c. **新品研发费用**。此费用可以按照研发费用会计制度来分摊，研发金额大一般会单独核算至产品，研发金额较小则以产品数量 / 项目简单分摊。

②A 产品的变动成本随业务变动而变动。

a. **变动成本中的主要部分为采购成本**。采购成本指采购过程中发生的各种费用，包括购买价款、相关税费、运输费、装卸费、保险费以及其他可归属于采购成本的费用。财务 BP 需要对接采购部，根据采购合同确定采购成本。

b. 包装成本。当产品涉及包装成本时，财务 BP 需要重点核算包装成本的合理性，理论上包装成本应该归属于广告费，在广告费预算总额确定的条件下，如果包装成本高就需要压缩其他广告费投入。

c. 快递费。快递费是由产品重量和收货地区同时决定的。在企业没有仓储部和物流部的情况下，财务 BP 要跟运营人员沟通新品主要客户群体地区分布，协助运营人员合理选择性价比高的快递公司。

d. 销售提成。人事部根据企业制度和业务情况制定 A 产品销售提成。

（2）测试盈亏平衡数量。

① 当 A 产品有市场竞品时，可参考其价格进行定价。假设 A 产品市场竞品 B 产品定价为 30 元，根据 30 元测试的 A 产品盈亏平衡数量是 19 048 个，盈亏平衡额是 57.1 万元。盈亏测试表和盈亏平衡图分别如图 4-30 和图 4-31 所示。

分析内容		
销售单价	30.00元	
减：单位成本	19.50元	
单位毛利	10.50元	
毛利率	35.00%	
分析结果		
盈亏平衡	销售数量	销售额
盈亏平衡所需销售数量及销售额	19 048个	57.1万元

图 4-30　盈亏测试表

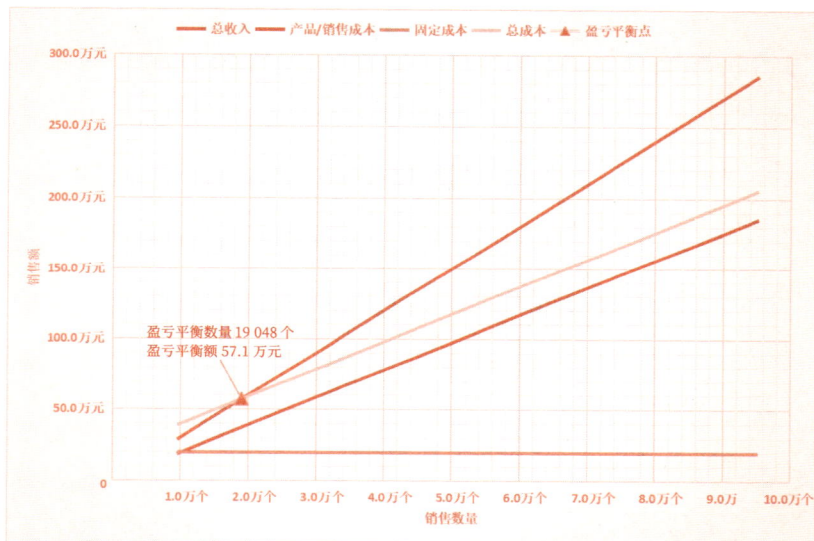

图 4-31　盈亏平衡图

②当 A 产品没有市场竞品或者类似产品可做参考时，可以根据 A 产品目标利润倒推定价。当 A 产品定价为 30 元时，想要获得 200 万元利润，企业至少需要销售（200 000 元 + 2 000 000 元）÷（30–19.5）=209 524 个 A 产品（见图 4-32）。当 A 产品定价为 50 元时，想要获得 200 万元利润，企业至少需要销售（200 000 元 +2 000 000 元）÷（50–19.5）=72 131 个 A 产品（见图 4-33）。财务 BP 需要结合内部和外部实际情况多次测试最终确认合适的定价。

分析内容	
销售单价	30.00元
减：单位成本	19.50元
单位毛利	10.50元
毛利率	35.00%
目标利润	200.0万元
分析结果		
实现目标利润	销售数量	销售额
目标利润所需销售数量及销售额	209 524个	628.6万元

图 4-32　定价 30 元、利润 200 万元的情况

分析内容	
销售单价	50.00元
减：单位成本	19.50元
单位毛利	30.50元
毛利率	61.00%
目标利润	200.0万元
分析结果		
实现目标利润	销售数量	销售额
目标利润所需销售数量及销售额	72 131个	360.7万元

图 4-33　定价 50 元、利润 200 万元的情况

　　在实践过程中，对于新产品，销量达到盈亏平衡数量其实是需要时间的，财务 BP 要根据实际业务情况灵活调整产品定价。比如初期定价运营策略是快速抢占市场，提高客户黏性，财务 BP 可以根据产品变动成本和毛利率确定产品定价。已知

A 产品变动成本为 19.5 元，要求产品初期毛利率不低于 10%，则产品定价为 21.67 元，建议初期价格在 21.67 元以上（见图 4-34）。

分析内容	
销售单价	21.67元
减：单位成本	19.50元
单位毛利	2.17元
毛利率	10.00%

图 4-34　利用毛利率确定产品定价

盈亏平衡分析法除了用于确定产品定价，也可以用于分析业务整体盈利模式。

【案例】A 企业是一家互联网企业，其客户群体是网吧业主。A 企业的商业模式是：A 企业向 B 金融平台贷款购买计算机，每月支付利息，在计算机上安装 A 企业软件，A 企业每月向 C 网吧收取相应服务费。A 企业商业模式如图 4-35 所示。

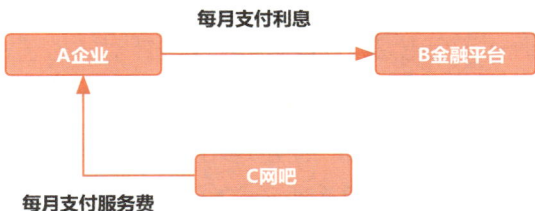

图 4-35　A 企业商业模式

A 企业和 B 金融平台签订 1 年贷款合同；A 企业和 C 网吧签订 3 年服务合同。A 企业每月固定成本 30 万元，其他收入、费用和税收不考虑。

下面采用盈亏平衡分析法评估 A 企业盈利模式。图 4-36 所示为 A 企业盈亏分析。

从图 4-36 可以看出，A 企业前期成本是高于收入的，从第 12 个月开始，成本开始下降，到第 16 个月收入和成本达到盈亏平衡。对于很多财务人员来说，分析到这一步就会停止，其实有价值的分析才开始。

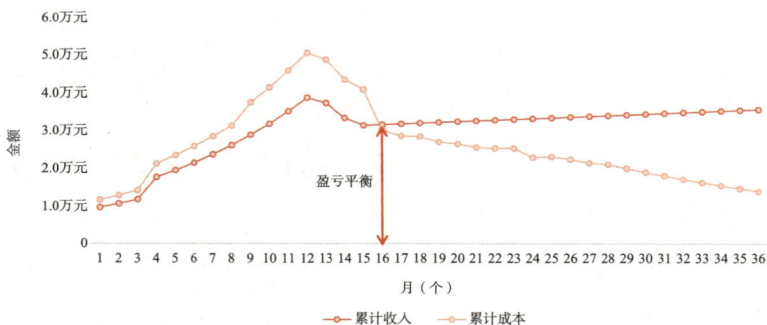

图 4-36　A 企业盈亏分析（1）

图 4-36 其实是一个理想化的假设模型，在实践过程中，会遇到意外情况。比如网吧 C 第 6 个月毁约，这样就会导致 A 企业没有收入而持续发生成本的风险。针对 A 企业的盈利模式，财务 BP 需要做到事前规避风险，在与网吧 C 签订服务合同时根据资金情况与网吧 C 约定违约期限和违约金额等，同时也可以拉长网吧 C 支付服务费的账期，比如季度支付或者缴纳押金，这样财务 BP 才能起到应有的作用。财务 BP 介入后 A 企业盈亏分析如图 4-37 所示。

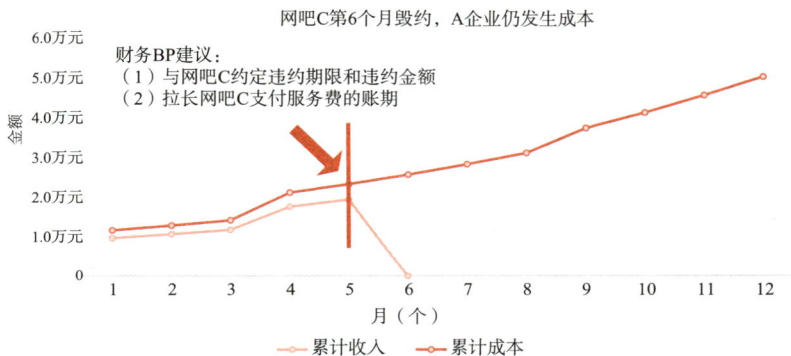

图 4-37 财务 BP 介入后 A 企业盈亏分析

对 A 企业，除了常见的盈亏平衡分析，还可以引入其他指标，以更清晰、明确地分析其盈利模式。项目或产品的初期资金指标往往比利润指标更加关键。图 4-38 所示的资金流与利润流分析中，除了收入、成本指标，还增加了资金流指标。从图 4-38 可以看出，第 11 个月资金开始出现缺口且早于盈亏平衡点出现时间。财务 BP 需要事前预测资金缺口出现时间点，并提前 3～4 个月准备增加资金渠道。

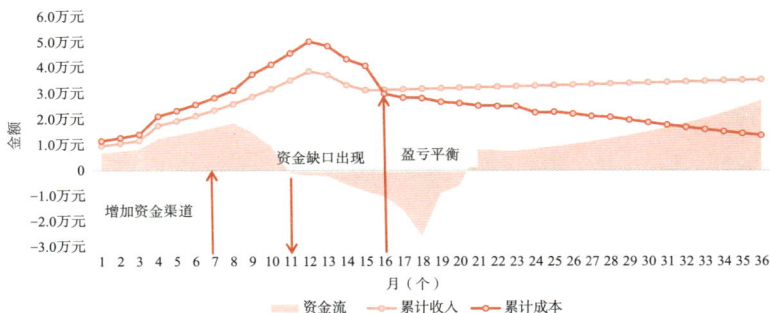

图 4-38 资金流与利润流分析

假设 A 企业和 B 金融平台签订了 2 年期贷款合同，且为了向 C 网吧推广此项目，A 企业降低了 30% 的服务费，变化后的 A 企业盈亏分析如图 4-39 所示。从图 4-39 可以看出，A 企业在第 26 个月达到盈亏平衡。该项目需要耗时 2 年多才能达到盈亏平衡，说明企业高估了该项目盈利能力或者一开始市场赛道就没找对。

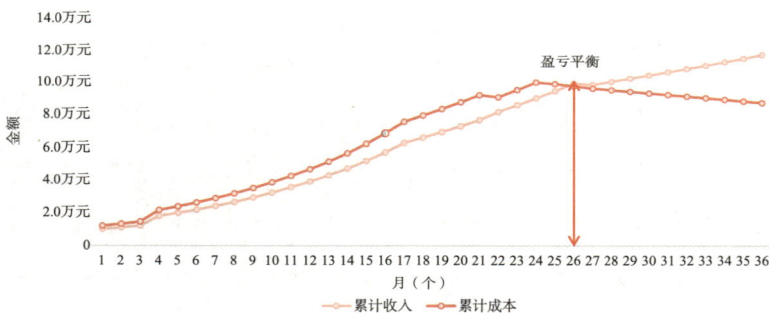

图 4-39 A 企业盈亏分析（2）

假设 A 企业自有资金充足，无贷款需求，则变化后的 A 企业盈亏分析如图 4-40 所示。从图 4-40 可以看出，A 企业在第 4 个月达到盈亏平衡。该项目开启 4 个月就达到盈亏平衡，可推测该项目可能存在经营风险，比如存在技术壁垒低、新进

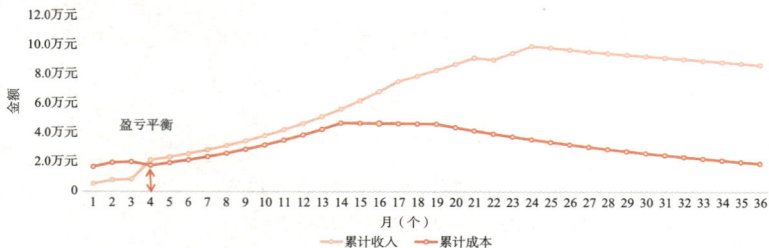

图 4-40 A 企业盈亏分析（3）

入者威胁大、替代品威胁大、行业竞争激烈等风险。

综上，盈亏平衡分析法能很好地协助财务 BP 预测项目或产品盈利模式，以提前规避风险以及明确项目的投入产出比。

（九）波士顿矩阵分析法

波士顿矩阵，又称市场增长率 – 相对市场份额矩阵，由美国著名的管理学家、波士顿咨询公司创始人布鲁斯·亨德森于1970 年首创。波士顿矩阵分析法通过销售增长率和市场占有率来分析企业的业务结构的合理性。波士顿矩阵模型的纵坐标表示市场增长率，是指业务所处市场销售额增长的百分比，通常以 10% 作为增长率高、低的分界线；横坐标表示业务在市场中的相对市场占有率，相对市场占有率高、低的分界线为 1。

图 4-41 所示是典型的波士顿矩阵模型，根据这一模型可以非常清晰地给产品划分区域，也可以针对不同区域产品给出相应的运营建议。

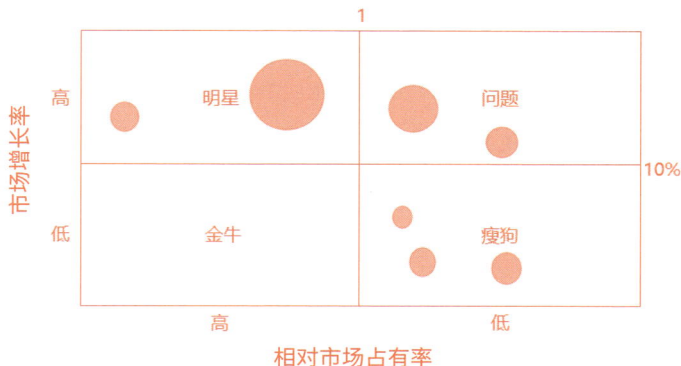

图 4-41　波士顿矩阵模型

（1）明星产品：高市场增长率且高相对市场占有率，发展前景好，竞争力强，企业需加大投资使得其成为金牛产品。

（2）问题产品：高市场增长率但低相对市场占有率，发展前景好但市场开拓不足，企业应加大投资，提高相对市场占有率，使其进一步发展成为明星产品。

（3）金牛产品：低市场增长率但高相对市场占有率，是高边际利润品，为企业收入的主要来源，已属于成熟产品，企业应减少投入，应将现金流用于支持明星产品或问题产品。

（4）瘦狗产品：低市场增长率且低相对市场占有率，没有竞争力，应减少生产发展，采取撤退战略。

波士顿矩阵模型有以下缺点。其一，在实践中，要确定业务的市场增长率和相对市场占有率是非常困难的，因为计算市场增长率和相对市场占有率都需要外部数据的支持，除非借助第三方数据平台，否则财务BP难以获取完整的数据。其二，波士顿矩阵模型有一个假设，即企业的市场份额与投资回报是正相关的。但在实践中，在某些新兴行业，往往较小的相对市场占有率可以获得很高的投资回报。虽然波士顿矩阵模型有这些缺点，但其分析逻辑特别适合企业产品结构的分析，尤其是产品类别特别多的企业。财务BP可以把市场增长率和相对市场占有率这两个指标换成其他指标，来搭建一个特有的波士顿矩阵模型。

【案例】××企业有20款在售产品，财务BP如何操作才能给出产品建议呢？

第一步，将市场增长率换成产品毛利率，将相对市场占有率换成销售占比。××企业各产品的毛利率和销售占比如表4-6 所示。

表 4-6　各产品毛利率与销售占比

产品名称	毛利率	销售占比
产品 1	10%	2%
产品 2	16%	11%
产品 3	9%	3%
产品 4	16%	3%
产品 5	22%	3%
产品 6	10%	3%
产品 7	7%	5%
产品 8	13%	5%
产品 9	16%	4%
产品 10	6%	10%
产品 11	30%	2%
产品 12	32%	11%
产品 13	2%	3%
产品 14	3%	4%
产品 15	1%	4%
产品 16	15%	5%
产品 17	11%	5%
产品 18	12%	5%
产品 19	45%	3%
产品 20	3%	9%

第二步，确定横轴、纵轴，及其轴长和高、低分界线。

横轴：产品毛利率，轴长 50%，分界线设置为 25%。

纵轴：销售占比，轴长 16%，分界线设置为 8%。

第三步，划分四个象限。

第四步，根据产品分布，自定义象限名称。

（1）第一象限：高销售占比且高毛利率。此象限的产品称为头部品，是企业利润的来源，财务 BP 建议维持产品销售，并与供应商洽谈压低成本，进一步提高利润。

（2）第二象限：高销售占比但低毛利率。此象限的产品称为低利润品，财务 BP 建议与供应商洽谈现款现结或缩短账期从而降低产品的成本，或者将低利润品与问题产品组合销售，从而将低利润品发展成头部品。

（3）第三象限：低销售占比且低毛利率。此象限的产品称为跑量品，用户价格敏感度不高，财务 BP 建议在保证一定毛利的情况下，主推这类产品以提高成交量，在短时间迅速起量。

（4）第四象限：低销售占比但高毛利率。此象限的产品称为问题产品，财务 BP 建议增加运营费用的投入，或者适当降低产品毛利率，提高销售占比，使其进一步发展成为头部品。

产品波士顿矩阵模型如图 4-42 所示。

第五步，结合实际业务和四类产品，给出相应建议。

财务 BP 可以快速把多个产品划成四类，针对不同类别制定不同运营策略和投入不同成本，同时还有利于清楚把握产品的发展方向。此外，财务 BP 也可以把四个象限分成两个象限，如图 4-43 所示，左边为低利润品，右边为高利润品，通过这两个象限可以很清楚地看出，×× 企业大多数产品为低利润品，

这会影响 ×× 企业的整体利润。

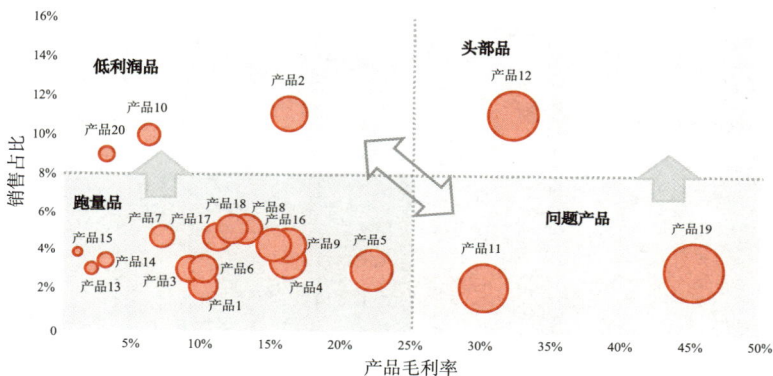

图 4-42　产品波士顿矩阵模型

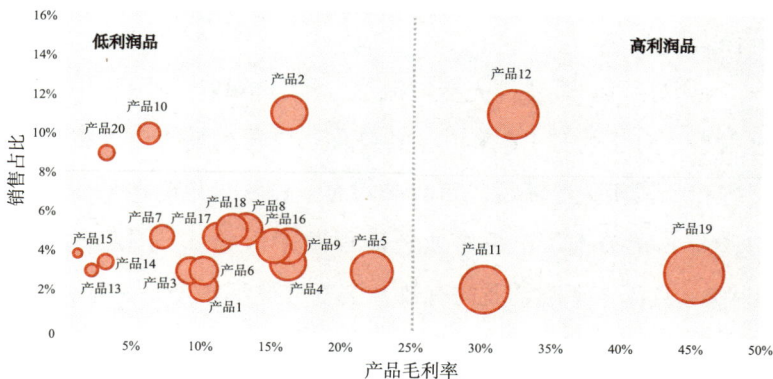

图 4-43　双象限波士顿矩阵模型

波士顿矩阵模型在实践中主要用来分析两个指标之间没有明显规律的情况，若一个指标跟着另一个指标有规律地变动，不建议使用波士顿矩阵模型（见图 4-44）。

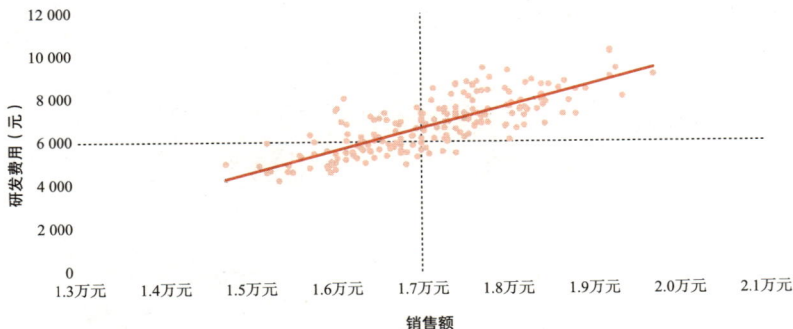

图 4-44　不适用波士顿矩阵模型的情况

（十）穿行测试法

穿行测试法是审计中发现流程问题常用的方法，实施穿行测试可以识别流程的大部分问题，并且分析哪些因素影响了流程。

应用穿行测试法应先梳理流程，再分析和识别流程中各影响因素。对于财务 BP 来说，需要重点梳理的是与业务相关的流程和与钱相关的流程。审计师对企业流程做风险评估一般先访谈业务相关人员，再对业务流程做穿行测试。因此，财务 BP 快速且深入了解企业的有效方法就是跟业务人员多沟通。

1. 与业务相关人员沟通。

财务 BP 可以借用审计师与业务人员访谈的模式和方法来了解企业的流程状况和执行情况。需要注意的是，审计一般是第三方独立角色评估企业相关状况，而财务 BP 是企业内部人员，类似内部审计师的角色，角色不同，访谈话术也不同。第三方审计与业务人员之间的交谈是访谈，财务 BP 与业务人员之间的交谈叫沟通。

（1）提前准备沟通问题。

财务 BP 在确定沟通目标后，务必要先了解沟通环节和人员的基本情况，针对不同级别的人员或者其负责内容列好提纲。沟通建议在一个轻松的环境中进行，不建议特意约在会议室，并且还带着笔记本和笔，这样会增加沟通对象的防备心，降低获取的信息的可靠性。

（2）多准备判断题而不是简答题。

大多数人都喜欢做判断题，只回答是或者不是，这种判断没有经过太多思考，会呈现真实的情况。判断题的优点是不需要花费太多的沟通时间，可能在等电梯时顺口一问就能获得正确的答案。简答题一般没有固定答案，表达方式不同，可能答案就相差甚远。实践中，财务 BP 在准备沟通问题时应以判断题为主，简答题为辅。

以下问题可供参考。

问题 1：上个月 A 区销售额增长最快，是因为用了"买一送一"的策略吗?

这是一个判断题，财务 BP 在数据分析中已经发现了异常高的数据，按照以往经验猜测可能是"买一送一"活动导致的，问这个问题就是为了证明自己的猜测。

问题 2：业务人员一般是怎么策划大促活动的?

这是一个简答题，问的是业务人员擅长的领域，业务人员对这个领域非常熟悉，就会少了语言组织上的压力。财务 BP可以根据业务的描述来了解自己不熟悉的领域。

问题 3：客服退货流程是什么？

这是一个简答题，但是流程制度是非常广泛的问题，问客服退货流程是什么，可能得不到想要的回答。可以问客服收到客户小额退货要求的时候，需要走审批流程吗，小额的判断标准是什么，等等。

（3）不同沟通对象的沟通重点。

① 决策层。

当财务 BP 有机会跟企业决策层（总经理、董事长等）沟通时，就不能问他们细节问题，比如某个产品、某家店铺方面的问题，而应把握住机会了解决策层对以下问题的看法。

a. 整个企业的短、中、长期规划。

b. 主要竞争对手情况。

c. 企业的行业地位和行业发展情况。

d. 企业的重点发展渠道。

② 传统财务部。

实践中，财务 BP 可能不归属于财务部，因此，财务 BP 跟传统财务人员日常沟通机会相对比较少。为了确定业务数据和财务数据之间的勾稽关系，财务 BP 与传统财务部沟通时，需重点了解以下内容。

a. 收入、成本核算方法和确认准则。

b. 预算流程。

c. 财务审批流程。

③ 生产部 / 采购部。

财务 BP 与生产部 / 采购部沟通，需重点了解以下情况。

a.产品的生产流程，每条生产线产能，人工时效，产品生产周期。

b.设备的折旧率，设备生产能力，设备日常维修频率及大修频率。

c.生产人员排班情况。

d.供应商备货时长，安全备货量。

④ 业务部。

业务部是财务 BP 日常沟通的主要对象，财务 BP 与业务部的沟通内容不局限于简单的销售数据，还可以了解以下内容。

a.业务人员的工作经历，以往从事什么行业，做出了什么业绩。大部分业务人员都喜欢跟人分享自己的辉煌经历，财务 BP 在与其沟通过程中，可以大致判断业务人员属于冒险型还是保守型，是有规划型还是靠感觉型。对业务人员有了基本归类后，财务 BP 对不同业务人员的重点追踪数据就不一样。

b.业务的完成过程，最好能举例说明。

c.产品定价的方法，定价是否考虑了毛利情况。

d.负责产品是否涉及大促活动，有没有营销日历。

e.竞争对手主要有哪些，日常从哪里获取竞争对手信息。与竞争对手相比，自身的优势和劣势分别是什么。

f.日常会产生哪些费用。

⑤ 人事部。

a.财务 BP 有时候是没有权限获取所有员工薪资明细的，但是可以从人事部获取相关业务人员提成模式和绩效考核标准。

b. 最新招聘需求。

⑥ 研发部。

研发往往涉及非常专业的知识体系，财务 BP 在沟通过程中经常听得一头雾水。因此财务 BP 在与研发部沟通时，要有重点地引导研发部提供自己想要的信息。

a. 产品／项目的核心技术是什么，能否成为行业的技术壁垒。

b. 产品／项目研发的周期是多久，需要多少人员和设备的投入。

c. 产品／项目是否涉及知识产权，如发明专利、软件著作权等。对于无法理解研发项目专业知识体系的，可以以知识产权为归类依据。

d. 研发考核数据有什么，如何量化研发考核标准。

2. 穿行测试。

沟通（审计中的访谈）结束后，财务 BP 要将沟通获取的信息结合企业已有的制度，绘制出穿行测试的地图，然后根据财务思维梳理企业真实的业务流程。下面大致介绍一下审计中穿行测试企业内部控制六大循环中的三大循环，有兴趣研究的朋友，可以详细查阅相关资料。

（1）采购与付款循环。

采购与付款循环穿行测试的主要目的是了解企业如何向供应商购买产品或者服务。

采购与付款循环穿行测试主要了解以下内容。

① 利润表。

a. 销售费用。

b. 管理费用。

②资产负债表。

a. 存货。

b. 坏账准备。

c. 应付账款。

d. 预付账款。

e. 货币资金。

采购与付款循环的主要环节为：寻找供应商—签订采购合同—供应商发货—产品入库—供应商开具发票—付款给供应商。

常见的原始凭证如下。

a. 采购需求表。

b. 供应商花名册。

c. 采购合同。

d. 发货单。

e. 订购单。

f. 验收单。

g. 发票。

h. 银行付款回单。

（2）销售与收款循环。

企业的收入来自销售产品或提供服务，商业模式和行业性质决定了企业靠什么赚钱。比如，电商平台主要靠向商家收取平台服务费和广告服务费，以及向消费者收取会员费赚钱；贸易公司一般靠产品差价赚钱。

销售与收款循环穿行测试主要了解以下内容。

①利润表。

主营业务收入。

②资产负债表。

a. 应收账款。

b. 预收票据。

c. 货币资金。

销售与收款循环的主要环节为：寻找客户—签订销售合同—客户预付款—仓库根据发货清单发货—快递公司送货—开发票给客户—客户付尾款。

常见的原始凭证如下。

a. 客户花名册。

b. 客户订购单。

c. 销售合同。

d. 销售单。

e. 货运合同。

f. 销售清单。

g. 银行收款回单。

h. 发货明细。

i. 货物发票。

j. 客户对账单。

（3）生产与仓储循环。

生产与仓储循环穿行测试的主要目的是了解产品生产和采购过程所涉及的经济业务。

生产与仓储循环穿行测试主要了解以下内容。

①利润表。

a. 主营业务成本。

b. 其他业务成本。

②资产负债表。

存货。

生产与仓储循环的主要环节为：生产需求—生产计划与安排—采购原材料—仓库根据收货清单验货—供应商开具发票—付款给供应商—生产产品—成本核算。

常见的原始凭证如下。

a. 生产需求表。

b. 生产计划时间表。

c. 原材料入库单。

d. 领料单。

e. 辅助费用分配表。

f. 工时统计记录表。

g. 人工费用分配表。

h. 制造费用分配表。

i. 成本核算表。

【案例】财务 BP 如何利用穿行测试来梳理企业采购流程呢？

（1）与采购相关人员沟通，整理沟通获取的信息。

（2）根据沟通信息和企业已有制度，画出采购业务流程（见图 4-45）。

（3）根据流程图，确定企业目前缺失流程，查漏补缺。

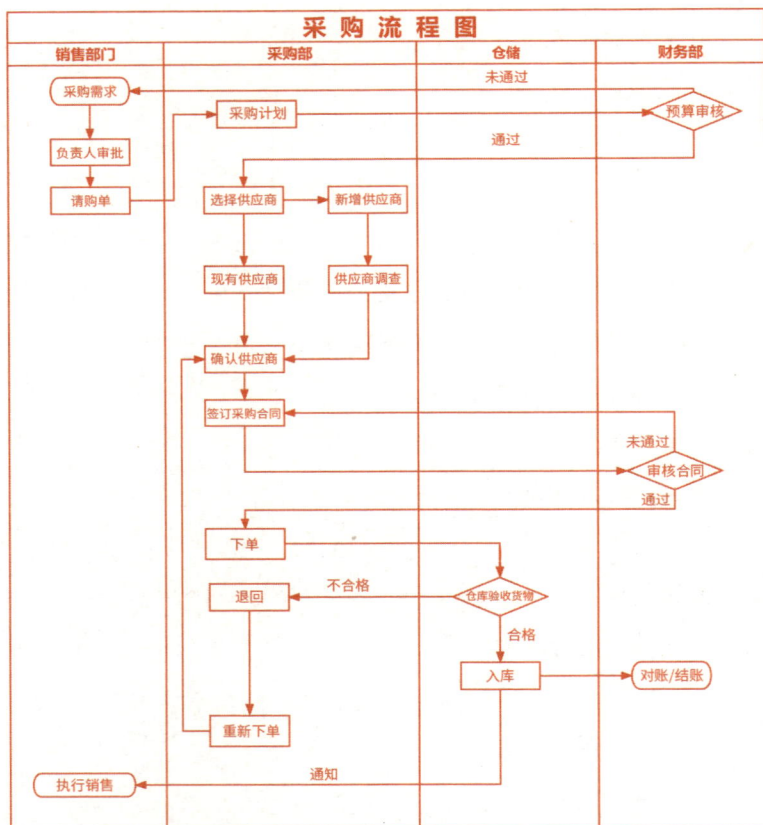

图 4-45 采购业务流程

第五章

财务数据为什么不被运营接受

财务 BP 职位的出现是由于企业有需求，企业的需求主要来自运营（或运营人员，后同）或老板不认可财务数据，使得财务被独立于业务之外。运营和财务（或财务人员，后同）普遍存在的矛盾是运营不接受财务数据，认为其偏离实际业务；老板和财务普遍存在的矛盾是老板认为企业赚钱，财务数据却显示企业亏钱。本章主要讲解导致这些矛盾的主要原因。

第一节　数据维度不同

财务需真实、准确地反映企业的财务状况、经营成果，财务报表主要使用者为外部人员。而运营和老板对财务数据的需求根据企业的商业模式、组织架构、行业的不同而不同。

【案例】小明在商场开了家手机店，本月开具发票 56.6 万元，其中确认主营业务收入 50 万元，主营业务成本 20 万元，管理费用——职能工资 5 万元，管理费用——房租 5 万元（年初预付一年），销售费用——推广费 10 万元，所得税费用 2.5 万元，净利润 7.5 万元。

银行账户上月余额 10 万元，本月实际收到资金 56.6 万元，实际支出资金为：货款 15 万元，工资 5 万元，推广费 5 万元（另外 5 万元年后支付），税费 2.5 万元。银行账户本月余额 39.1 万元。

针对上述数据，财务、运营和老板分别认为本月利润如下。

（1）财务认为利润就是利润表上的净利润，因此认为本月利润为 7.5 万元。

（2）运营认为利润就是产品毛利润—推广费，房子是给职能部门租的，本月的工资是给职能部门发的，跟运营没有任何关系，因此认为本月利润为 20 万元。

（3）老板认为利润就是可以自由支配的钱，因此认为本月利润为 39.1 万元。

仅仅一个利润指标，不同角色的认识为什么会有这么大的差距呢？

在实际工作场景下，**财务**一般会以开出多少发票确认收入（保证利润表和税务报表一致），以仓库发出去多少存货确定产品成本，以收到多少发票确认费用。所以一旦涉及跨月的发票收回、跨月的开票需求、跨月的产品发出，财务在不了解业务的情况下，出具的报表数据会越来越偏离业务实际情况，从而误导运营决策。

在实际工作场景下，**运营**一般会围绕销售收入目标策划各种营销活动，通过不断增加推广费来达成目的。运营通常只看自身花了多少推广费，带给企业多少销售收入，甚至有些企业为了确保产品成本的保密性，不让运营知道产品成本。

在实际工作场景下，**老板**一般会更看重可自由分配的资金，其认为只有能自由支配的资金才是企业真正赚的。

第二节 分析主体不同

下面以年度分析报告为例，介绍财务与运营对其的不同理解。

（一）财务角度的年度分析报告

在实际工作场景下，当**财务**被要求出具年度分析报告时，财务一般会以**三张报表＋四大能力**作为分析大纲，具体如下。

1.介绍企业全年总体情况，主要包括全年收入、利润总额、净利润三大指标以及预算完成程度。

202×年，公司累计实现营业收入××万元，比去年增长／减少××万元，同比增长／减少××%，完成目标额的××%；累计实现利润总额××万元，同比增长／减少××%，完成目标额的××%；累计实现净利润××万元，同比增长／减少××%，完成目标额的××%。

2.介绍整体情况后，围绕利润表分析。

（1）营业收入分析。

本年公司累计实现营业收入××万元，比去年增加××

万元，同比增长 ×× %，完成目标的 ×× %。

① 收入构成情况分析。

从区域看：A 区域，实现营业收入 ×× 万元，同比增长 / 减少 ×× %；B 区域，实现营业收入 ×× 万元，同比增长 / 减少 ×× %；C 区域，实现营业收入 ×× 万元，同比增长 / 减少 ×× %；D 区域，实现营业收入 ×× 万元，同比增长 / 减少 ×× %。

从渠道看：线下实体店，实现营业收入 ×× 万元，同比增长 / 减少 ×× %；天猫平台，实现营业收入 ×× 万元，同比增长 / 减少 ×× %；京东平台，实现营业收入 ×× 万元，同比增长 / 减少 ×× %；其他平台，实现营业收入 ×× 万元，同比增长 / 减少 ×× %。

② 销售合同执行情况分析。

公司去年合同额 ×× 万元，本年执行 ×× 万元，完成合同额的 ×× %，资金到账 ×× %。本年新签合同额 ×× 万元，本年执行 ×× 万元，完成合同额 ×× %，资金到账 ×× %。

③ 客户收入分析。

销售额前 10 的客户实现销售额 ×× 万元，占总销售额 ×× %；本年新客户增加 ×× 个，实现销售额 ×× 万元，占总营业收入 ×× %。

（2）营业成本分析。

本年公司营业成本 ×× 万元，比去年增加 / 减少 ×× 万元，同比增长 / 减少 ×× %。

① 成本构成情况分析：原材料消耗 ×× 万元，占总成本

××%；燃料消耗××万元，占总成本××%；工人工资消耗××万元，占总成本××%。

② 采购额前 10 的供应商支付货款××万元，占总货款××%；本年新增供应商××个，支付货款××万元，占总货款××%。

（3）费用分析。

本年费用总额××万元，与去年相比增加/减少××万元，增加/减少××%。其中销售费用××万元，占总费用××%；财务费用××万元，占总费用××%；管理费用××万元，占总费用××%。

本年管理费用总额××万元，与去年相比增加/减少××万元，增加/减少××%。以下项目的变动使管理费用增加/减少：××费增加/减少××万元，××费增加/减少××万元。本年管理费用占收入××%，与去年相比本年管理费用上升/下降的同时主营业务收入有所上升/下降。管理费用增加并没有带来收入的明显增加，应当关注管理费用相关科目支出的合理性。

本年销售费用总额××万元，与去年相比增加/减少××万元，增加/减少××%。以下项目的变动使管理费用增加/减少：××费增加/减少××万元，××费增加/减少××万元。本年销售费用占收入××%，与去年相比本年销售费用上升/下降的同时主营业务收入有所上升/下降，企业控制销售费用支出的制度流程取得明显成效/未取得明显成效。

本年财务费用总额××万元，与去年相比增加/减少

××万元，增加/减少××%。以下项目的变动使财务费用增加/减少：××费增加/减少××万元，××费增加/减少××万元。

（4）利润分析。

①营业利润。

本年营业利润为××万元，与去年相比增加/减少××万元，增加/减少××%。以下项目的变动使营业利润增加：××费用减少××万元，××费用减少××万元，营业利润增加共计××万元。以下项目的变动使营业利润减少：××费用增加××万元，××费用增加××万元，营业利润减少共计××万元。各项目变化引起营业利润增加/减少××万元。

营业利润主要来源于4个区域，其中：A区域贡献××万元营业利润，占总营业利润××%；B区域贡献××万元营业利润，占总营业利润××%；C区域贡献××万元营业利润，占总营业利润××%；D区域贡献××万元营业利润，占总营业利润××%。

营业利润主要来源于4个销售渠道，其中：线下实体店贡献××万元营业利润，占总营业利润××%；天猫平台贡献××万元营业利润，占总营业利润××%；京东平台贡献××万元营业利润，占总营业利润××%；其他平台贡献××万元营业利润，占总营业利润××%。

②利润总额。

本年利润总额为××万元，与去年相比增加/减少××

万元，增加／减少 ××%。其中本年营业外收入增加／减少 ×× 万元，主要来源于 ×× 业务。

③净利润。

本年净利润为 ×× 万元，与去年相比增加／减少 ×× 万元，增加／减少 ××%。

（5）总结。

本年公司在营业收入增加／减少的同时利润增长／下降，公司业务发展得优秀／较好／不理想。

3. 分析利润表后，围绕资产负债表分析。

（1）资产分析。

本年资产总额为 ×× 万元，其中流动资产为 ×× 万元，以货币资金、应收账款、其他应收款、存货为主，分别占流动资产的 ××%、××%、××% 和 ××%。非流动资产为 ×× 万元，以长期应收款、在建工程、其他非流动资产为主，分别占非流动资产的 ××%、××% 和 ××%。

流动资产中货币性资产 ×× 万元，约占流动资产的 ××%，表明公司的支付能力和应变能力较强／弱。

流动资产中应收账款 ×× 万元和其他应收款 ×× 万元，占流动资产的 ××%，应当加强应收款项管理，关注应收款项的质量。

本年总资产为 ×× 万元，与去年的 ×× 万元相比有大幅增加／减少，增加／减少 ××%。以下项目的变动使资产总额增加：货币资金增加 ×× 万元，应收账款增加 ×× 万元，共计增加 ×× 万元。以下项目的变动使资产总额减少：存货减

少 ×× 万元，预付账款减少 ×× 万元，共计减少 ×× 万元。各项目变化引起资产总额增加 / 减少 ×× 万元。

从资产与营业收入的关系来看，本年 ×× 资产所占比例较大，×× 资产所占比例基本合理。本年 ×× 资产占营业收入的比例出现不合理增长。×× 资产占营业收入的比例下降。从流动资产与收入变化情况来看，流动资产增长带动了营业收入增长 / 但营业收入下降，资产的盈利能力明显增强 / 减弱，与去年相比，资产结构表现优秀 / 不理想。

（2）负债及所有者权益分析。

本年负债总额为 ×× 万元，所有者权益为 ×× 万元。负债项目中，流动负债为 ×× 万元，占负债和所有者权益总额的 ××%。

经营性负债（预收账款、应付账款、应付职工薪酬等随着业务开展而产生的负债）资金数额较高，占流动负债的 ××%，自有资金成本相对低。

分配性负债（应付股利、应交所得税等实现盈利后产生的分红和所得税）资金数额较高，占流动负债的 ××%，导致净资产下降 ××%。

融资性负债（短期借款、长期借款、应付票据等有息负债）资金数额较高，占总负债的 ××%，负债权益比是 ××，资金杠杆系数偏高 / 低，资金流转风险大 / 小。

以下项目的变动使负债总额增加：×× 增加 ×× 万元，×× 增加 ×× 万元，共计增加 ×× 万元。以下项目的变动使负债总额减少：×× 减少 ×× 万元，×× 减少 ×× 万元，共计减少 ×× 万元。各项目变化引起负债总额增加 / 减少 ×× 万元。

本年所有者权益为 ×× 万元，与去年的 ×× 万元相比增长 / 减少 ×× 万元，增长 / 减少 ××%。以下项目的变动使所有者权益增加：×× 增加 ×× 万元，×× 增加 ×× 万元，共计增加 ×× 万元。以下项目的变动使所有者权益减少：×× 减少 ×× 万元，×× 减少 ×× 万元，共计减少 ×× 万元。各项目变化引起所有者权益总额增加 / 减少 ×× 万元。

4. 分析利润表和资产负债表后，围绕现金流量表分析。

（1）现金流入项目分析。

本年现金流入为 ×× 万元，与去年的 ×× 万元相比有增长 / 降低，增长 / 降低 ××%。公司销售商品、提供劳务收到的现金为 ×× 万元，这是公司当期现金流入的最主要 / 第二 / 第三来源，约占公司当期现金流入总额的 ××%。公司销售商品、提供劳务产生的现金能够满足 / 不能满足经营活动的现金支出需求，销售商品、提供劳务使公司的现金净增加 / 减少 ×× 万元。公司通过增加负债取得的现金占公司当期现金流入总额的 ××%。这部分资金已全部用于 ×× 经营活动 / 投资活动。公司通过增加股权投资取得的现金占公司当期现金流入总额的 ××%。这部分资金已全部用于 ×× 经营活动 / 投资活动。

（2）现金流出项目分析。

本年现金流出为 ×× 万元，与去年的 ×× 万元相比有增长 / 减少，增长 / 减少 ××%。现金流出最大的项目为购建固定资产、无形资产和其他长期资产支付的现金 / 购买商品、接受劳务支付的现金，占现金流出总额的 ××%。

本年经营活动收到的现金有增加 / 减少，公司经营活动现金流入的稳定性提高 / 下降。×× 支出有所增加，公司现金流出随之增加。本年所有项目现金流入从大到小依次是：吸收投资收到的现金；销售商品、提供劳务收到的现金；取得借款收到的现金；收到其他与经营活动有关的现金。项目的现金流出从大到小依次是：购买商品、接受劳务支付的现金；支付给职工以及为职工支付的现金；偿还债务支付的现金；购建固定资产、无形资产和其他长期资产支付的现金。

本年公司投资活动需要资金 ×× 万元，经营活动创造资金 ×× 万元。投资活动所需要的资金不能被经营活动创造的现金满足，还需要公司筹集资金。本年公司筹资活动产生的现金流量净额为 ×× 万元。投资活动的资金缺口是由经营活动和筹资活动共同弥补的。

去年现金流量净额 ××/–×× 万元，今年扭亏为盈 / 出现资金缺口 / 保持现金流入，现金净增加 / 减少 ×× 万元。

本年经营活动产生的现金流量净额为 ×× 万元，与去年的 ×× 万元相比增长 / 减少 ×× 万元，增长 / 减少 ××%。

本年投资活动产生的现金流量净额为 ×× 万元，与去年的 ×× 万元相比增长 / 减少 ×× 万元，增长 / 减少 ××%。

本年筹资活动产生的现金流量净额为 ×× 万元，与去年的 ×× 万元相比增长 / 减少 ×× 万元，增长 / 减少 ××%。

5.分析完三张报表后，分析四大财务能力。

（1）偿债能力。

① 资产负债率。

本年资产负债率为 ×× ，与去年的 ×× 相比有提高 / 下降，提高 / 下降了 ×× 。

② 流动比率、速动比率。

本年流动比率为 ×× ，与去年的 ×× 相比有增长 / 减少，增长 / 减少了 ×× 。本年流动比率比去年增长 / 减少的主要原因如下。本年流动资产为 ×× 万元，与去年的 ×× 万元相比有增长 / 减少，增长 / 减少 ××%。本年流动负债为 ×× 万元，与去年的 ×× 万元相比有增长 / 减少，增长 / 减少 ××%。流动资产增长 / 减少，但流动负债增长 / 下降，致使流动比率增长 / 减少。用当期流动资产偿还流动负债，没有困难，流动比率合理 / 用当期流动资产偿还流动负债，有困难，流动比率不合理，需要加速流动负债的回款，暂缓流动资产流出。

③ 银行、金融机构贷款流动比率。

本年银行、金融机构等刚性负债（必须要还的）流动比率为 ×× ，与去年的 ×× 相比有增长 / 减少，增长 / 减少了 ×× 。刚性负债资金占比过高，偿债风险增加。

④ 利息保障倍数。

从盈利情况来看，公司盈利对利息的保障倍数为 ×× 。从实现利润和利息的关系来看，企业盈利能力较强 / 弱，利息支付有保证 / 没保证。

（2）盈利能力。

本年的营业毛利率为 ××%，营业利润率为 ××%，成本费用利润率为 ××%，总资产报酬率为 ××%，净资产收益率为 ××%；公司实际投入公司自身经营业务的资产为 ×× 万元，经营资产的收益率为 ××%。

① 营业毛利率。

营业毛利 = 主营业务收入 − 主营业务成本

营业毛利率 = 营业毛利 ÷ 主营业务收入 ×100%

本年的营业毛利率为 ××%，与去年相比有提高 / 下降，提高 / 下降了 ××。与去年相比，营业毛利率提高 / 下降的原因为主营业成本减少 / 增长。

② 营业利润率。

营业利润 = 营业毛利 − 税金及附加 − 销售费用 − 管理费用 − 财务费用 − 资产减值损失 + 公允价值变动收益 + 投资收益

营业利润率 = 营业利润 ÷ 主营业务收入 ×100%

本年的营业利润率为 ××%，与去年相比有提高 / 下降，提高 / 下降了 ××。与去年相比，营业利润率提高 / 下降的原因为 ×× 增长 / 减少。

③ 成本费用利润率。

成本费用 = 主营业务成本 + 其他业务成本 + 销售费用 + 管理费用 + 财务费用

利润 = 营业利润 + 投资收益 + 补贴收入 +（−）营业外收入（支出）

成本费用利润率 = 成本费用 ÷ 利润 ×100%

本年实现利润 ×× 万元，与去年的 ×× 万元相比增加 /
减少 ××%。本年成本费用总额为 ×× 万元，与去年的 ××
万元相比有所增加 / 减少，增加 / 减少 ××%。本年实现利润
增加 / 减少的速度快于成本费用总额增加 / 减少的速度，致使
成本费用投入经济效益增加 / 减少。

本年公司盈亏平衡点的主营业务收入为 ×× 万元，公司
收入超过盈亏平衡点，实现盈利 / 公司收入未超过盈亏平衡点，
公司亏损。公司安全边际率为 ××%，公司主营业务收入下降
只要不超过安全边际额 ×× 万元，公司仍然有盈利。

（3）营运能力。

① 存货周转天数。

本年存货周转天数为 ×× 天，去年为 ×× 天，本年比
去年延长 / 缩短 ×× 天。本年存货周转天数比去年延长 / 缩
短的主要原因是：本年平均存货为 ×× 万元，与去年的 ××
万元相比增加 / 减少，增加 / 减少 ××。本年主营业务成本为
×× 万元，与去年的 ×× 万元相比下降 / 上升，下降 / 上升
××%。平均存货增长速度快于 / 慢于营业成本的增长速度，
致使存货周转天数延长 / 缩短。存货管理水平相对提高 / 下降，
产供销体系的效率下降 / 上升。

② 应收账款周转天数。

本年应收账款周转天数为 ×× 天，去年为 ×× 天，本年
比去年延长 / 缩短 ×× 天。本年应收账款周转天数比去年延长 /
缩短的主要原因是：本年平均应收账款为 ×× 万元，与去年
的 ×× 万元相比有所增加 / 减少，增加 / 减少 ××%。本年营

业收入为××万元，与去年的××万元相比有所减少/增加，减少/增加××%。平均应收账款增加/减少，但营业收入减少/增加，致使应收账款周转天数延长/缩短。在公司应收账款周转速度下降/上升的同时，盈利能力也在减弱/增强。

③应付账款周转天数。

本年应付账款周转天数为××天，去年为××天，本年比去年延长××天。本年应付账款周转天数比去年延长/缩短的主要原因是：本年平均应付账款为××万元，与去年的××万元相比有所增加/减少，增加/减少××%。本年营业成本为××万元，与去年的××万元相比有所减少/增加，减少/增加××%。平均应付账款增加/减少，但营业成本减少/增加，致使应付账款周转天数延长/缩短。

存货、应收账款、应付账款三者占用资金天数过长/合适，公司经营活动的资金占用增加/减少，营运能力明显减弱/增强。

④现金周转天数。

本年现金周转天数为××天，去年为××天，本年比去年延长/缩短××天。

⑤营业周期。

本年营业周期为××天，去年为××天，本年比去年延长/缩短××天。

⑥流动资产周转天数。

本年流动资产周转天数为××天，去年为××天，本年比去年延长/缩短××天。

⑦ 固定资产周转天数。

本年固定资产周转天数为 ×× 天，去年为 ×× 天，本年比去年延长 / 缩短 ×× 天。

（4）发展能力。

① 营业收入增长率。

本年主营业务收入为 ×× 万元，比去年相比增长 / 下降 ×× 万元，环比增长 / 下降 ××%。

② 净利润增长率。

本年净利润为 ×× 万元，比去年相比增长 / 下降 ×× 万元，环比增长 / 下降 ××%。

③ 所有者权益增长率。

本年所有者权益为 ×× 万元，与去年相比增长 / 下降 ×× 万元，环比增长 / 下降 ××%。

④ 可动用资金额。

本年公司新创造的可动用资金总额为 ×× 万元。说明在没有外部资金来源的情况下，公司用于投资发展的资金如果不超过这一数额，则不会给公司经营活动带来不利影响；反之，如果公司的新增投资规模超过这一数额，则在没有其他外部资金来源的情况下，必然会占用公司经营活动资金，引起营运资本的减少，进而引起经营活动的资金紧张。

以上是典型的财务有关年度分析报告的分析思路，先围绕利润表、资产负债表和现金流量表进行纯数字分析，即分析指标是增长还是减少，哪几个项目引起了指标变化，再分析四大财务能力，进而分析企业的经营状况。

（二）运营角度的年度分析报告

财务分析的主体是三张报表，三张报表的数据来自符合财务和税务制度的原始凭证。财务分析的主体是整个企业、整条生产线、整个渠道，没有细分到某个产品、某个流程、某个步骤。而站在运营角度可能只关注财务提供报表的某些部分。

下面沿用财务角度的年度分析报告的部分举例，介绍运营角度的年度分析报告。

1. "202×年，公司累计实现营业收入××万元，比去年增长／减少××万元，同比增长／减少××%，完成目标额的××%"。

对于运营来说，财务提供的整份财务分析报告可能这一句是需重点关注的，因为运营是收入和业绩至上。运营了解公司本年与往年收入的变化后，其实还想了解行业的情况。

站在财务的角度，收入同比增长，代表今年比去年销售好；收入同比减少，代表今年的销售不如去年好。

但是，站在运营的角度，收入同比增长，并不能立马做出判断，因为缺少行业的对比信息。

财务数据脱离行业情况，就会传递给运营错误的信息，导致运营决策失误。

【案例】某企业销售情况如图 5-1 所示。

从图 5-1 中财务可以得出结论 1：**×× 企业本年与去年同月相比销售均有所增长，每月都超额完成目标，销售表现优异。**

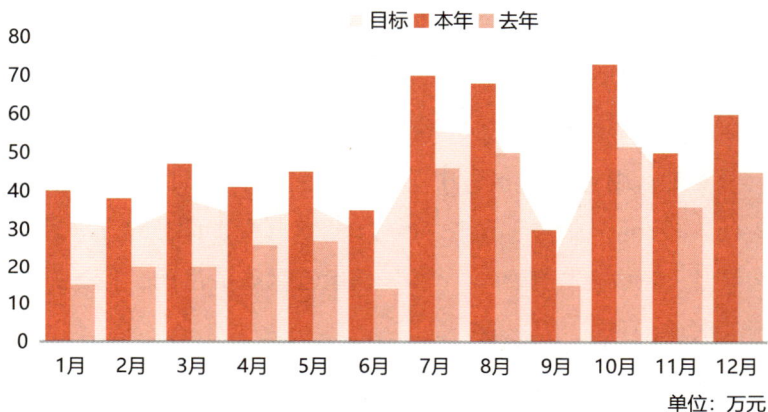

图 5-1 ×× 企业销售情况

但是，如果把 ×× 企业放到整个行业中去对比（见图 5-2），就会发现财务根据 ×× 企业内部数据得出的结论 1 是偏离事实的。

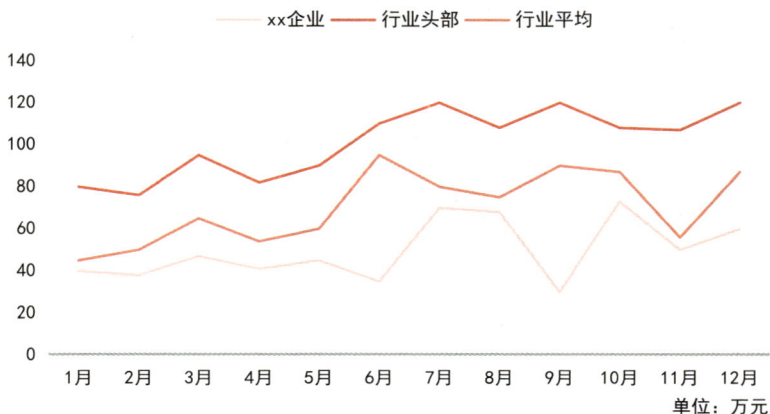

图 5-2 ×× 企业与行业头部、平均情况对比

结合图 5-1 和图 5-2 可以得出结论 2：**与去年相比，本年**

××企业销售收入虽然增长，但是××企业本年销售规模增长速度未达行业平均值，与行业头部相比还有非常大差距，并且6月和9月出现偏离市场销售整体走势的情况，需要深入分析原因。

因此，财务分析报告中"202×年，公司累计实现营业收入××万元，比去年增长/减少××万元，同比增长/减少××%，完成目标额的××%"是运营重点关注的，但是缺少行业对比信息。

财务BP修改如下：202×年，公司累计实现营业收入××万元，比去年增长/减少××万元，同比增长/减少××%，完成目标额的××%；202×年××行业市场规模××亿元，处于快速增长的成长期，××企业销售规模增长速度低于行业平均水平，与头部企业差距较大；在6月和9月，××企业对行业变化敏感度过低，竞争对手大力投放宣传费抢占市场时，××企业未采取相应的运营策略把握快速发展的机会，导致销售偏离市场走势。

2. "从区域看：A区域，实现营业收入××万元，同比增长/减少××%；B区域，实现营业收入××万元，同比增长/减少××%；C区域，实现营业收入××万元，同比增长/减少××%；D区域，实现营业收入××万元，同比增长/减少××%。

"从渠道看：线下实体店，实现营业收入××万元，同比增长/减少××%；天猫平台，实现营业收入××万元，同比增长/减少××%；京东平台，实现营业收入××万元，同比增长/减少××%；其他平台，实现营业收入万元，同比增长／减少 ××%。"

　　财务的分析报告的指标是根据相关财务制度确定的，不同的企业、不同的行业使用的都是统一的财务指标，目的是统一审计标准和应对相关部门的核查。而运营所需要的指标是根据企业的商业模式、行业特点、企业管理能力等多方面因素确定的，是没有统一标准的，并且随着业务发展不断地变化。

　　财务从全局分析企业经营状况，而运营从局部分析企业经营状况；财务的数据是汇总的、笼统的，而运营所需要的数据是分散的、精细化的。这也是为什么常常发生运营不接受、不认可财务数据的情况。

　　如果在原有财务分析报告基础上，加上行业数据，运营就可了解 ×× 企业本年的收入在内部环境和外部环境下的真实情况。

　　【案例】×× 企业的运营知道本企业销售额在行业中的位置后，接下来就要深入了解本年到底哪个渠道、哪个产品卖得好或者不好，从而有目的地往下看财务分析报告来快速获取想要的数据。在收入构成情况分析中，×× 企业运营获取到了想要了解的重要信息，即区域和渠道收入的精细化数据，但其想进一步了解区域 ×× 销售最好的原因是什么、区域 ×× 今年增长这么快的原因是什么、渠道 ×× 为什么今年没投入多少费用销售表现却如此亮眼。此时，其发现财务分析报告只给出了汇总的、笼统的结果，没有给出销售好或者销售不好的关键原因和有效的信息，那么其就会认为这份财务分析报告对今年运营复盘或者明年运营策略调整没有太大用处。

如果财务数据脱离实际业务场景，就会传递给运营错误的信息，导致不可逆的损失。

财务给出了 ×× 企业 202× 年销售数据，如图 5-3 所示。

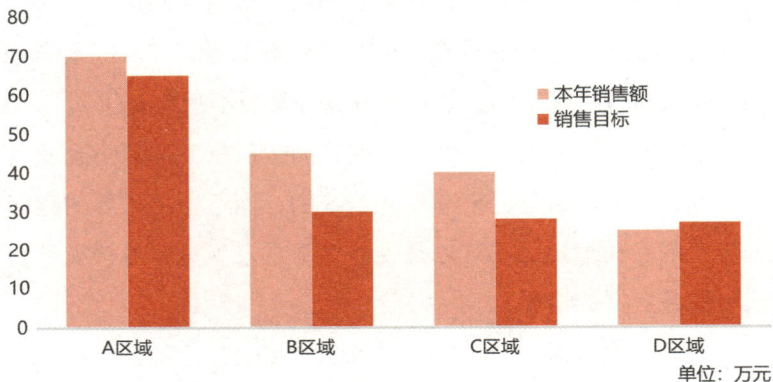

单位：万元

图 5-3　×× 企业 202× 年销售额

由图 5-3 可得出结论 3：×× 企业 202× 年 3 个区域完成了年度销售目标，其中 A 区域销售额最高，表现亮眼，D 区域未完成年度销售目标。

根据以上数据，财务提出以下 4 个建议。

（1）D 区域未完成年度销售目标，年终奖金不予颁发。

（2）A 区域完成年度销售目标，且占总体销售的比例大，年终奖金双倍颁发。

（3）基于本年销售完成的基数，建议明年 A 区域销售目标增长 20%。

（4）基于本年销售完成的基数，建议明年 D 区域销售目标增长 40%。

但是，深入剖析 A 区域和 D 区域销售情况（见图 5-4），财务 BP 得出以下结论。

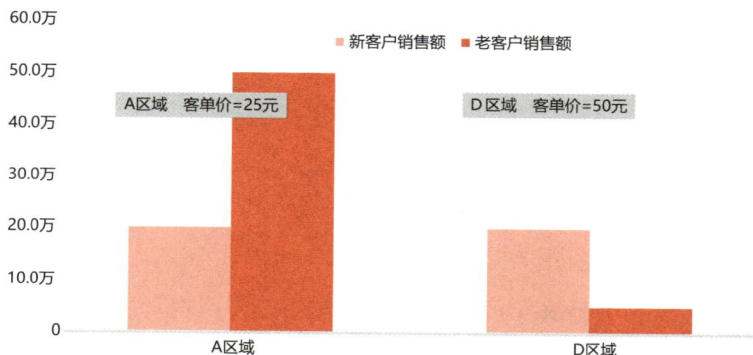

图 5-4　×× 企业 A 区域和 D 区域客户销售占比

A 区域销售总额是 D 区域的 × 倍，但是新客户销售额却是一致的；且 A 区域客单价是 D 区域的一半，A 区域很有可能是靠低价维护老客户保持高销售额，A 区域存在不健康发展的可能性。

D 区域虽然销售额只有 A 区域的三分之一，但是客户拉新率和转化率高，且客单价远远高于 A 区域，D 区域运营策划效果亮眼，预计明年销售会爆发式增长。

因此，财务分析报告中"从区域看……"是运营重点关注的，但是数据缺少精细化分析。

3. "本年的营业毛利率为 ××%，营业利润率为 ××%，成本费用利润率为 ××%"

（1）营业毛利 = 主营业务收入 − 主营业务成本。

从财务核算角度，主营业务收入和主营业务成本是按照权责发生制确认的。

从运营角度，主营业务收入就是产品卖出去，收回来了多少钱；主营业务成本是企业为了取得主营业务收入，付出了多少钱；收回来的钱和付出去的钱的差额就是营业利润，也是运营熟知的营业毛利。

（2）成本费用利润率。

成本费用＝主营业务成本＋其他业务成本＋销售费用＋管理费用＋财务费用

①从财务核算角度，三大期间费用是按照权责发生制确认的；但是实操过程中，大部分财务凭发票确认三大期间费用，年度汇算清缴时，需要将无发票的费用进行纳税调增。

②从运营角度，付出去的钱都叫费用。对于运营来说，费用按重要性排名的顺序一般如下：渠道费用＞产品成本＞营销费用。

a.渠道费用指的是流量费、进场费、付给经销商及业务员的钱。

b.产品成本就是付给工厂的钱。

c.营销费用就是广告费、促销费等。

对比财务和运营对费用的认知不难发现，两者相差甚远。

因此，财务BP需具备运营知识，懂得如何把财务数据和指标转化成业务数据和指标。

第二篇
实操篇

第六章
基本数据模型

　　财务 BP 利用 Excel 基本能进行大部分数据处理工作，熟练运用 Excel 比花时间学习一些新的数据处理工具更有效。

　　在实际工作中，WPS 是有效的工具，其操作界面和一些快捷功能使用效率高于 Office；但是对于财务 BP，Office 更有用，因为其建模功能强于 WPS。建议财务 BP 熟练掌握 WPS 和 Office，切换使用，以提高处理数据的速度和效率。本章所有的操作都使用 Office 2019 版，适合有一定 Excel 操作基础的读者。

第一节　数据处理工具

（一）常见函数

　　Excel 中有几百个函数，财务 BP 需要全部掌握吗？不需要，实际工作中，财务 BP 需要熟练掌握的函数最多只有 20 个，会用但是不需要熟练掌握的有近 30 个，剩余的了解即可。

1. 文本函数。

当获取一组原始数据后，首先要做的就是进行数据清洗。不同平台和不同格式都会导致数据无法正常计算，所以分析之前需要清洗原始数据，使其变成可计算的数据。文本函数是财务 BP 清洗数据常用的 Excel 函数。此处根据实践中使用函数的频率把文本函数分成五大类，分别是提取函数、查找函数、替换函数、清洗函数、特殊符号。

（1）提取函数。

① LEFT 函数：LEFT（文本，[从左边开始提取的字符长度]）。

【案例】提取图 6-1 中"财务 BP 那些事"中的"财务"两个中文字。

=LEFT（A2,2）。

	A	B	C	D	E
1	文本	提取文本	从左边开始提取的长度	函数	
2	财务BP那些事	财务	2个中文字	=LEFT（A2, 2）	
3				LEFT（字符串，[字符个数]）	

图 6-1　LEFT 函数

② RIGHT 函数：RIGHT（文本，[从右边开始提取的字符长度]）。

【案例】提取图 6-2 中"财务 BP 那些事"中的"那些事" 3 个中文字。

=RIGHT（A2,3）。

	A	B	C	D	E
1	文本	提取文本	从右边开始提取的长度	函数	
2	财务BP那些事	那些事	3个中文字	=RIGHT（A2，3）	
3				RIGHT（字符串，[字符个数]）	
4					

图 6-2　RIGHT 函数

③ MID 函数：MID（文本，开始位置，[提取的字符长度]）。

【案例】提取图 6-3 中"财务 BP 那些事"中的"BP"两个英文字。

=MID（A2,3,2）。

	A	B	C	D	E	F	G
1	文本	提取文本	从中间第几个字符开始提取	提取几个字符	函数		
2	财务BP那些事	BP	第3个	2个	=MID（A2,3,2）		
3					MID（字符串，开始位置，字符个数）		
4							

图 6-3　MID 函数

④ LEN 函数：LEN（文本）。该函数用于计算提取的文本有多少个字符，一般用来验证单元格是否存在不可见文本。

【案例】提取图 6-4 中"财务 BP 那些事"中有多少字符。

=LEN（A2）。

	A	B
1	文本	函数
2	财务BP那些事	=LEN（A2）
3		LEN（字符串）
4		

图 6-4　LEN 函数

提取函数中常用的就是以上函数，它们分别有各自的类似函数。

⑤ LEFTB 函数：LEFTB（文本，[从左边开始提取的字节

长度])。

图 6-5 列示了 LEFT 函数和 LEFTB 函数的区别。

A	B	C	D
函数	文本	从左边开始提取的长度	结果
LEFT	财务BP那些事	2	财务
LEFTB	财务BP那些事		财

图 6-5　LEFT 函数和 LEFTB 函数的区别

由图 6-5 可以得出，LEFT 函数是从左边开始按字符提取，而 LEFTB 函数是从左边开始按字节提取。

图 6-6 所示为字符和字节的区别。从图 6-6 可得出字符和字节最大的区别就是"中文字"：2 个字节 =1 个中文字 =1 个字符。除中文字以外，英文字、数字、标点符号和空格，字符 = 字节。

字符和字节的区别

2023年- 财务BP那些事		字数	字符	字节
中文字	年财务那些事	6	6	6×2=12
英文字	BP	2	2	2
数字	2023	4	4	4
标点符号	-	1	1	1
空格		1	1	1
小计		14	14	20

图 6-6　字符和字节的区别

⑥ RIGHTB 函数：RIGHTB（文本，[从右边开始提取的字节长度])。

⑦ MIDB 函数：MIDB（文本，开始位置，[提取的字节

长度])。

⑧ LENB 函数：LENB（文本）。

（2）查找函数。

① FIND 函数：FIND（查找的词，被查找的文本，[开始查找的位置])。

a. 函数结果为查找词在被查找词第一次出现的位置。

b. 如果被查找词不存在，显示错误值 "#VALUE!"。

c. 区分大小写。

【案例】查找图 6-7 中 "BP" 在对应被查找文本中的什么位置。

如 =FIND（A2,B2）。

	A	B	C	D	E
1	查找 "BP"（查找的词）	文本（被查找的文本）	开始查找的位置	函数公式	函数结果
2	BP	财务BP【2023】那些事	一般空着	=FIND(A2,B2)	3
3	BP	财务BP【2023】那些事BP	一般空着	=FIND(A3,B3)	3
4	BP	财务【2023】那些事	一般空着	=FIND(A4,B4)	#VALUE!
5	BP	财务bP【2023】那些事	一般空着	=FIND(A5,B5)	#VALUE!
6	第2个BP	财务BP【2023】那些事BP	从第5个字符开始找	=FIND(A6,B6,5)	14

图 6-7　FIND 函数

② SEARCH 函数：SEARCH（查找的词，被查找的文本，[从左起第几个查找])。不区分大小写。

【案例】查找图 6-8 中 "BP" 在对应被查找文本中的什么位置。

如 =SEARCH（A2,B2）。

	A	B	C	D	E
1	查找"BP"（查找的词）	文本（被查找的文本）	开始查找的位置	函数公式	函数结果
2	BP	财务BP【2023】那些事	一般空着	=SEARCH(A2,B2)	3
3	BP	财务BP【2023】那些事BP	一般空着	=SEARCH(A3,B3)	3
4	BP	财【2023】那些事	一般空着	=SEARCH(A4,B4)	#VALUE!
5	BP	财务bP【2023】那些事	一般空着	=SEARCH(A5,B5)	3
6	第2个BP	财务BP【2023】那些事BP	从第5个字符开始找	=SEARCH(A6,B6,5)	14

图 6-8　SEARCH 函数

③ FIND 函数和 SEARCH 函数的区别。

a. FIND 函数区分大小写，SEARCH 函数不区分大小写。

b. FIND 函数查找不了通配符，SEARCH 函数可以查找通配符。

图 6-9 所示为用 FIND 函数和 SEARCH 函数查找相同内容显示的不同结果。

	A	B	C	D
1	查找"财务 BP"（查找的词）	文本（被查找的文本）	函数公式	函数结果
2	财务BP	财务bp那些事	=FIND("财务BP",B2)	1
3	财务BP	财务bp那些事	=SEARCH("财务BP",B3)	#VALUE!
4	财务BP	财【2023】务BP那些事	=FIND("财*务BP",B4)	#VALUE!
5	财务BP	财2务BP那些事	=SEARCH("财?务BP",B5)	1
6	财务BP	财【2023】务BP那些事	=SEARCH("财*务BP",B6)	1

图 6-9　FIND 函数和 SEARCH 函数的区别

通配符是用来模糊查找信息的，它能够代替任何字符。财务人员在使用 Excel 时要用到的通配符一般有两个。

a. "?"（问号）：代替一个字符。

b. "*"（星号）：代替任意数量的字符。

图 6-9 中，"财 2 务 BP 那些事"，被查找的词语"财务BP"中间有一个其他字符，因此用通配符"?"代替被查找字

符中的一个其他字符。"财【2023】务 BP 那些事"，被查找的词语"财务BP"中间有了一串其他字符，因此用通配符"*"代替被查找字符中的一串其他字符。

（3）替换函数。

① REPLACE 函数：REPLACE（文本，从左起第几个开始替换，替换几个字符，新替换的字符）。

【案例】用空格替换图 6-10 中"财【2023】务 BP 那些事"中的"【2023】"。

=REPLACE（A2,2,6,""）。

文本	从左起第几个开始替换	替换几个字符	新替换的字符	函数公式	函数结果
财【2023】务BP那些事	从左起第2个开始替换	"【2023】"共6个字符	空格	=REPLACE(A2,2,6,"")	财务BP那些事

图 6-10 REPLACE 函数

② SUBSTITUTE 函数：SUBSTITUTE（文本，要被替换掉的字符，新替换的字符）。

【案例】用空格替换图 6-11 中"财【2023】务 BP 那些事"中的"【2023】"。

=SUBSTITUTE（A2,"【2023】",""）。

文本	要被替换的字符	新替换的字符	函数公式	函数结果
财【2023】务BP那些事	【2023】	空格	=SUBSTITUTE(A2,B2,"")	财务BP那些事

图 6-11 SUBSTITUTE 函数

③ REPLACE 函数和 SUBSTITUTE 函数的区别。

SUBSTITUTE 函数用于在被替换文本中替换指定的文本，而 REPLACE 函数用于替换被替换文本指定位置的任意文本。

也就是说，SUBSTITUTE 函数侧重于内容的替换，REPLACE 函数侧重于位置的替换。

（4）清洗函数。

① TRIM 函数：TRIM（文本）。该函数用于去掉字符前后的空格。

② TEXT 函数：TEXT（数字，要转化成的格式）。

a. 格式常用表现形式。

人民币：¥#,##0。

保留 2 位小数：0.00。

显示千分位分隔符：#,##。

保留 1 位小数且显示千分位分隔符：#,##0.0。

隐藏数据：**。

数字前添加 000：0000。

注意：所有要转化成的格式都需要添加英文状态下的双引号。

b. 日期表现形式。

长日期：YYYY-MM-DD。

短日期：YY-M-D。

中文日期：yyyy 年 -mm 月 -dd 日。

天：d。

星期：aaaa。

格式及日期的常用表现形式如图 6-12 所示。

	A	B	C	D	E
1	转变内容	数字	格式	函数	函数结果
2	人民币	1000	¥#,##0	=TEXT(B2,"¥#,##0")	¥1,000
3	保留2位小数	5465.3254	0.00	=TEXT(B3,"0.00")	5465.33
4	显示千分位分隔符	546005	#,##	=TEXT(B4,"#,##")	546,005
5	保留1位小数且显示千位分隔符	546005.3254	#,##0.0	=TEXT(B5,"#,##0.0")	546,005.3
6	隐藏数据	1000	**	=TEXT(B6,"***")	
7	数字前添加000	1	0	=TEXT(B7,"0000")	0001
8					
9	转变内容	日期	格式	函数	函数结果
10	长日期	1-Aug-22	yyyy-mm-dd	=TEXT(B10,"yyyy-mm-dd")	2022-08-01
11	短日期	1-Aug-22	yy-m-d	=TEXT(B11,"yy-m-d")	22-8-1
12	中文日期	1-Aug-22	yyyy年mm月dd日	=TEXT(B12,"yyyy年mm月dd日")	2022年08月01日
13	天	12-Aug-22	d	=TEXT(B13,"d")	12
14	星期	1-Aug-22	aaaa	=TEXT(B14,"aaaa")	星期一

图 6-12 格式及日期的常用表现形式

c. 自动生成标准报告。

财务 BP 在实际工作中，经常会定期出具周期性分析报告，比如日报、周报、月报、季报。周期性分析报告中一般只有数字根据实际业务情况的变动而变动，而描述性文字基本是不会变的。TEXT 函数的一个用处就是用于高效制作周期性分析报告。

TEXT（数字，A；B；C）：当数字 >0 的时候，显示 A 格式；当数字 <0 的时候，显示 B 格式；当数字 =0 的时候，显示 C 格式。

比如，本年收入 800 万元，去年收入 1 000 万元，用 TEXT 函数出具描述收入增幅的报告。

数字 = 本年收入 - 去年收入。

TEXT 函数的应用见图 6-13。

	A	B	C	D	E
17	本年收入（万元）	去年收入（万元）	格式	函数	函数结果
18	800	1000	文字描述收入增幅	=TEXT(A18-B18," 与去年相比增加 #; 与去年相比减少 #; 无增减 #")	与去年相比减少 200
19	1000	800	文字描述收入增幅	=TEXT(A19-B19," 与去年相比增加 # 万元; 与去年相比减少 # 万元; 无增减 ")	与去年相比增加 200 万元
20	10000	8000	文字描述收入增幅	=TEXT(A20-B20," 与去年相比增加 #,##; 与去年相比减少 #,##; 无增减 #,##")	与去年相比增加 2000
21	1000	1000	文字描述收入增幅	=TEXT(A21-B21," 与去年相比增加 #,##; 与去年相比减少 #,##; 无增减 #,##")	无增减

图 6-13　TEXT 函数

"#"代表普通数值格式的计算结果。

"# 万元"代表数值 +"万元"单位格式的计算结果。

"#,##"代表数值显示千分位分隔符格式的计算结果。

③ VALUE 函数：VALUE（text）。该函数用于将文本型数据转换为数值型数据。

（5）特殊符号。

①"*"（星号）：代替任意数量的字符。

②"?"（问号）：代替一个字符。

③"&"（连接符）：连接不同单元格的内容。

2. 统计函数。

（1）数数。

① COUNT 函数：COUNT（单元格区域）。

【案例】统计图 6-14 所示的 ×× 企业有多少家店铺。

=COUNT（B3:B10）。

	A	B	C	D
1	××企业			
2	店铺	收入（万元）	函数	有几家店铺
3	区域A	1000		
4	区域B	1000		
5	区域C	1000		
6	区域D	1000	=COUNT(B3:B10)	8
7	区域E	1000		
8	区域F	1000		
9	区域G	1000		
10	区域H	1000		
11				

图 6-14　COUNT 函数

② COUNTA 函数：COUNTA（单元格区域）。

【案例】统计图 6-15 所示的 ×× 企业有多少家店铺。

=COUNTA（B3:B10）。

COUNT 函数只统计有数值的单元格数量，COUNTA 函数统计除了空值的所有单元格数量。

	A	B	C	D
1	××企业			
2	店铺	收入（万元）	COUNT函数	COUNTA函数
3	区域A	1000		
4	区域B	1000		
5	区域C	无		
6	区域D	–		
7	区域E	1000	5	7
8	区域F			
9	区域G	1000		
10	区域H	1000		

图 6-15　COUNTA 函数

③ COUNTBLANK 函数：COUNTBLANK（单元格区域）。

④ COUNTIF 函数：COUNTIF（单元格区域，统计条件）。

【案例】统计图 6-16 中 ×× 企业收入大于 1 500 万元的店铺数量。

=COUNTIF（B3:B10,">1500"）。

	A	B	C	D
1	×× 企业			
2	店铺	收入（万元）	函数	收入大于 1500 万元的店铺数量
3	区域A	1000		
4	区域B	2000		
5	区域C	1000		
6	区域D	1000	=COUNTIF(B3:B10,"1500")	1
7	区域E	1000		
8	区域F	1000		
9	区域G	1000		
10	区域H	1000		

图 6-16 COUNTIF 函数

⑤ COUNTIFS 函数：COUNTIFS（单元格区域 1，统计条件 1，单元格区域 2，统计条件 2...单元格区域 n，统计条件 n）。

【案例】统计图 6-17 中 ×× 企业收入大于 1 500 万元且利润大于 500 万元的店铺数量。

=COUNTIFS（B3:B10,">1500",C3:C10,">500"）。

	A	B	C	D	E
1				××企业	
2	店铺	收入（万元）	利润（万元）	函数	收入大于1500且利润大于500的店铺数量
3	区域A	1000	140		
4	区域B	2000	280		
5	区域C	2500	500		
6	区域D	1000	300	=COUNTIFS(B3:B10,">1500",C3:C10,">500")	2
7	区域E	3000	720		
8	区域F	1000	310		
9	区域G	3500	665		
10	区域H	1000	130		
11					

图 6-17　COUNTIFS 函数

（2）数学函数。

①平均值。

a. AVERAGE 函数：AVERAGE（求平均值区域）。

b. AVERAGEA 函数：AVERAGEA（求平均值区域）。该函数用于求非空值单元格区域的平均值。

AVERAGE 函数和 AVERAGEA 函数的区别如图 6-18 所示。

	A	B	C	D
1			××企业	
2	店铺	收入（万元）	AVERAGE 函数	AVERAGEA 函数
3	区域A	1000		
4	区域B	2000		
5	区域C	2500	1700	2125
6	区域D	无		
7	区域E	3000		

图 6-18　AVERAGE 函数和 AVERAGEA 函数

c. AVERAGEIF 函数：AVERAGEIF（条件范围，条件,[平均值范围]）。

【案例】统计图 6-19 中 ×× 企业收入超过 2 100 万元的店铺的平均收入。

=AVERAGEIF（B3:B7,">2100",B3:B7）。

	A	B	C	D
1	××企业			
2	店铺	收入（万元）	计算收入超过 2100 的店铺的平均收入	AVERAGEIF函数结果
3	区域A	1000		
4	区域B	2000		
5	区域C	2500	=AVERAGEIF(B3:B7,">2100",B3:B7)	2750
6	区域D	无		
7	区域E	3000		

图 6-19　AVERAGEIF 函数

d. SUMPRODUCT 函数：SUMPRODUCT 函数可以用于计算加权平均数，其步骤为：首先计算加权平均数的数值和权重，并将它们分别放在两列中（例如，A 列为数值，B 列为权重）；其次，在另一个单元格中输入公式 =SUMPRODUCT（A:A,B:B）/SUM（B:B）；最后，按"Enter"键，Excel 将计算加权平均数并显示结果。

【案例】统计图 6-20 中 ×× 企业平均毛利率（按照收入加权计算）。

计算过程如下。

（1 000÷13 500×15%+2 000÷13 500×20%+2 500÷13 500×6%+5 000÷13 500×8%+3 000÷13 500×25%）=13.7%

=SUMPRODUCT（B3:B7,C3:C7）/SUM（B3:B7）。

	A	B	C	D	E
1	××企业				
2	店铺	收入	毛利润率	SUMPRODUCT/SUM	函数结果
3	区域A	1000	15%		
4	区域B	2000	20%		
5	区域C	2500	6%	=SUMPRODUCT(B3:B7,C3:C7)/SUM(B3:B7)	13.7%
6	区域D	5000	8%		
7	区域E	3000	25%		
8	小计	13500			

图 6-20　SUMPRODUCT 函数

② 四舍五入。

a. ROUND 函数：ROUND（数值，四舍五入保留的小数位数）。ROUND 函数按照四舍五入法则，被舍弃部分的头一位数满五，就在所取数的末位加一，不满五的就舍去。

b. ROUNDUP 函数：ROUNDUP（数值，四舍五入保留的小数位数）。ROUNDUP 函数直接进位，不遵循四舍五入法则。

c. ROUNDDOWN 函数：ROUNDDOWN（数值，四舍五入保留的小数位数）。ROUNDDOWN 函数直接舍位，不产生进位，不遵循四舍五入法则。

图 6-21 所示为用遵循四舍五入法则的 ROUND 函数和不遵循四舍五入法则的 ROUNDUP 函数、ROUNDDOWN 函数处理同一组数据的结果对比。

	A	B	C
1	数值	函数公式	函数结果
2	54525.23	=ROUND（A2，1）	54525.2
3		=ROUNDUP(A2，1)	54525.3
4	54525.26	=ROUND（A4，1）	54525.3
5		=ROUNDDOWN(A4，1)	54525.2

图 6-21　ROUND 函数和 ROUNDUP 函数、ROUNDDOWN 函数

③INT 函数：INT（数值）。该函数不遵循四舍五入法则，直接取整，如图 6-22 所示。

	A	B	C
1	数值	函数公式	函数结果
2	54525.9	=ROUND(A2，0)	54526
3		=INT(A2)	54525

图 6-22　INT 函数

④ABS 函数：ABS（数值）。该函数用于计算数值的绝对值。

⑤MAX 函数：MAX（数值 1，数值 2，...）。该函数用于计算一串数值中的最大值。

⑥MIN 函数：MIN（数值 1，数值 2，...）。该函数用于计算一串数值中的最小值。

⑦SUM 函数：SUM（数值 1，数值 2，...）。该函数用于求和。

⑧SUMIF 函数：SUMIF（条件区域，求和条件，求和区域）。

a. 条件区域。条件区域中的单元格必须是数字或名称、数组，空值和文本值将被忽略。

b. 求和条件。求和条件包括单元格数字、表达式、单元格引用、文本或函数。比如，求和条件可以表示为"95"、"=95"、"小王"或"Date（）"。

c. 求和区域。

求和区域是指需要进行求和的数据范围。

⑨ SUMIFS 函数：SUMIFS（条件区域 1，求和条件 1，条件区域 2，求和条件 2，...）。

（3）其他。

① SUBTOTAL 函数：SUBTOTAL（功能代码，数值区域）。该函数可以只计算可见单元格，如果涉及筛选 / 隐藏单元格，首选这个函数。

a. 功能代码。功能代码的范围为 1 ～ 11 或者 101 ～ 111，相当于 11 个函数，如表 6-1 所示。

表 6-1　功能代码

全部数据	全部数据－隐藏数据	函数
1	101	AVERAGE
2	102	COUNT
3	103	COUNT
4	104	MAX
5	105	MIN
6	106	PRODUCT
7	107	STDEV
8	108	STDEVP
9	109	SUM
10	110	VAR
11	111	VARP

b. 功能代码 1 ～ 11 和 101 ～ 111 的区别。以图 6-23 为例，隐藏了"第 4 行"，当功能代码是 1 ～ 11 时，使用 SUBTOTAL 函数时，隐藏数据被计算在内；当功能代码是 101 ～ 111 时，

使用 SUBTOTA 函数时，隐藏数据不被计算在内。

	A	B	C	D	E	F	G
1	序号	店铺	收入（万元）	SUBTOTAL函数结果	功能代码：【1-11】	SUBTOTAL函数	功能代码：【101-111】
2	1	区域A	1000	=SUBTOTAL(1,C2:C6)	￥2,300.00	=SUBTOTAL(101,C3:C6)	￥2,250.00
3	2	区域B	2000	=（1000+2000+2500+3000+3000）/5		=（1000+2000+3000+3000）/4	
5	4	区域D	3000				
6	5	区域E	3000				
7							

图 6-23　功能代码"1-11"和"101-111"的区别

② FREQUENCY 函数：FREQUENCY（需要计算频率的数据区域第二参数）。

③ RANK 函数：RANK（排名的数值，参与排名的区域，排名方式）。该函数中，排名方式 =0 或不填时为降序，即最大值排在第一；其他则为升序，即最小值排在第一。

3. 逻辑函数。

（1）IF 函数：IF（判断条件，条件为真时的返回值，条件为假时的返回值）。

（2）IFS 函数：IFS（判断条件 1，结果 1，判断条件 2，结果 2... 判断条件 3，结果 3）。

使用 IF 函数需要注意的是，任何文本条件或任何含有逻辑或数学符号的条件都必须放在半角双引号中。如果条件为数字，则无须使用双引号。

（3）AND 函数：AND（条件 1，条件 2... 条件 n）。此函数用于判断是否满足括号里的所有条件，满足所有条件的结果为 TRUE；只要不满足其中一个条件，则结果为 FALSE。

（4）OR 函数：OR（条件 1，条件 2... 条件 n）。此函数用于判断是否满足括号里的某一个条件，满足其中一个及一个以上条件的结果为 TRUE，全部不满足的结果为 FALSE。

（5）NOT 函数：NOT（条件）。如果条件不成立，返回结果 TRUE；如果条件成立，则返回结果 FALSE。

逻辑函数一般不单独使用，通常情况是 IF 函数嵌套 AND 函数、OR 函数和 NOT 函数。

【案例】×× 企业 1 月绩效数据指标如下，请计算员工 1 月奖金。

① 新增客户数量 100 人以上。

② 老客户流失率在 5% 以下。

③ 销售业绩 10 万元以上。

当满足①、②、③条件时，奖金 1 000 元。

在目标单元格输入函数 IF（AND（C4>100, D4<5%, E4>100000）=True, 1000 ,0）。AND+IF 函数如图 6-24 所示。

级别	姓名	新增客户数量	老客户流失率	销售业绩	三个条件都满足	
					AND 函数	IF+AND 函数
一级	小一	101 人	4.2%	10.3 万元	AND(C4>100, D4<5%, E4>100000)	IF(F4=TRUE, 1000, 0)
三级	小博	66 人	5.5%	21.5 万元		
一级	小米	102 人	6.6%	8.5 万元		
二级	小粒	99 人	5.5%	9.7 万元		
二级	小西	102 人	3.9%	12.5 万元		
二级	小新	105 人	6.2%	20.3 万元		
二级	小肖	120 人	4.5%	15.2 万元		
二级	小站	73 人	6.5%	9.9 万元		
一级	小王	152 人	3.2%	4.6 万元		
三级	小琪	144 人	2.5%	15.8 万元		

（×× 企业奖金明细）

图 6-24　AND+IF 函数

当满足①、②、③任何一个条件时，奖金 500 元。

在目标单元格输入函数 IF（OR（C4>100, D4<5%, E4>100000）= True, 500,0）。OR+IF 函数如图 6-25 所示。

	A	B	C	D	E	H	I
1							
2	级别	姓名	新增客户数量	老客户流失率	销售业绩	满足其中一个条件	
3						OR函数	IF+OR函数
4	一级	小一	101 人	4.2%	10.3 万元	OR(C4>100, D4<5%, E4>100000)	IF(H4=TRUE, 500, 0)
5	三级	小博	66 人	5.5%	21.5 万元		
6	一级	小米	102 人	6.6%	8.5 万元		
7	二级	小粒	99 人	5.5%	9.7 万元		
8	二级	小西	102 人	3.9%	12.5 万元		
9	二级	小新	105 人	6.2%	20.3 万元		
10	二级	小肖	120 人	4.5%	15.2 万元		
11	二级	小站	73 人	6.5%	9.9 万元		
12	一级	小王	152 人	3.2%	4.6 万元		
13	三级	小项	144 人	2.5%	15.8 万元		
14							

图 6-25　OR+IF 函数

④ 三级员工不参与。

在目标单元格输入函数 IF（NOT（A4=" 三级 "）=True," 有资格 "," 无资格 "）。NOT+IF 函数如图 6-26 所示。

	A	B	C	D	E	J	K
1							
2	级别	姓名	新增客户数量	老客户流失率	销售业绩	是否有资格参与	
3						NOT函数	IF+NOT函数
4	一级	小一	101 人	4.2%	10.3 万元	NOT(A4="三级")	IF(J4=TRUE,"有资格","无资格")
5	三级	小博	66 人	5.5%	21.5 万元		
6	一级	小米	102 人	6.6%	8.5 万元		
7	二级	小粒	99 人	5.5%	9.7 万元		
8	二级	小西	102 人	3.9%	12.5 万元		
9	二级	小新	105 人	6.2%	20.3 万元		
10	二级	小肖	120 人	4.5%	15.2 万元		
11	二级	小站	73 人	6.5%	9.9 万元		
12	一级	小王	152 人	3.2%	4.6 万元		
13	三级	小项	144 人	2.5%	15.8 万元		

图 6-26　NOT+IF 函数

⑤ 最终奖金额。

在目标单元格输入函数 IF（K4=" 有资格 ",MAX（G4,I4），0）。IF+MAX 函数如图 6-27 所示。

					三个条件都满足		满足其中一个条件		是否有资格参与		最终奖金额
				××企业奖金明细							
级别	姓名	新增客户数量	老客户流失率	销售业绩	AND函数	IF+AND函数	OR函数	IF+OR函数	NOT函数	IF+NOT函数	IF+MAX函数
一级	小一	101人	4.2%	10.3万元	TRUE	¥1,000	TRUE	¥500	TRUE	有资格	¥1,000
三级	小博	66人	5.5%	21.5万元	FALSE	¥0	TRUE	¥500	FALSE	无资格	¥0
一级	小米	102人	6.6%	8.5万元	FALSE	¥0	TRUE	¥500	TRUE	有资格	¥500
二级	小粒	99人	5.5%	9.7万元	FALSE	¥0	FALSE	¥0	TRUE	有资格	¥0
一级	小西	102人	3.9%	12.5万元	TRUE	¥1,000	TRUE	¥500	TRUE	有资格	¥1,000
二级	小新	105人	6.2%	20.3万元	FALSE	¥0	TRUE	¥500	TRUE	有资格	¥500
二级	小丹	120人	4.5%	15.2万元	TRUE	¥1,000	TRUE	¥500	TRUE	有资格	¥1,000
三级	小站	73人	6.5%	9.9万元	FALSE	¥0	FALSE	¥0	TRUE	有资格	¥0
一级	小王	152人	3.2%	4.6万元	FALSE	¥0	TRUE	¥500	TRUE	有资格	¥500
三级	小环	144人	2.5%	15.8万元	TRUE	¥1,000	TRUE	¥500	FALSE	无资格	¥0

图 6-27　IF+MAX 函数

4. 查找函数。

（1）匹配。

VLOOKUP 函数：VLOOKUP（要查找的值，查找区域，要返回的结果在查找区域的第几列，精确匹配或近似匹配）。

【案例】查询 ×× 企业对浙江小王有限公司和重庆小小文化公司还有多少应收款。

① 要查找的值："浙江小王有限公司"和"小小"。

② 查找区域："A:B"。

③ 要返回的结果在查找区域的第几列：2。

④ 精确匹配或近似匹配：精确匹配。

从结果可发现，可准确地找到对"浙江小王有限公司"的应收账款，但是"小小"却没有找到。这就是 VLOOKUP 函数实际操作过程中经常会碰到的问题：要查找的值和查找区域中的文本不是一模一样的，就会出现 #N/A 结果。

如果涉及要查找的值跟查找区域中的文本不一致，需要使用通配符模糊查找。在查找值"C5"前后分别增加通配符""*""并且用"&"连接，这样 VLOOKUP 函数就可以查找"×× 小小 ××"。

修改后的 VLOOKUP 函数如图 6-28 所示。

	A	B	C	D
1	××企业			
2	②查找区域		①要查找的值	
3	供应商名称	应收账款（③要返回的列）		
4	上海北方科技公司	1000	浙江小王有限公司	VLOOKUP(C4,A:B,2,0)
5	浙江小王有限公司	2000	小小	VLOOKUP("*"&C5&"*",A:B,2,0)
6	阿文股份有限公司	1000		
7	重庆小小文化公司	2000		
8	杭州阿狸传媒公司	1000		
9				

图 6-28 VLOOKUP 函数

（2）行列。

① ROW 函数：ROW（单元格）。此函数用于获取指定单元格的行号。一般情况下，拖动单元格右下角的填充柄可实现自动编号，但是如果在中间删除几行，就需要重新编号。这个时候，就可以使用 ROW 函数自动编号。以图 6-29 和图 6-30 为例，假设我们需要为 B 列数据自动编上序号。在 B2 中输入"=ROW（C2）-1"这个公式会返回 C2 单元格的行号（也就是第二行的行号），然后减去 1，得到"1"，也就是我们需要填充的序号。然后我们可以将 B3 单元格向下填充，Excel 会自动按照公式为相邻单元格填充相应的序号。如果我们在中间删除一些行，Excel 会自动重新计算 ROW 函数的值，从而保证序号的连续性。需要注意的是，ROW 函数返回的是单元格的行号，而不是序号。因此如果我们需要为数据编上序号，需要将 ROW 函数返回的行号减去一个基准值（例如 1），才能得到正确的序号。

	A	B
1	手动拉序号	区域
2	1	区域A
3	2	区域B
4	3	区域C
5	5	区域E
6	6	区域A
7	7	区域B
8	8	区域C

图 6-29　使用手动拉序号删除行后的结果

	A	B
1	ROW函数 序号	区域
2	ROW(C2)-1	区域A
3	2	区域B
4	3	区域C
5	4	区域E
6	5	区域A
7	6	区域B
8	7	区域C

图 6-30　使用 ROW 函数删除行后的结果

② COLOUM 函数：COLOUM（单元格）。此函数用于获取指定单元格的列号；此函数跟 ROW 函数一样，有自动更新序号的功能。

③ MATCH 函数：MATCH（查询值，数据范围，[匹配方式]），其中匹配方式不省略，"0" 表示精准匹配。MATCH 函数可用于快速在数据范围中查找查询值的具体位置。MATCH 函数使用示例如图 6-31 所示。

	A	B	C	D
1	手动拉序号	②查找区域	①查找值	MATCH 函数
2	1	区域A	区域E	MATCH(C2, B:B, 0)
3	2	区域B		
4	3	区域C		
5	4	区域E		
6	5	区域A		
7	6	区域B		
8	7	区域C		

图 6-31　MATCH 函数

④ INDEX 函数：INDEX（区域，行号，列号）。此函数用于快速定位至某行某列。

a. 确定某行，查找某列：INDEX（确定的行，查找第几列）。

b. 确定某列，查找某行：INDEX（确定的列，查找第几行）。

c. 列和行都不确定：INDEX（数据区域，第几行，第几列）。

INDEX 函数使用示例如图 6-32 所示。

	A	B	C	D
1	②查找区域		①查找值	INDEX 函数
2	1	区域A	确定 A 列，查找第 5 行	INDEX(A:A, 5)
3	2	区域B	确定第 2 行，查找第 1 列	INDEX(2:2, 1)
4	3	区域C	查找第 3 行、第 2 列	INDEX(A1:B8, 3, 2)
5	4	区域E		
6	5	区域A		
7	6	区域B		
8	7	区域C		
9				

图 6-32　INDEX 函数

⑤ INDEX 函数 +MATCH 函数，在实际工作中经常被用于反向查找，用来弥补 VLOOKUP 函数的缺陷。实践中，当 VLOOKUP 函数的"要返回的列"处在"查找区域"的第 1 列，VLOOKUP 函数就失灵了。这个时候就需要使用 INDEX 函数 + MATCH 函数。沿用介绍 VLOOKUP 函数时的例子，查找对"浙江小王有限公司"的应收账款，具体见图 6-33。

a. 先用 MATCH 函数根据"浙江小王有限公司"在"B 列"这一条件确定其在第几行 =MATCH（C4,B:B,0）。

b. 再用 INDEX 函数根据查找到的位置从"A 列"取值 =INDEX（A:A,Match（C4,B:B,0））。

		查找区域		要查找的值	VLOOKUP 函数	① INDEX 函数	② MATCH 函数	③ INDEX 函数 + MATCH 函数结果
		应收账款	供应商名称					
	1000	上海北方科技公司	浙江小王有限公司	#N/A	INDEX(A:A, E4)	MATCH(C4,B:B,0)	2000
	2000	浙江小王有限公司					
	1000	阿文股份有限公司					
	2000	重庆小小文化公司					
	1000	杭州阿雅传媒公司					

图 6-33　INDEX 函数 +MATCH 函数

图 6-34 所示为财务 BP 需重点掌握的函数。

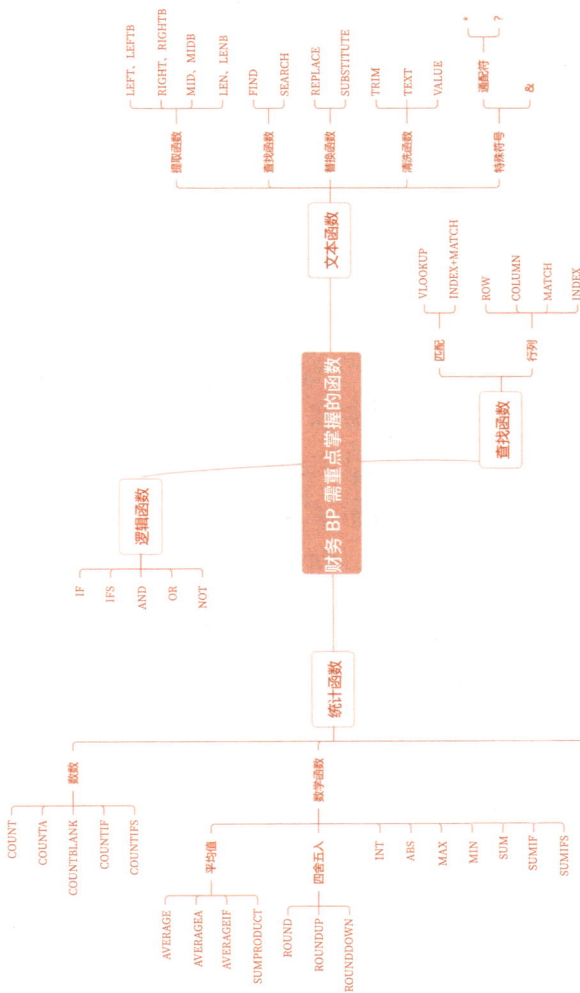

图 6-34 财务 BP 需重点掌握的函数

（二）数据类型

1. Excel 中的数据类型分为 12 小类，分别是常规、数值、货币、会计专用、短日期、长日期、时间、百分比、分数、科学记数、文本、其他，如图 6-35 所示。

2. Excel 数据类型也可以分为三大类，分别是文本型、数值型、逻辑型。

（1）文本型数据就是平常输入的汉字、空格、英文字母等，一般情况下，文本数据自动左对齐。需要说明的是，阿拉伯数字也可以作为文本型数据。例如在 Excel 单元格里输入"100 双鞋子"，阿拉伯数字"100"会被当作文本处理。此外，如果输入长串文本数字，比如身份证号、电话号码，为了避免系统自动将其识别成数字型数据，需要先输入半角的"'"，再接着输入数字。

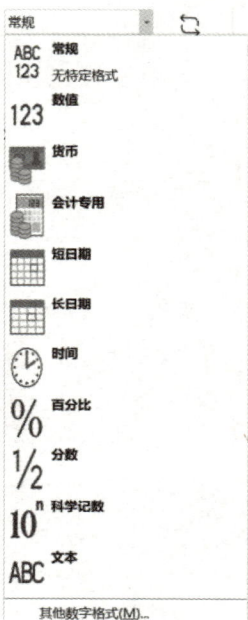

图 6-35　Excel 数据类型

（2）数值型数据是可用于计算的数据，包括阿拉伯数字、正负号、货币符号、百分号等，一般情况下数值型数据自动右对齐。分数的输入有特殊规则，首先在单元格中输入阿拉伯数字"0"和一个空格，然后再输入分数，如"0 空格 1/3"。

（3）逻辑型数据就是真（TRUE）和假（FALSE），主要运用在条件判断上。

3. 在计算数据的时候，常会碰到计算错误的状况，部分原因是计算数据里包含了文本数据，所以财务 BP 应能清楚地辨别文本型数据和数值型数据。一般情况下，文本型数据在单元格中左对齐且数字前会有个绿色三角形或者空格，而数值型数据在单元格中右对齐，如图 6-36 所示。

图 6-36　文本型数据和数值型数据的区别

4. 文本型数据和数值型数据转换的方法主要如下。

① 文本转数值。

a. 选中带黄色感叹号的数据，单击下拉按钮，选择"转换为数字"，如图 6-37 所示。

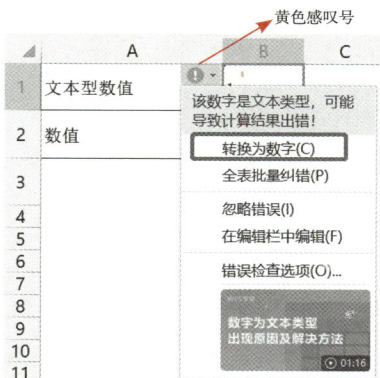

图 6-37　文本转数值的第一种方法

b. 选中文本，执行【数据】—【分列】—【分隔符号】—【下一步】—【下一步】—【常规】—【完成】，如图 6-38、图 6-39、图 6-40 和图 6-41 所示。

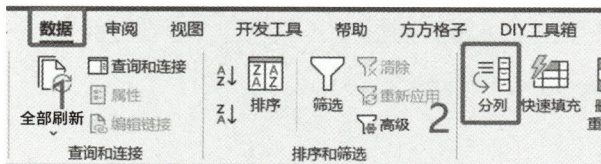

图 6-38　【数据】—【分列】

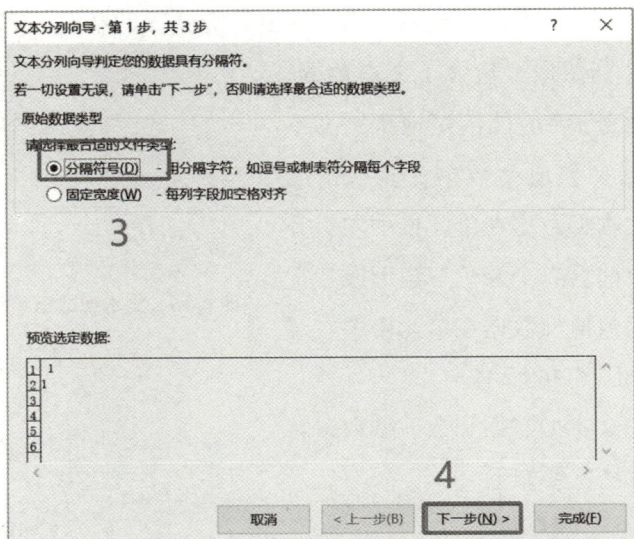

图 6-39 【分隔符号】—【下一步】

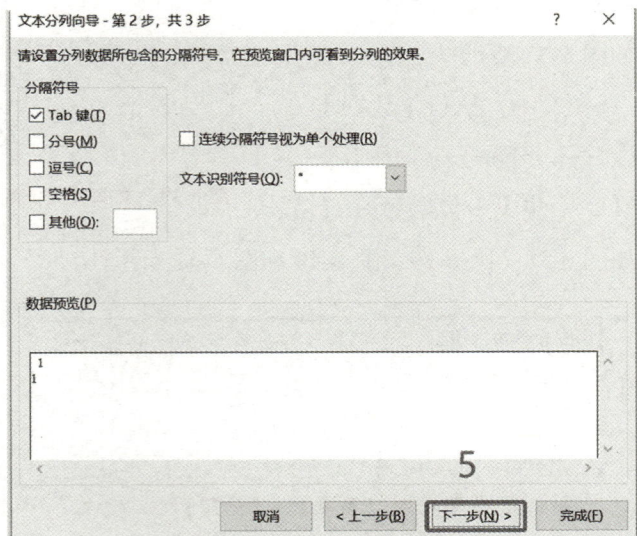

图 6-40 【下一步】

图 6-41 【常规】—【完成】

c. 使用 VALUE 函数。选择要转换的文本所在的单元格，然后输入"= VALUE（ ）"。

d. 当使用前面三种方法都无法把文本转变为数值时，就需要添加辅助行来完成转换，具体操作方法如下。

第一步，在辅助行输入数字"0"，如图 6-42 所示。

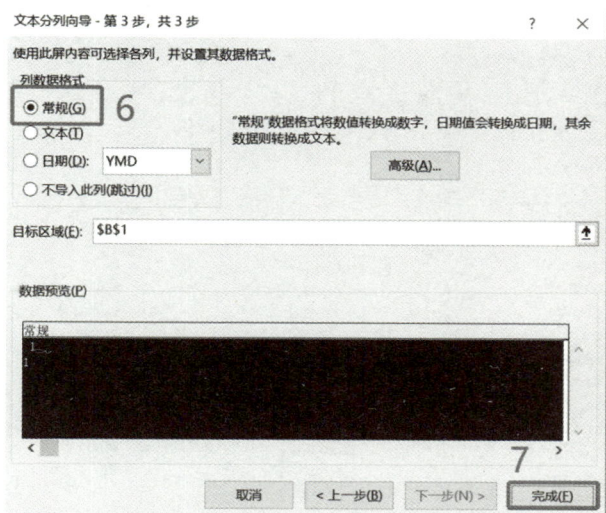

图 6-42 在辅助行输入"0"

第二步，选中文本所在的 B2 单元格，按【Ctrl+C】快捷键进行复制，在需要粘贴的区域右击，执行【选择性粘贴】—

【加】—【确定】，如图 6-43 和图 6-44 所示。

图 6-43 【选择性粘贴】　　　图 6-44 【加】—【确定】

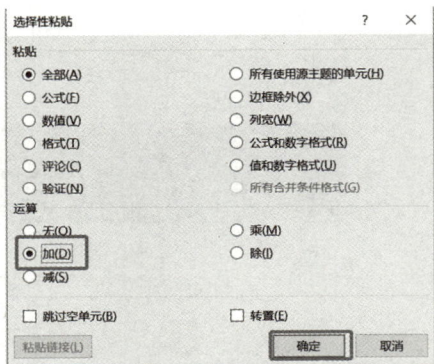

② 数值转文本。

a. 执行【数据】—【分列】—【分隔符号】—【下一步】—【数据预览】—【下一步】—【列数据类型】—【文本】—【完成】。

b. 当录入数值超过 11 位时，Excel 会自动把数值格式转换为科学记数法格式，这个时候双击查看该数值所在的单元格，会导致显示的数值与输入的数值不一致。这个时候需要使用 Power Query 插件。

第一步，选中要转换数值所在的单元格，执行【数据】—【获取数据】—【自其他源】—【来自表格 / 区域】，如图 6-45 所示，启动 Power Query 插件。

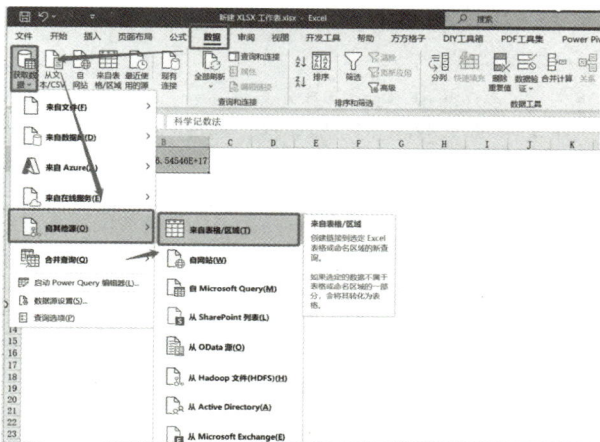

图 6-45 启动 Power Query 插件

第二步，执行【123】—【文本】—【替换当前转换】，如图 6-46 和图 6-47 所示。

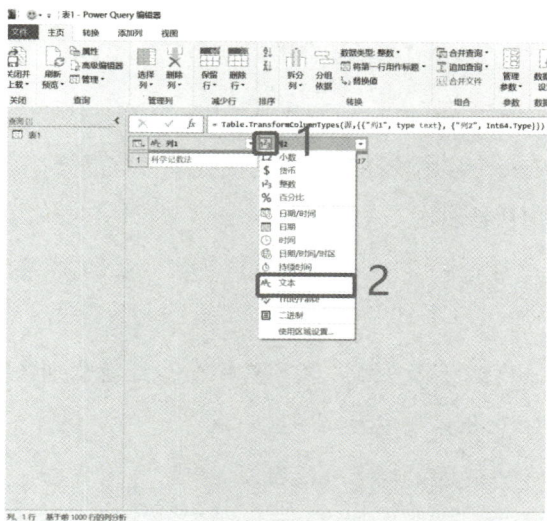

图 6-46 【123】—【文本】

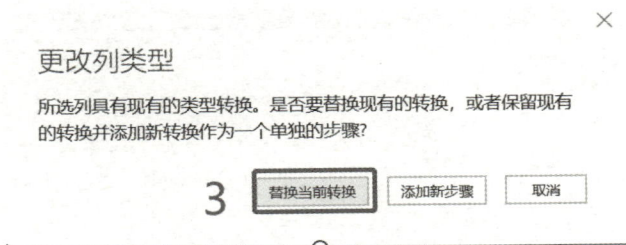

图 6-47 【替换当前转换】

第三步，执行【主页】—【关闭并上载】—【关闭并上载】，如图 6-48 所示，关闭 Power Query。

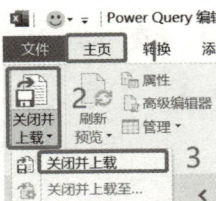

图 6-48 关闭 Power Query

（三）快捷键

利用 Excel 常用快捷键可以提高处理数据的效率。

1. 常用快捷键。

① ↑、↓、←、→（箭头键）：上、下、左、右移动一个单元格。

② Ctrl+Shift+ 箭头键：快速选中全行或者全列数据。

③ Alt+Enter：在单元格中换行。

④ Ctrl+A：选定整张工作表。

⑤ Ctrl+C：复制选定的单元格。

⑥ Ctrl+V：粘贴复制的单元格。

⑦ Ctrl+X：剪切选定的单元格。

⑧ Ctrl+F/H：查找 / 替换。

⑨ Ctrl+G：定位。

⑩ Ctrl+E：智能填充。

⑪ Ctrl+1：设置单元格格式。

2. 快捷键的功能。

说起 Excel 的填充方式通常想到的是右击单元格右下角的填充柄自动填充，但是如果碰到较复杂的数据，此方法就会变得非常烦琐。下面介绍【Ctrl+E】快捷键，其功能非常多，以下主要介绍其分列填充功能、合并填充功能和带单位计算。

① 分列填充功能。

实际工作中，时常会遇到原始数据是多个内容合并在一列的，导致无法做数据计算，当碰到这样的合并数据，要按照以下步骤操作。

第一步，观察数据规则。图 6-49 所示为产品名字和产品规格混合的数据。通过观察可以发现该数据有两种规则：产品名字 + 产品规格和产品规格 + 产品名字。

A
产品名字
洗面奶200ml
300ml面霜
1000ml套装
润肤乳500ml
精华液50ml

图 6-49　产品名字和规格混合的数据

第二步，按照顺序，从上到下查找两种规则所在单元格，复制粘贴需要分列的内容至新列，如图 6-50 所示。

第三步，选中 B2:B6 单元格，按【Ctrl+E】快捷键，如图 6-51 所示。

第四步，重复第三步，处理“规格 新”列，如图 6-52 所示。

产品名字	产品名字 新
洗面奶200ml	洗面奶
300ml面霜	面霜
1000ml套装	
润肤乳500ml	
精华液50ml	

图 6-50 “产品名字 新”

产品名字	产品名字	规格
洗面奶200ml	洗面奶	200ml
300ml面霜	面霜	300ml
1000ml套装		
润肤乳500ml		
精华液50ml		

图 6-51 复制粘贴

产品名字	产品名字 新	规格 新
洗面奶200ml	洗面奶	200ml
300ml面霜	面霜	300ml
1000ml套装	套装	1000ml
润肤乳500ml	润肤乳	500ml
精华液50ml	精华液	50ml

图 6-52 “规格 新”

② 合并填充功能。

合并填充功能和分列填充功能的原理是一样的。

第一步，观察数据规则。把图 6-53 所示的产品名字和产品规格合并成新的一行。通过观察可以发现该数据只有一种规则：产品名字和产品规格。

第二步，按照顺序，从上到下查找一种规则所在单元格，分别复制粘贴至新一行，如图 6-54 所示。

产品名字 新	规格 新	产品名字+规格
洗面奶	200ml	
面霜	300ml	
套装	1000ml	
润肤乳	500ml	
精华液	50ml	

图 6-53 产品名字和规格数据

产品名字 新	规格 新	产品名字+规格
洗面奶	200ml	洗面奶200ml
面霜	300ml	
套装	1000ml	
润肤乳	500ml	
精华液	50ml	

图 6-54 复制粘贴

第三步，选中 D2:D6 单元格，按【Ctrl+E】快捷键，如图 6-55 所示。

产品名字 新	规格 新	产品名字+规格
洗面奶	200ml	洗面奶200ml
面霜	300ml	面霜300ml
套装	1000ml	套装1000ml
润肤乳	500ml	润肤乳500ml
精华液	50ml	精华液50ml

图 6-55 产品名字 + 规格

③ 带单位计算。

若数据要带上单位计算，操作如下。

a. 选中待处理数据，执行【数字】—【常规】—【其他数字格式】—【自定义】—【G/ 通用格式】，直接输入“G/ 通用格式毫升”，如图 6-56 和图 6-57 所示。

图 6-56 【其他数字格式】

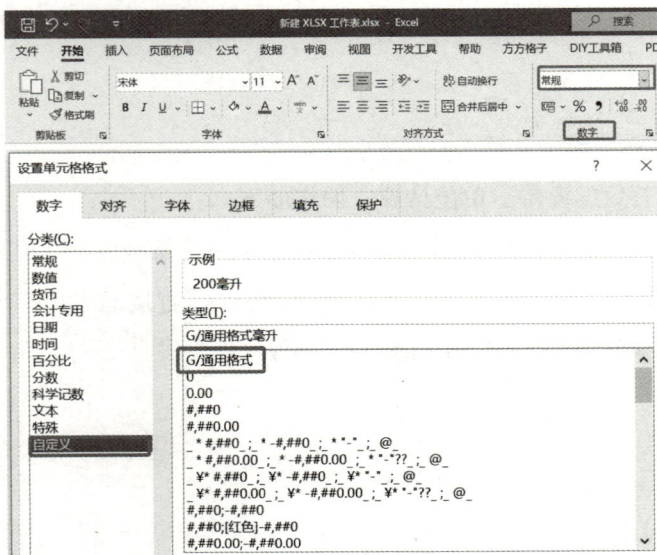

图 6-57 设置单位

b. 原始数据有单位导致无法计算，如图 6-58 所示。

	A	B	C	D
1	产品名字	数量	单价	金额
2	洗面奶	200瓶	1000	=B2*C2
3	面霜	300个	2000	
4	套装	1000套	1500	
5	润肤乳	500个	1200	
6	精华液	50瓶	3000	

图 6-58　带单位计算导致数据错误

带单位计算的正确操作步骤如下。

第一步，在 D2 单元格输入"财 =200*1000"，如图 6-59 所示。

	A	B	C	D
1	产品名字	数量	单价	金额
2	洗面奶	200瓶	1000	财=200*1000
3	面霜	300个	2000	
4	套装	1000套	1500	
5	润肤乳	500个	1200	
6	精华液	50瓶	3000	

图 6-59　输入"财 =200*1000"

第二步，选中 D2:D6 单元格，按【Ctrl+E】快捷键，如图 6-60 所示。

	A	B	C	D
1	产品名字	数量	单价（元）	金额（元）
2	洗面奶	200瓶	1000	财=200*1000
3	面霜	300个	2000	财=300*2000
4	套装	1000套	1500	财=1000*1500
5	润肤乳	500个	1200	财=500*1200
6	精华液	50瓶	3000	财=50*3000

图 6-60　利用【Ctrl+E】快捷键自动填充

第三步，选中 D2:D6 单元格，按【Ctrl+H】快捷键，打开"查找和替换"对话框，在【查找内容】中输入"财"，在【替换为】中不输入任何内容，之后单击【全部替换】。"查找和替换"对话框及计算结果分别如图 6-61 和图 6-62 所示。

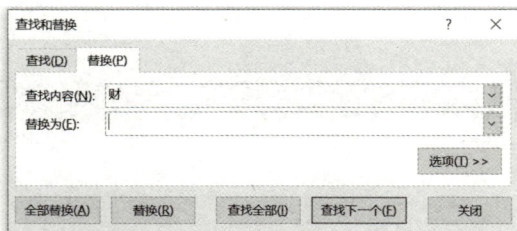

图 6-61　"查找和替换"对话框

	A	B	C	D
1	产品名字	数量	单价（元）	金额（元）
2	洗面奶	200瓶	1000	￥ 200,000.00
3	面霜	300个	2000	￥ 600,000.00
4	套装	1000套	1500	￥ 1,500,000.00
5	润肤乳	500个	1200	￥ 600,000.00
6	精华液	50瓶	3000	￥ 150,000.00

图 6-62　计算结果

（四）好用的插件

经常有人问：想成为财务 BP 需要掌握多少种分析工具，哪一个工具最好用？这个问题没有标准的答案。我认为，能最快、最准确地出具我们想要的分析结果的工具就是最好的工具，财务 BP 需取各种工具的精华找出最适合自己的工具群。

下面介绍几款我在实操过程中经常会用到的数据处理插件，其中方方格子、Formula Editor、Power Query 属于 Office 的插件，且只有 Office 2007 或更高版本才能安装。WPS 的慧办公与 Office 的方方格子类比，目前 WPS 没有类似 Power Query 的插件。

1. 方方格子。

方方格子是 Office 内以 VBA 代码写好的快捷键集合插件。方方格子包含大部分数据处理功能：文本处理、高级文本处理、数值录入、编辑、数据分析、工作表合并拆分、视图、宏收纳箱等。其中"宏收纳箱"，提供了大量常用宏及函数。

① 安装注意事项。

a. 安装前需关闭各种安全软件。

b. 安装完成后，重启 Excel 才能生效。重启后方方格子会直接显示在菜单栏，如图 6-63 所示。

图 6-63 方方格子

②常用功能。

a. 单独提取空格、英文、符号、中文、数字等。

以图 6-64 为例，提取以"数字＋单位"为规则的数量中的数字以方便计算。

第一步，选中 B2:B6 单元格。

图 6-64　混合数据

第二步，执行【方方格子】—【文本处理】，选择提取类型为"数字"，执行动作为"提取"，如图 6-65 所示。

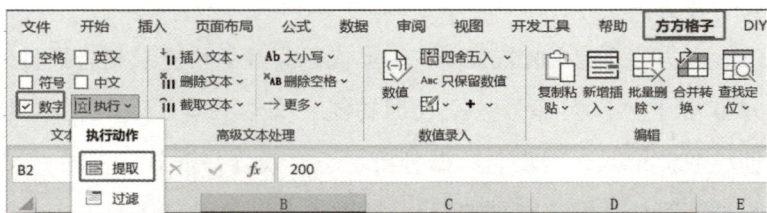

图 6-65　提取数字

b. 同时提取空格、英文、符号、中文、数字等。

以图 6-66 为例，提取产品名字和规格中的规格以方便归档。

图 6-66　混合数据

第一步，选中 B2:B6 单元格。

第二步，执行【方方格子】—【文本处理】，选择提取类型为"英文"和"数字"，执行动作为"提取"，如图 6-67 所示。

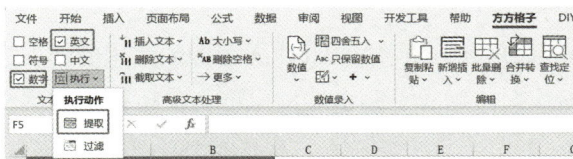

图 6-67　提取数字和英文

c. 合并单位格快速编号。

当单元格为合并状态（见图 6-68）时，无法通过填充柄自动生成编号，此时可使用方方格子。

第一步，选中 A2:A6 单元格。

第二步，执行【方方格子】—【数值录入】—【数值】—【录入 123 序列】，如图 6-69 所示。

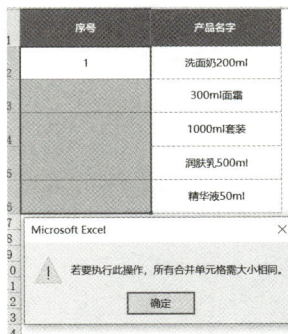

图 6-68　单元格为合并状态

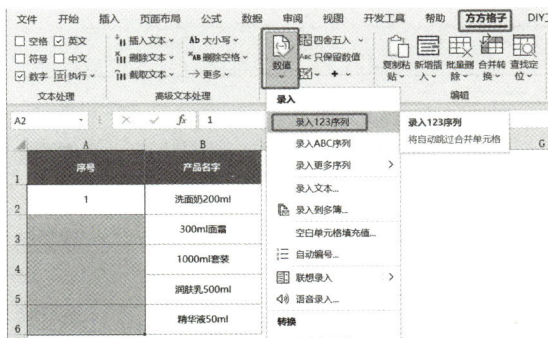

图 6-69　给合并单元格自动编号

d. 工作表合并与拆解。

方方格子还有将多张工作表合并成一张工作表、将一张工作表拆成若干张工作表等功能。

2. Formula Editor。

Formula Editor 是学习 Excel 嵌套函数常用的辅助工具，它可以帮助我们梳理嵌套函数的逻辑关系，快速掌握函数的逻辑关系。

① 安装步骤。

第一步，打开 Excel，执行【插入】—【获取加载项】，如图 6-70 所示。

图 6-70 【插入】—【获取加载项】

第二步，在 Office 加载项搜索"Formula Editor"，找到后单击【添加】，如图 6-71 所示。

图 6-71 单击【添加】

②使用步骤。

第一步，安装成功后重新打开 Excel，Formula Editor 就会显示在菜单栏，如图 6-72 所示。

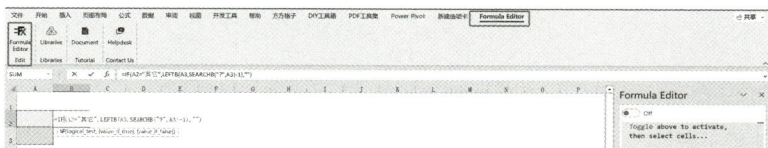

图 6-72 重新打开 Excel

第二步，选中解析函数，打开解析开关【On】，Formula Editor 可以直接解析嵌套函数的公式，如图 6-73 所示。

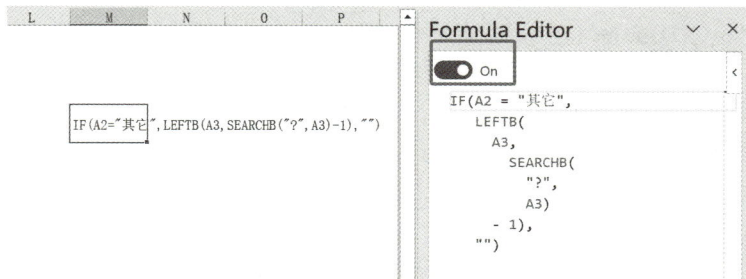

图 6-73 Formula Editor 解析嵌套函数

3.Power Query。

Power Query 是 Excel 的一个插件，在财务 BP 工作中它主要可以解决三大问题。

① 解决数据源的问题。Power Query 可以获取文本、数据库、Azure 和 Web Server 等多种形式的数据。

② 数据转换不会影响数据源准确性。

③ 合并大量数据。

有关 Power Query 的实操可见第七章。

（五）数据保存格式

Excel 中比较常见的 4 种数据保存格式，如图 6-74 所示。

1 .csv
2 .xls
3 .xlsx
4 .xlsm

图 6-74　Excel 中比较常见的 4 种数据保存格式

1. CSV 格式文件如图 6-75 所示。该格式文件以纯文本形式存储表格数据（数字和文本），可以用 Excel 和 WPS 打开，其特点主要如下。

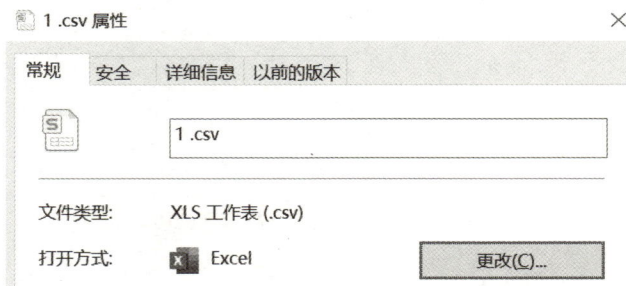

图 6-75　CSV 格式

① 可以存储的数据无上限，但是若用 Excel 打开，只能显示到 1 048 576 行。

② 储存的是文本数据，无法储存数据的计算和格式的变动。也就是说，在 CSV 格式的文件中做了"1+1=2"的计算和加粗且标黄"财务 bp 那些事"（见图 6-76），当保存后再次打

开发现只显示计算结果，即"1+1=2"只显示结果"2"而未记录"1+1="，"财务 bp 那些事"加粗和标黄的格式变动也未被记录。格式变动后的效果如图 6-77 所示。

图 6-76 格式变动前的效果

图 6-77 格式变动后的效果

2. XLS 是 Excel 2003 及其以前版本所生成文件的格式，如图 6-78 所示。

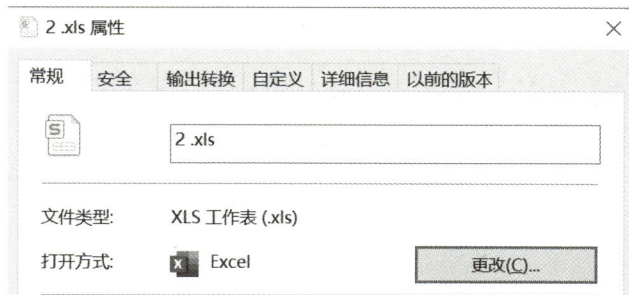

图 6-78 XLS 格式

XLS 文件的特点主要为，仅能保存 65 536 行数据。这也是实践中经常丢失数据的主要原因，当数据超过 65 536 行，就会丢失 65 536 行以外的数据。

3. XLSX 是 Excel 2007 及其以后版本的常用格式，如图 6-79 所示。

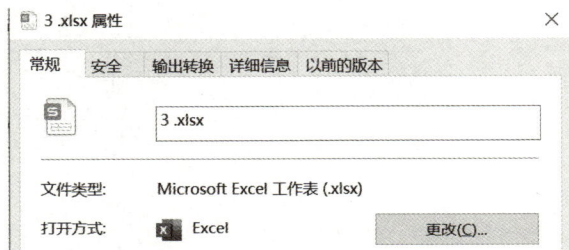

图 6-79　XLSX 格式

与 XLS 格式文件相比，XLSX 格式文件最大的特点是它可以存储 1 048 576 行数据，所以一般建议采用 XLSX 格式。

4. XLSM 格式文件的功能与 XLSX 格式文件基本一致，主要不同是 XLSM 格式文件启用了宏。当需要启用宏时，应采用 XLSM 格式，否则会丢失数据。

5. 几种格式之间的转换。

① 要任意转换上述 4 种文件格式，需要在计算机中安装 Excel 2007 及其以上版本或者 WPS。打开 Excel，执行【文件】—【另存为】，选择另存为的位置，将文件类型更改为需要的类型。格式转换如图 6-80 所示。

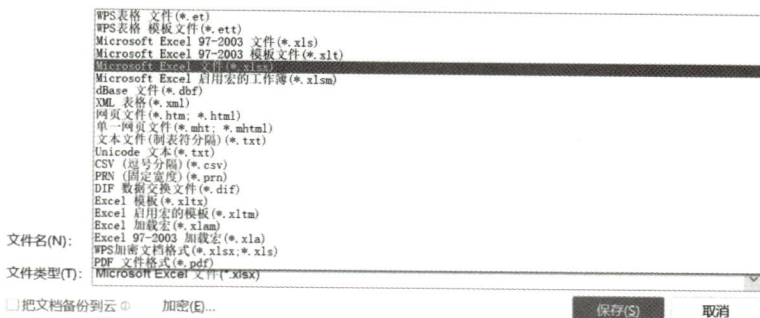

图 6-80　格式转换

② 将多个 CSV 格式文件批量转换为 XLS 或 XLSX 格式文件，具体步骤如下。

第一步，把需要转换的所有 CSV 格式文件放在一个文件夹里，如图 6-81 所示。

第二步，在文件夹里新建一个 TXT 格式文档，如图 6-82 所示。

图 6-81　将所有 CSV 格式文件放在　　图 6-82　新建一个 TXT 格式文档
　　　　　一个文件夹

第三步，打开新建的文本文档，输入公式：copy *.csv all.csv，如图 6-83 所示。

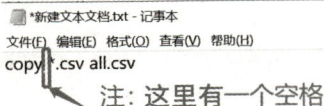

图 6-83　输入公式

第四步，把 TXT 文件的扩展名改成 .bat，如图 6-84 所示。系统弹出询问对话框，如图 6-85 所示。

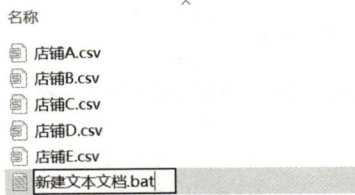

图 6-84　修改新建文本文档扩展名

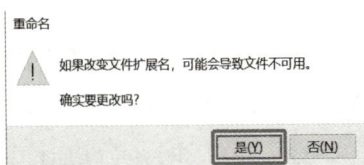

图 6-85　询问对话框

第五步，单击【是】，生成一个新的"all"CSV 文件，如图 6-86 所示。打开该文件，另存为 XLSX 格式或 XLS 格式，如图 6-87 所示。

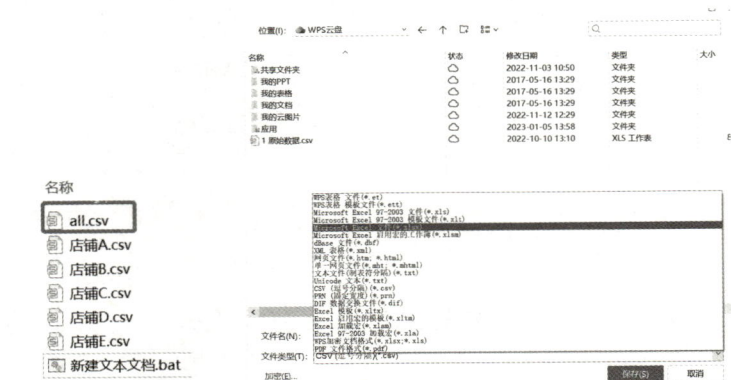

图 6-86　"all"CSV 文件

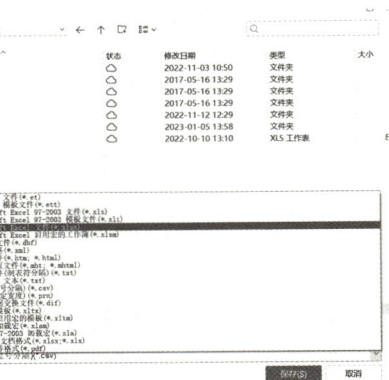

图 6-87　另存为 XLSX 格式

③方方格子是 Excel 的插件，适用于 Excel 2003、2007、2010、2013 等版本，但是 WPS 不支持。

用方方格子合并表格的操作如下。

第一步，打开一张 CSV 表格，执行【方方格子】—【汇总拆分】—【合并多簿】，如图 6-88 所示。

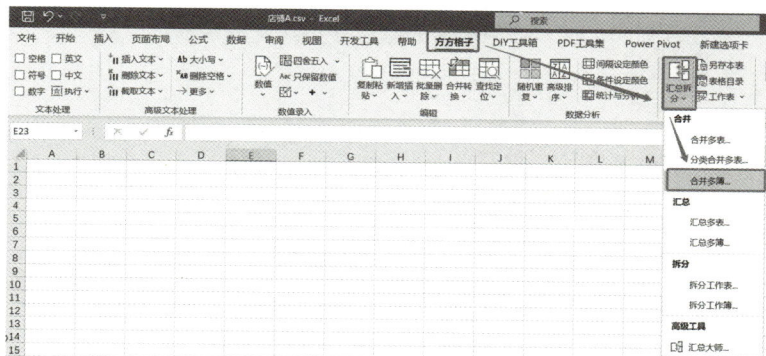

图 6-88　【方方格子】—【汇总拆分】—【合并多簿】

第二步，在打开的"合并工作簿"对话框里，执行【合并到一簿】—【未打开文件】—【添加文件】，如图 6-89 所示。然后选择合并表格，最后单击【确定】。结果为 5 张 CSV 表格被合并到一张工作簿里，如图 6-90 所示。

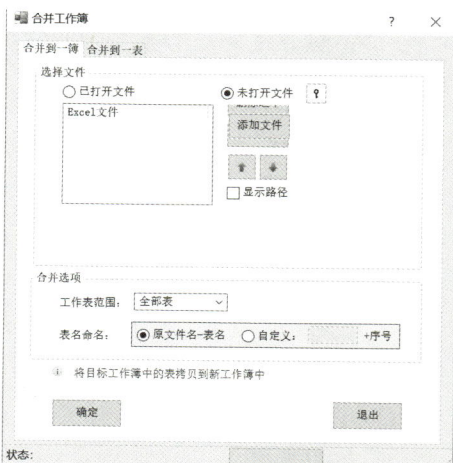

图 6-89　方方格子合并多表

图 6-90　合并到一簿

第三步，在打开的"合并工作簿"对话框里，执行【合并
到一表】—【未打开文件】—【添加文件】—
【确定】。结果为 5 张 CSV 表格被合并到
一张表格里，如图 6-91 所示。

图 6-91　合并到一表

第二节　数据模型

本节介绍如何用 Excel 搭建数据模型。搭建数据模型其实
是一件简单的事，财务 BP 要形成一套自己搭建模型的逻辑，
每次按照自己的逻辑往数据模型里面填内容就可以了。

（一）预算分析模型

财务预算是财务管理非常重要的一环，一般围绕着现金流
量表所示的三大活动展开分析。首先是经营活动，主要可分为
供应商采购、自己生产加工、销售回款（消费者）等方面，重
点关注现金的循环过程，分析导致循环不通或者不顺的原因。
其次是投资活动，重点关注投资回报率是否合理。最后是融资
活动，重点关注融资成本的合理性、经营杠杆是否合理、负债
的成本是否可以覆盖资金的收益等。

财务 BP 预算分析始终围绕经济业务进行，用数据预测各
种经济业务产生的结果。

1. 预算分析逻辑。

① 巩固有关预算的理论知识。

② 根据理论知识，确定预算的起点，以及分析的数据指标。

③ 根据确定的数据指标拆解业务过程产生的数据指标。比如销售额 = 客单价 × 支付转化率 × 访客数，这样就确定了客单价、支付转化率、访客数 3 个子数据指标。

④ 根据确定的数据指标从不同维度分析数据，比如客户维度、渠道维度、部门维度、人员维度、产品类目维度、地区维度、现金回款维度等。

⑤ 根据企业内部历史数据和行业大盘历史数据搭建初版预测模型。

⑥ 收集各部门根据企业总目标拆解的目标，并与历史数据对比，评估各部门目标的可行性。

⑦ 根据初版预测模型和各部门提交的目标，逐一与各部门开会沟通，协助其制订销售资源分配计划、生产计划、采购计划、人员计划、研发计划、费用计划等。

⑧ 通过若干次沟通和调整，确定终版预测模型，并确定各环节、各部门年度绩效指标。

⑨ 协助人事部制定奖励分配计划。

2. 预算分析实操。

① 搭建预算总表。搭建预算总表的基本原理是大数据指标到小数据指标、大维度到小维度，如图 6-92 所示。

第一步，根据组织架构，在 B2 单元格输入大维度"业务部"，在 C3、C11、C18 单元格分别输入一级维度"线上销售”“线下销售”“批发”。

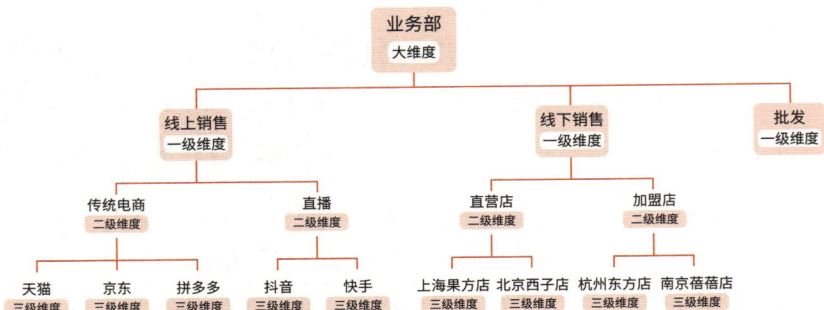

图 6-92　搭建预算总表

第二步，分别在D4和D8单元格录入“传统电商”和“直播”。

第三步，分别在E5、E6、E7单元格录入“天猫”“京东”“拼多多”。

第四步，根据图 6-92，完整录入相关维度。

图 6-93　根据组织架构搭建的预算模板

第五步，增加“负责人”“人员编制”等其他重要信息，同时根据不同级别标注不同颜色[①]，以便区分。

根据组织架构搭建的预算模板如图 6-93 所示。

第六步，选中第 2 ～ 18 行单元格，执行【数据】—【分级显示】—【组合】—【自动

---

① 本图为单色印刷，所以没有予以体现，读者在实操时可自行设置。

建立分级显示】，如图 6-94 所示。

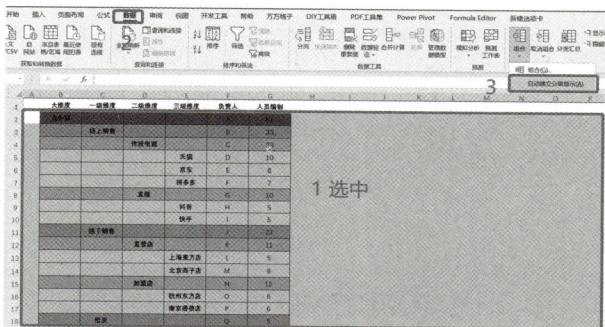

图 6-94　大维度分级显示

第七步，录入数据指标维度，如"公司年指标""财务 BP 预测目标""目标差异"，完成总表搭建，如图 6-95 所示。

大维度	一级维度	二级维度	三级维度	负责人	人员编制	公司年指标	财务BP预测目标	目标差异
业务BS				A	61			
	线上销售			B	33			
		传统电商		C	23			
			天猫	D	10			
			京东	E	6			
			拼多多	F	7			
		直播		G	10			
			抖音	H	5			
			快手	I	5			
	线下销售			J	23			
		直营店		K	11			
			上海果方店	L	5			
			北京西子店	M	6			
		加盟店		N	12			
			杭州东方店	O	6			
			南京荷荷店	P	6			
	批发			Q	5			

图 6-95　录入数据指标维度

第八步，重复第六步，选中第 3～10 行单元格，执行【数据】—【分级显示】—【组合】—【自动建立分级显示】，搭建一级维度"线上销售"；重复以上步骤，处理第 11～17 行，搭建一级维度"线下销售";重复以上步骤,搭建一级维度"批发"。选中第4～7行单元格,执行【数据】—【分级显示】—【组合】—【自动建立分级显示】,搭建二级维度"传统电商";重复以上步骤,处理第8～10行、第12～14行和第15～17行的三级维度"直播""直营店""加盟店",如图6-96和图6-97所示。

大维度	一级维度	二级维度	三级维度	负责人	人员编制
业务部				A	61
	线上销售			B	33
	线下销售			J	23
	批发			Q	5

图 6-96　一级维度分级显示

大维度	一级维度	二级维度	三级维度	负责人	人员编制
业务部				A	61
	线上销售			B	33
		传统电商		C	23
			天猫	D	10
			京东	E	6
			拼多多	F	7
		直播		G	10
			抖音	H	5
			快手	I	5
	线下销售			J	23
		直营店		K	11
			上海果方店	L	5
			北京西子店	M	6
		加盟店		N	12
			杭州东方店	O	6
			南京蓓蓓店	P	6
	批发			Q	5

图 6-97　二级、三级维度分级显示

② 搭建预算一级分表。

第一步,根据预算总表一级维度新建3张表,分别命名为"一级维度 线上销售""一级维度 线下销售""一级维度 批发",如图6-98所示。

图 6-98 预算一级分表

第二步，按 1～8 的顺序给 A3：A10 单元格编码，复制上述编码，直至 A42 单元格，如图 6-99 所示。

第三步，选中 A3:K42 单元格，执行【开始】—【排序和筛选】—【自定义排序】，在"排序"对话框中，排序依据为"列 A"，次序为"升序"。排序完成后在每一级维度下方插入 4 行空白行，插入完成后清除 A 列数据。

第四步，在新插入空白行分别依次输入"本年销售""去年销售""同比分析""环比分析"，并调整格式，结果如图 6-100 所示。

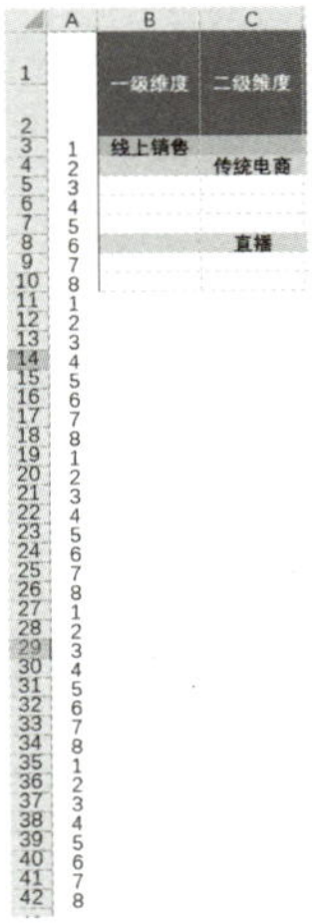

图 6-99 给单元格编码

图 6-100 插入 4 行空白行并清除 A 列数据后的结果

第五步，新增 36 列，输入"1 月""2 月""3 月"及"预算""实际""完成比"等，并进行相关调整，结果如图 6-101 所示。

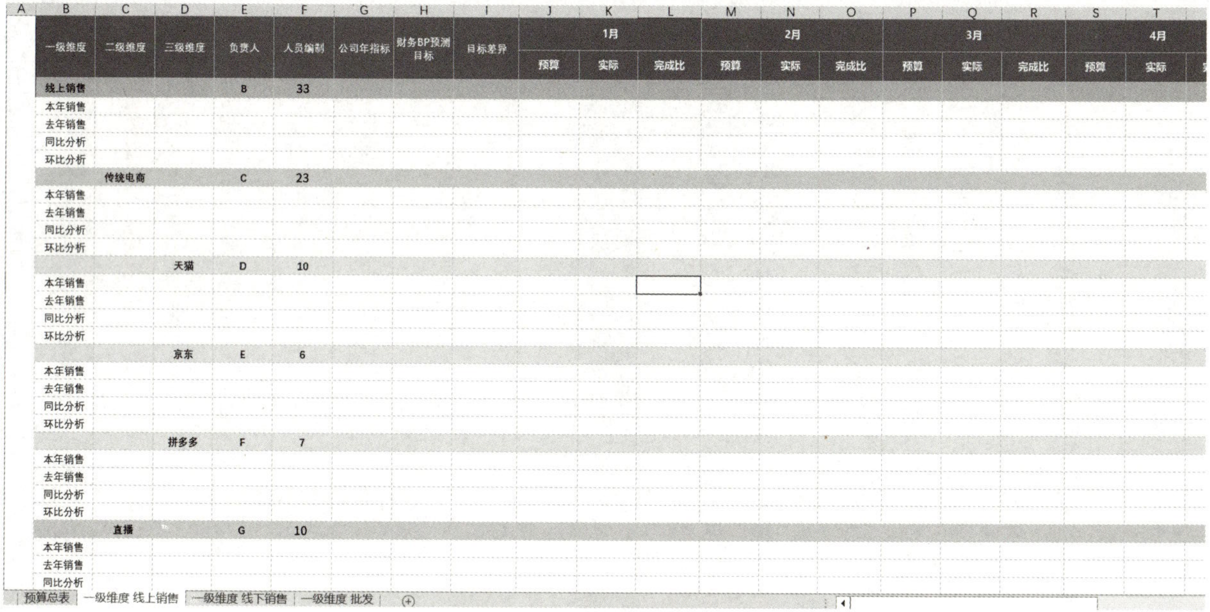

一级指定	二级维度	三级维度	负责人	人员编制	公司年指标	财务BP预测目标	目标差异	1月			2月			3月			4月	
								预算	实际	完成比	预算	实际	完成比	预算	实际	完成比	预算	实际
线上销售			B	33														
本年销售																		
去年销售																		
同比分析																		
环比分析																		
怦电电商			C	23														
本年销售																		
去年销售																		
同比分析																		
环比分析																		
天猫			D	10														
本年销售																		
去年销售																		
同比分析																		
环比分析																		
京东			E	6														
本年销售																		
去年销售																		
同比分析																		
环比分析																		
拼多多			F	7														
本年销售																		
去年销售																		
同比分析																		
环比分析																		
直播			G	10														
本年销售																		
去年销售																		
同比分析																		

预测结果表　一级维度 线上销售　一级维度 线下销售　一级维度 批发

图 6-101　输入待分析数据指标

第六步，选中第 8～42 行，执行【数据】—【分级显示】—【组合】—【组合】，如图 6-102 所示。

图 6-102　设置分组

第七步，选中第 9～27 行，执行【数据】—【分级显示】—【组合】—【组合】。

第八步，选中第 29～42 行，执行【数据】—【分级显示】—【组合】—【组合】。

第九步，选中 J 列，执行【视图】—【冻结窗格】—【冻结窗格】，如图 6-103 所示。

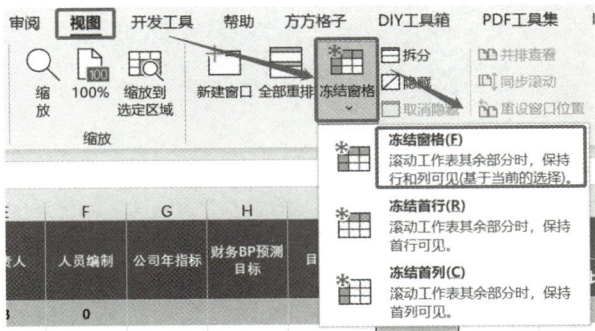

图 6-103　冻结窗格

第十步，重复第二步至第九步，搭建"线下销售"和"批发"预算一级分表。

③搭建预算二级分表。

第一步，根据3张预算一级分表新建4张预算二级分表，分别命名为"二级维度 传统电商""二级维度 直播""二级维度 直营店""二级维度 加盟店"，如图6-104所示。

| 二级维度 传统电商 | 二级维度 直播 | 二级维度 直营店 | 二级维度 加盟店 |

图 6-104　预算二级分表

第二步，复制一级维度线上销售所有数据至二级维度传统电商，在每个三级维度区域再新增2行，并录入"去年行业总额"和"去年行业占比"，如图6-105所示。

	A	B	C	D	E	F	G	H
1		二级维度	三级维度	负责人	人员编制	公司年指标	财务BP预测目标	目标差异
3		传统电商		C	23			
4		本年销售						
5		去年销售						
6		同比分析						
7		环比分析						
8		天猫		D	10			
9		本年销售						
10		去年销售						
11		同比分析						
12		环比分析						
13		去年行业总额						
14		去年行业占比						
15		京东		E	6			
16		本年销售						
17		去年销售						
18		同比分析						
19		环比分析						
20		去年行业总额						
21		去年行业占比						
22		拼多多		F	7			
23		本年销售						
24		去年销售						
25		同比分析						
26		环比分析						
27		去年行业总额						
28		去年行业占比						
29		直播		G	10			

图 6-105　复制一级维度数据至二级维度并新增行

第三步，重复搭建预算一级分表的第五步至第九步，操作结果如图 6-106 所示。

二级维度	三级维度	负责人	人员编制	公司年指标	财务BP预测目标	目标差异	1月			2月			
							预算	实际	完成比	预算	实际	完成比	预算
传统电商		C	23										
直播		G	10										

图 6-106　预算二级分表效果

第四步，重复第二步、第三步，搭建二级维度中剩余的 3 张表。

④ 搭建预算三级分表。

第一步，根据 4 张预算二级分表新建 9 张预算三级分表，分别命名为“天猫”“京东”“拼多多”“抖音”“快手”“上海果方店”“北京西子店”“杭州东方店”“南京蓓蓓店”。

第二步，复制二级维度传统电商的所有数据至三级维度天猫，删除“去年行业总额”和“去年行业占比”行，如图 6-107 所示。

二级维度	三级维度	负责人	人员编制	公司年指标	财务BP预测目标	目标差异
	天猫	D	10			
本年销售						
去年销售						
同比分析						
环比分析						

图 6-107　复制二级维度数据至三级维度并删除行

第三步，新增 48 列，4 列为 1 组，共 12 组，每组中的第 1～4 列分别命名为“访客数”“客单价”“支付转化率”“销售额",如图 6-108 所示。

图 6-108 新增列并进行相关操作

第四步,录入去年各月的"访客数""客单价""支付转化率"数据以及三者相乘后的"销售额"数据。

第五步,假设"访客数""客单价""支付转化率"的"同比分析"分别为"5%""0""10%",并根据去年的访客数、客单价和支付转化率预测本年销售数据,如图 6-109 所示。其中"5%""0""10%"是财务 BP 需要不断假设测试的假设值。

B	I	J	K	L
三级维度	1月			
	访客数	客单价	支付转化率	销售额
本年销售	105,000	100	22%	¥2,310,000
去年销售	100,000	100.0	20%	¥2,000,000
同比分析	5%	0	10%	16%
环比分析				

图 6-109 预测本年销售数据

第六步,根据预测出的本年销售额,计算出 1 月"销售额"的"同比分析"为(2 310 000–2 000 000)÷2 000 000×100%=16%。

第七步,重复以上第四步至第六步,预测出本年 2 月销售相关数据,如图 6-110 所示。

| B | 1月 | | | | 2月 | | | |
三级维度	访客数	客单价	支付转化率	销售额	访客数	客单价	支付转化率	销售额
本年销售	105,000	100	22%	¥2,310,000	126,500	107	23%	¥3,070,011
去年销售	100,000	100.0	20%	¥2,000,000	115,000	102	21%	¥2,416,380
同比分析	5%	0	10%	16%	10%	5%	10%	27%
环比分析								20%

图 6-110　2 月销售相关数据预测

第八步，增加辅助行计算环比分析率，根据同比分析预测出 2 月销售数据，计算环比增长率。

（3 070 011–2 310 000）÷2 310 000×100%=33%

辅助行主要用来辅助判断销售预测的合理性（见图6-111），预测本年销售 2 月比 1 月增长 33%，增幅大于去年的20%，这时就要综合考虑 2 月销售额是否预测高了。

	A	B	I	J	K	L	M	N	O	P
1		三级维度	1月				2月			
2			访客数	客单价	支付转化率	销售额	访客数	客单价	支付转化率	销售额
3		本年销售	105,000	100	22%	¥2,310,000	126,500	107	23%	¥3,070,011
4		去年销售	100,000	¥100.0	20%	¥2,000,000	115,000	102	21%	¥2,416,380
5		同比分析	5%	0%	10%	16%	10%	5%	10%	27%
6		环比分析								20%
7	辅助行									33%
8										

图 6-111　增设辅助行判断预测合理性

第九步，不断调整假设的"同比分析"，出具一份合理的预算初稿。

第十步，与三级维度的店铺负责人沟通，对初版预算进行第一轮沟通。沟通的重点如下。

a. 在不增加固定成本的基础上，三级维度的店铺负责人确定各数据指标安全额（基本可完成）。

b. 在整个市场大盘的基础上和提高市场占有率的前提下，三级维度的店铺负责人确定各数据指标的最高目标（冲一冲可完成），并确定达到最高目标还需要额外增加的其他成本费用。

（二）动态绩效分析模型

绩效考核是财务 BP 非常重要的一项工作，如果绩效考核的数据指标只是简单的完成率，这样会产生两个问题。第一，考核结果的滞后性。往往财务 BP 根据业务实际完成率复盘上期实际与预计之间的差异，使得绩效仅仅能发挥复盘的功能，而违背了绩效考核的初心，即推动业务员更积极地完成和超越既定目标。第二，对于一些周期性的经济行为，比如集中在下半月或者集中全年某几个月的经济行为，销售完成率其实就脱离了实际业务发展路径。使用动态绩效分析模型来动态监测和衡量绩效，会更有效。

动态绩效分析模型一般根据销售波动幅度分成两种。

1.销售波动平稳的动态绩效分析模型。

销售波动平稳即销量不会因季节或者营销活动而大幅度波动。

【案例】×× 企业 1 月门店 A 业绩目标为 60 万元，截至 1 月 7 日累计销售额为 6.5 万元，请在 1 月 8 日这天预测 1 月门店 A 预计销售完成率是多少。

第一步，计算截至 1 月 7 日累计销售完成率：$6.5 \div 60 \times 100\% = 10.8\%$。

第二步，计算时间动态率，这里涉及 3 个函数，分别是 TODAY 函数、DAY 函数和 EOMONTH 函数。

（1）TODAY（），数据结果是当前日期的序列号，其随着计算机日历动态变动。

（2）DAY（具体日期），数据结果是具体日期的"日"，比如 DAY（2022-1-3）=3。

（3）EOMONTH（开始日期，指定起始日期前后的月份）。举例如下。

EOMONTH（2022-6-3,0）=30，表示 6 月的最后一天是30。

EOMONTH（2022-6-3，-1）=31，表示（6–1）月的最后一天是 31。

EOMONTH（2022-6-3，1）=31，表示（6+1）月的最后一天是 31。

结合上述 3 个函数，得出时间动态率函数：DAY（TODAY（））/EOMONTH（DAY（TODAY（）），0）。

可以做如下拆解。

首先，在"日期"单元格录入"TODAY（）"，确定分析当天的日期。

然后，在"时间动态率"单元格录入"DAY（C2）/EOMONTH（DAY（C2），0）"。

DAY（C2）=7，EOMONTH（DAY（C2），0）= 7 ÷ 31 × 100%=22.6%。

第三步，计算预计销售完成率。推测过程如下。

假设目标业绩为 A，实际累计销售额为 B，累计销售率为 C，时间动态率为 D，1 月销售预计额为 X。

其中，累计销售率 /1 月销售预计额 = 时间动态率 / 目标业绩，也就是说，$C/X=D/A$。

$X=C \times A \div D$。

在 1 月 7 日这天，预计 1 月绩效完成率为：1 月销售预计额 / 目标业绩 ×100%，也就是：

$X \div A = [C \times A \div D] \div A = C \div D$

$=10.8\% \div 22.6\% \times 100\% = 47.8\%$

从中可以得出结论，如果按照目前的销售进度，1 月底门店 A 只能完成不到一半的目标业绩，因此财务 BP 需要深入介入，分析其销售缓慢的原因。

销售波动平稳动态绩效表如图 6-112 所示。

	B	C	D	E	F	G
			××企业1月销售业绩达成			
	日期	1月7日				
	门店	1月目标业绩（万元）	1月实际累计销售（万元）	累计销售率	时间动态率	预计销售完成率
	门店A	60.0	6.5	10.8%	22.6%	47.8%

图 6-112　销售波动平稳动态绩效表

2. 销售波动激烈的动态绩效分析模型。

销售波动激烈即销量受季节或营销活动的影响巨大，比如在"双十一"等大型促销活动中，电商企业销售增长幅度巨大，此时用时间动态率预测销售就非常不准确。

【案例】1 月上旬是 ×× 企业所在行业的淡季，本月门店 A 业绩目标为 60 万元，截至 1 月 7 日累计销售额 6.5 万元，请在 1 月 8 日这天预测 1 月门店 A 预计销售完成率是多少。其他信息数据：去年 1 月门店 A 业绩目标为 30 万元，截至 1 月 7 日累计销售额为 3 万元。

第一步，计算本年截至 1 月 7 日累计销售完成率 C：6.5 ÷ 60 × 100%=10.8%。

第二步，计算去年 1 月 1 日—1 月 7 日累计销售完成率 D：3 ÷ 30 × 100%=10%。

第三步，计算本年 1 月预计销售完成率：$C ÷ D × 100\% =$ 10.8% ÷ 10% × 100%=108%。

从中可以得出结论，如果按照目前的销售进度，1 月底门店 A 能超额完成业绩目标，财务 BP 不需要介入，只需持续跟踪。

销售波动激烈动态绩效表如图 6-113 所示。

日期	1月7日				
门店	1月目标业绩（万元）	1月实际累计销售（万元）	累计销售率	去年销售同比销售完成率	预计销售完成率
门店A	60.0	6.5	10.8%	10	108.0%

图 6-113　销售波动激烈动态绩效表

（三）同比分析模型

同比是指本期与历史同时期的比较，所得到的指标主要反映事物的发展趋势。

【案例】根据 ×× 企业 2022 年和 2023 年销售明细，做同比分析。

① 选中数据区域的任意单元格，执行【插入】—【数据透视表】。

② 在"数据透视表"对话框中，将【日期 / 时间】拖至【行】区域，将【销售额（元）】拖至【值】区域。

③ 再次把【销售额（元）】拖至【值】区域。

步骤②、③的操作如图 6-114 所示。

④ 将【求和项：销售额（元）】修改为【销售额】。

⑤ 将【求和项：销售额（元）2】修改为【销售同比】。

⑥ 选中日期 / 时间列任意单元格，右击，执行【组合】，勾选【月】和【年】，如图 6-115 和图 6-116 所示。

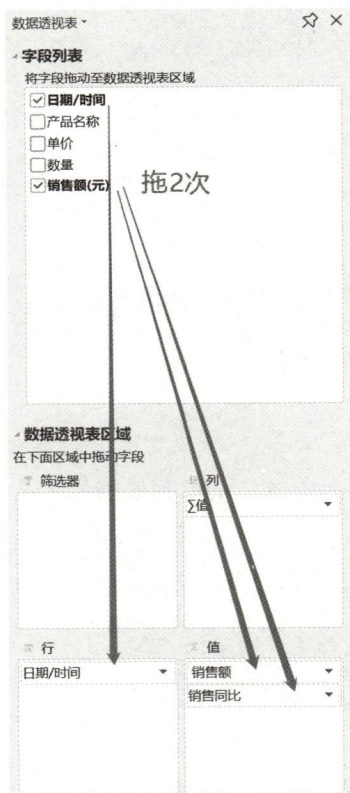

图 6-114　数据透视表

图 6-115　执行【组合】

图 6-116　勾选【月】和【年】

⑦ 把【行】区域里的【年】拖至【列】区域，如图 6-117 所示。

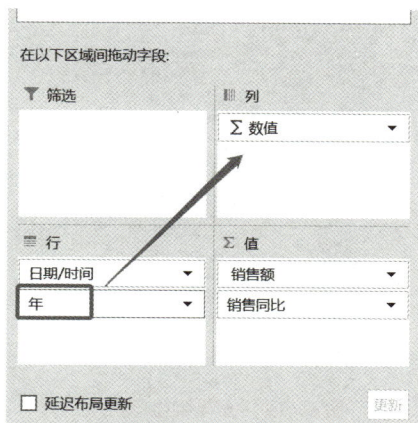

图 6-117 将【年】拖至【列】区域

⑧ 执行【设计】—【总计】—【仅对列启用】，如图 6-118 所示。

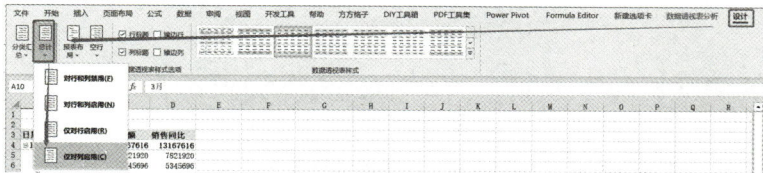

图 6-118 仅对列启用

⑨ 选中"销售同比"中"2023 年"列的任一单元格，右击，执行【值显示方式】—【差异百分比】，如图 6-119 所示。

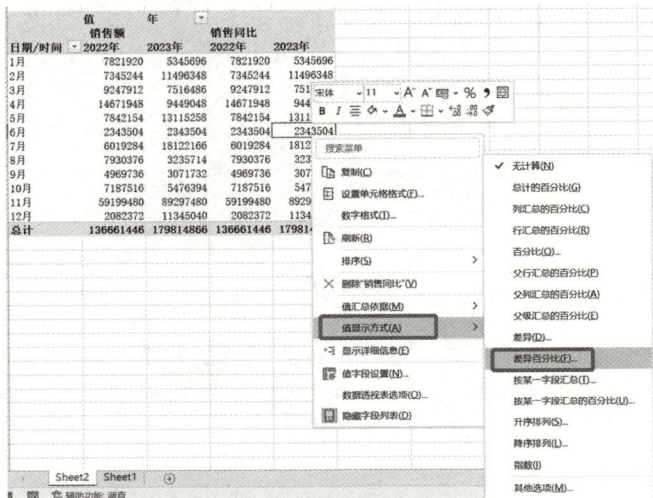

图 6-119　设置值显示方式

⑩ 打开对话框，设置【基本字段】为"年"，【基本项】为"（上一个）"，如图 6-120 所示。

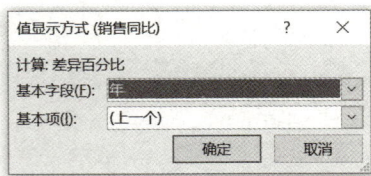

图 6-120　设置基本字段和基本项

⑪ 选中"销售同比"中"2022 年"列的任一单元格，右击，执行【隐藏】，如图 6-121 所示。

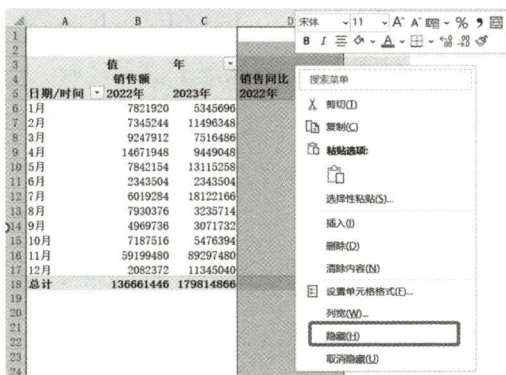

图 6-121　执行【隐藏】

⑫ 在"数据透视表字段"对话框中，单击【销售额】的下拉按钮（见图 6-122），执行【值字段设置】—【数字格式】—【自定义】—【0.0,万】；同理，单击【销售同比】的下拉按钮，执行【值字段设置】—【数字格式】—【百分比】。

（四）环比分析模型

环比分析是将某一期的数据和上一期的数据进行比较，计算趋势百分比，以观察某指标每期的增减变化情况。

【案例】根据 ×× 企业 2022 年和 2023 年销售明细，做环比分析。

① 选中数据区域的任意单元格，执行【插入】—【数据透视表】。

② 在"数据透视表"对话框中，将【日期/时间】拖至【行】区域，将【销

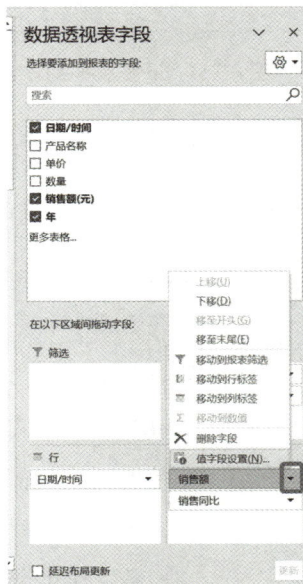

图 6-122　单击下拉按钮

售额（元）】拖至【值】区域。

③再次把【销售额（元）】拖至【值】区域。

④将【求和项：销售额（元）】修改为【销售额】。

⑤将【求和项：销售额（元）2】修改为【销售环比】。

⑥将【行标签】（见图6-123）修改为【月】。

⑦选中"销售环比"列任一单元格，右击，执行【值显示方式】—【差异百分比】。

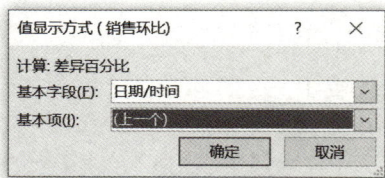

⑧打开对话框，设置【基本字段】为"日期/时间"，【基本项】为"（上一个）"，如图6-124所示。

⑨在"数据透视表"对话框中，单击【销售额】的下拉按钮，执行【值字段设置】—【数字格式】—【自定义】—【0.0,万】；同理，单击【销售环比】的下拉按钮，执行【值字段设置】—【数字格式】—【百分比】。

图 6-124　设置基本字段和基本项

（五）分组分析模型

在 Excel 中搭建分组分析模型的关键是使用 FREQUENCY 函数。

FREQUENCY（数据区域，间隔数据）。

数据区域为需分组的原始数据区域，间隔数据为人为事先划分的区间。一般分组分析模型会以数字维度和文本维度分组。

1.数字维度分组分析。

【案例】具体操作步骤如下。

① 确定数据区域。选中 B3:B12 单元格。

② 人为划定分组区域"毛利率低于 -20%""毛利率为 -20%～0""毛利率为 0～10%""毛利率高于 10%"。需要遵守的规则是：区间左边不包含本数，右边包含，即集合表达式为（××,××]。

③ 根据人为划定区间增加辅助列，按照从小到大的顺序把每个区间的最大值填写在相应位置，如果是无穷大，就空着不填写。

④ 在 E2 单元格输入"=FREQUENCY（B3:B12,D2:D5）"。

步骤①～④的操作结果如图 6-125 所示。

	A	B	C	D	E
1		①数据区域	②间隔数据（人为划定）	③间隔数据（最大值）	④ 函数第一步
2	名字	产品毛利率	毛利率低于-20%		=FREQUENCY（B3:B12,D2:D5）
3	产品1	27.9%	毛利率为（-20%,-0%]	0%	
4	产品2	-15.6%	毛利率为（0%,-10%]	10%	
5	产品3	-6.0%	毛利率高于10%		
6	产品4	19.6%			
7	产品5	6.0%			
8	产品6	17.3%			
9	产品7	-22.6%			
10	产品8	-9.5%			
11	产品9	12.2%			
12	产品10	-6.0%			

图 6-125　步骤①～④的操作结果

⑤ 输入完成后，按【Ctrl+Shift+Enter】快捷键结束编辑，结果如图 6-126 所示。

	A	B	C	D	E	F
1		①数据区域	②间隔数据（人为划定）	③间隔数据（最大值）	④ 函数第一步	⑤ 函数第二步
2	名字	产品毛利率	毛利率小于-20%	-20%	=FREQUENCY(B3:B12,D2:D5)	1
3	产品1	27.9%	毛利率介于（-20%~0%]	0%		4
4	产品2	-15.6%	毛利率介于（0%~10%]	10%		1
5	产品3	-6.0%	毛利率大于10%			4
6	产品4	19.0%				
7	产品5	6.0%				
8	产品6	17.3%				
9	产品7	-22.6%				
10	产品8	-9.5%				
11	产品9	12.2%				
12	产品10	-6.0%				

图 6-126　步骤⑤的操作结果

2. 文本维度分组分析。

FREQUENCY（CODE（数据区域），CODE（间隔数据）），用于以文本作为划分区间。

【案例】具体操作步骤如下。

①确定数据区域。选中 A3:A12 单元格。

②人为划定分组区域："杭州""上海""北京"。

③在 D2 单元格输入 "=FREQUENCY（CODE（A3:A12），CODE（C2:C4））"。

④输入完成后，按【Ctrl+Shift+Enter】快捷键结束编辑。

步骤①～④的操作结果如图 6-127 所示。

	A	B	C	D	E
1		①数据区域	②间隔数据（人为划定）	③ 函数第一步	④ 函数第二步
2	区域	产品	杭州	=FREQUENCY(CODE(A3:A12),CODE(C2:C4))	4
3	杭州	产品1	上海		2
4	上海	产品2	北京		4
5	北京	产品3			
6	杭州	产品4			
7	上海	产品5			
8	北京	产品6			
9	杭州	产品7			
10	北京	产品8			
11	杭州	产品9			
12	北京	产品10			

图 6-127　步骤①～④的操作结果

（六）敏感性分析模型

单价、单位变动成本、销售量和固定成本的变化，会影响利润。当这些因素变化达到一定程度，会使企业利润消失，进入盈亏临界状态，进而使企业的经营状况发生质变。

敏感性分析是在假定其他变量不变的情况下，测试某一变量的变化对目标值的影响。

财务 BP 可以根据实际业务情况，建立敏感性分析模型来判断因素变动对结果的影响程度。

敏感性分析一般分为单因素敏感性分析和双因素敏感性分析，也就是说分析单一因素或者双因素变动对目标指标的影响。

1. 单因素敏感性分析。

【案例】×× 企业 1 月 GMV（商品交易总额）为 50 万元，退货率为 30%，产品毛利率为 50%，固定成本为 10 万元。分析退货率对净利润的影响。

第一步，确定变动的单因素是退货率，目标指标是净利润。

第二步，建立单因素退货率和目标指标净利润之间的等式关系。

GMV ×（1– 退货率）× 毛利率 – 固定成本 = 净利润

第三步，搭建单因素退货率和目标指标净利润表格。

	A	B	C
1			
2		GMV	50.0万元
3		退货率	30%
4		产品毛利率	50%
5		固定成本	10.0万元
6		净利润	=C2*(1-C3)*C4-C5

图 6-128 输入等式

第四步，在 C6 单元格输入退货率和净利润之间的等式，如图 6-128 所示。

第五步，在 B10：B17 单元格录入可能发生的退货率，如图 6-129 所示。

	A	B	C	D
1				
2		GMV	50.0万元	
3		退货率	30%	
4		产品毛利率	50%	
5		固定成本	10.0万元	
6		净利润	7.5万元	
7				
8		退货率	净利润测算	目前净利润
9				
10		5%		
11		10%		
12		15%		
13		20%		
14		25%		
15		30%		
16		35%		
17		40%		

图 6-129 录入可能发生的退货率

第六步，把 C6 单元格的公式复制到 C9 单元格，如图 6-130 所示。

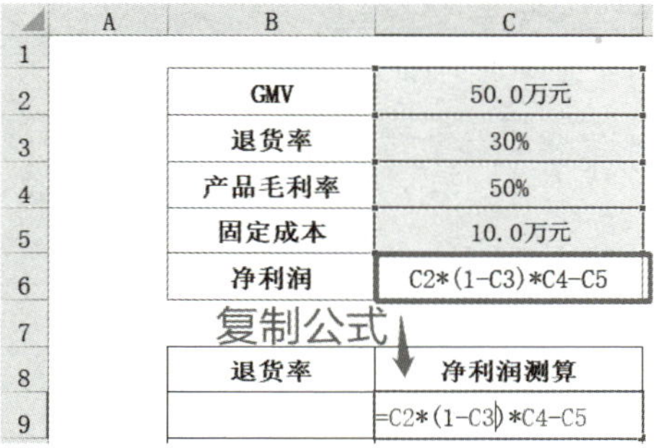

图 6-130 复制公式

第七步，选中 B9:C17 单元格，执行【数据】—【模拟分析】—【模拟运算表】，如图 6-131 所示。

图 6-131 模拟分析

第八步，打开对话框，设置【输入引用列的单元格】为"$C$3"，最后单击【确定】，如图 6-132 所示。

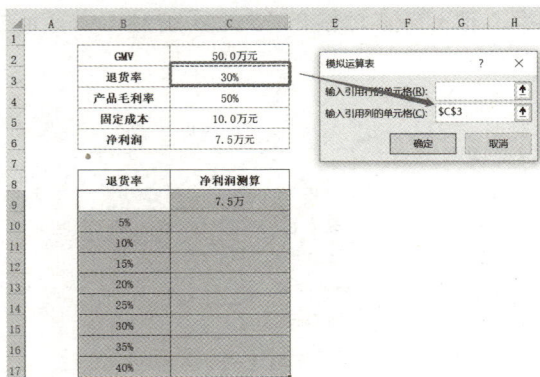

图 6-132　确定引用列的单元格

第九步，在"目前净利润"列录入 TEXT 函数，即 TEXT（C9-$C$6," 净利润增加 #,##; 与去年相比减少 #,##; 无增减 #,##"）。结果如图 6-133 所示。

图 6-133　TEXT 函数计算结果

2. 双因素敏感性分析。

【案例】××企业 1 月销售额为 50 万元，客单价为 50 元，支付转化率为 10%，访客数为 10 万人。分析客单价和支付转化率对销售额的影响。

第一步，确定变动的双因素是客单价和支付转化率，目标指标是销售额。

第二步，建立双因素客单价、支付转化率和目标指标销售额之间的等式关系。

客单价 × 支付转化率 × 访客数 ＝ 销售额

第三步，搭建客单价、支付转化率和销售额表格。

第四步，在 C5 单元格输入客单价、支付转化率和销售额之间的等式关系，如图 6-134 所示。

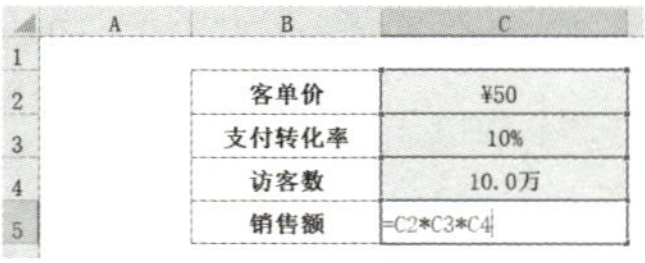

第五步，在 B10:B17 单元格中录入可能发生的支付转化率，同时在 C9:J9 单元格录入可能发生的客单价，并将 C5 单元格的公式复制至 B9 单元格。结果如图 6-135 所示。

图 6-134　输入等式

图 6-135　步骤⑤操作结果

第六步，选中 B9:J17 单元格，执行【数据】—【模拟分析】—【模拟运算表】。

第七步，打开对话框，设置【引用行的单元格】为"$C$2"，设置【引用列的单元格】为"$C$3"，最后单击【确定】，如图 6-136 所示。

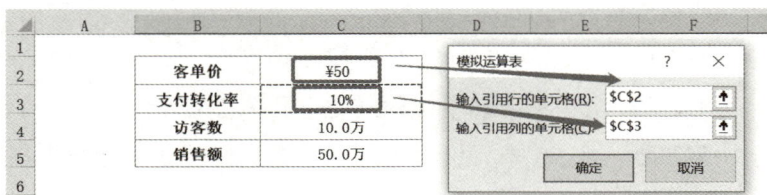

图 6-136　确定引用行和列的单元格

第八步，标黄 F11 单元格（见图 6-137）。F11 单元格中的数据为 ×× 企业 1 月实际销售情况。

根据图 6-137，可得出以下结论。

（1）在支付转化率保持在 10% 的情况下，客单价每少 5 元，销售额就会减少 50 000 元。

（2）在客单价保持在 50 元的情况下，支付转化率每提高 5%，销售额就会增加 250 000 元。

（3）如果客单价在 50 元的基础上增长 5 元，支付转化率提高到 15%，销售额就会从 500 000 元增长到 825 000 元。

（七）搭桥分析模型

搭桥分析法用瀑布图搭建一座桥来描述因素分析法的分析过程，让数据使用者更直观地了解差异的形成原因。因素分析法有个前提，即数据指标之间必须具有可乘除运算的关系，不

客单价	¥50
支付转化率	10%
访客数	10.0万
销售额	50.0万

	销售额	客单价							
		¥35	¥40	¥45	¥50	¥55	¥60	¥65	¥70
	500,000								
支付转化率	5%	¥175,000	¥200,000	¥225,000	¥250,000	¥275,000	¥300,000	¥325,000	¥350,000
	10%	¥350,000	¥400,000	¥450,000	¥500,000	¥550,000	¥600,000	¥650,000	¥700,000
	15%	¥525,000	¥600,000	¥675,000	¥750,000	¥825,000	¥900,000	¥975,000	¥1,050,000
	20%	¥700,000	¥800,000	¥900,000	¥1,000,000	¥1,100,000	¥1,200,000	¥1,300,000	¥1,400,000
	25%	¥875,000	¥1,000,000	¥1,125,000	¥1,250,000	¥1,375,000	¥1,500,000	¥1,625,000	¥1,750,000
	30%	¥1,050,000	¥1,200,000	¥1,350,000	¥1,500,000	¥1,650,000	¥1,800,000	¥1,950,000	¥2,100,000
	35%	¥1,225,000	¥1,400,000	¥1,575,000	¥1,750,000	¥1,925,000	¥2,100,000	¥2,275,000	¥2,450,000
	40%	¥1,400,000	¥1,600,000	¥1,800,000	¥2,000,000	¥2,200,000	¥2,400,000	¥2,600,000	¥2,800,000

图6-137　标黄目前销售额所在单元格

能进行加减运算。搭桥分析法共有两种计算方法，即连环替代法和差额分析法。分析思路如下。

① 确定综合指标，比较其实际额和预算额、本年额和去年额，并计算两者的差额。

② 确定综合指标的驱动因素，根据该指标的形成过程，搭建综合指标与各驱动因素之间的桥。

③ 确定驱动因素的替代顺序。

④ 按顺序计算各驱动因素与被比较基数的差异对综合指标的影响。

具体操作如下。

第一步，设综合指标与驱动因素之间的关系。

$F = A \times B \times C$

第二步，设基数（过去数据、计划数据、行业头部数据）。

$F_0 = A_0 \times B_0 \times C_0$

第三步，设实际数。

$F_1 = A_1 \times B_1 \times C_1$

第四步，计算实际数与基数的差异。

$F_1 - F_0$

1. 差额分析法。

A 驱动因素对 F 的影响：$(A_1 - A_0) \times B_0 \times C_0$。

B 驱动因素对 F 影响：$A_1 \times (B_1 - B_0) \times C$。

C 驱动因素对 F 影响：$A_1 \times B_1 \times (C_1 - C_0)$。

2. 连环替代法。

实际数：$F_1 = A_1 \times B_1 \times C_1$。

基数：$F_0=A_0 \times B_0 \times C_0$（①）。

置换 A 驱动因素：$A_1 \times B_0 \times C_0$（②）。②－①表示 A 驱动因素对 F 的影响。

置换 B 驱动因素：$A_1 \times B_1 \times C_0$（③）。③－②表示 B 驱动因素对 F 的影响。

置换 C 驱动因素：$A_1 \times B_1 \times C_1$（④）。④－③表示 C 驱动因素对 F 的影响。

【案例】××企业去年销售额为 3 200 万元，今年销售额为 3 150 万元，环比下降 50 万元。请财务 BP 出具相关图表（资料见图 6-138）分析降低的原因是什么。

驱动因素	A_0	A_1	B_0	B_1	C_0	C_1
客单价	40	35				
访客数			2 000	1 800		
支付转化率					4%	5%

图 6-138 相关数据

1. 确定综合指标：去年销售额（基数 F_0）和今年销售额（实际数 F_1）。

2. 确定综合指标的驱动因素并搭桥：销售额＝客单价 × 访客数 × 支付转化率。

3. 确定驱动因素的替代顺序：客单价（A）、访客数（B）、支付转化率（C）。

4. 按顺序计算各驱动因素对综合指标的影响。

（1）今年实际销售额：$F_1=A_1 \times B_1 \times C_1=35 \times 1\,800 \times 5\%=$ 3 150（万元）

（2）去年实际销售额：$F_0 = A_0 \times B_0 \times C_0 = 40 \times 2\,000 \times 4\% = 3\,200$（万元）（①）。

（3）置换 A 驱动因素：$A_1 \times B_0 \times C_0 = 35 \times 2\,000 \times 4\% = 2\,800$（万元）（②）。

②－①：$2\,800 - 3\,200 = -400$（万元），表示客单价对销售额的影响。

（4）置换 B 驱动因素：$A_1 \times B_1 \times C_0 = 35 \times 1\,800 \times 4\% = 2\,520$（万元）（③）。

③－②：$2\,520 - 2\,800 = -280$（万元），表示访客数对销售额的影响。

（5）置换 C 驱动因素：$A_1 \times B_1 \times C_1 = 35 \times 1\,800 \times 5\% = 3\,150$（万元）（④）。

④－③：$3\,150 - 2\,520 = 630$（万元），表示支付转化率对销售额的影响。

（6）根据以上计算结果建立搭桥辅助图。

$a = F_0 =$ 去年实际销售额 $= 3\,200$。

$b = |（②－①）| =$ 客单价对销售额的影响 $= 400$。

$d = |（③－②）| =$ 访客数对销售额的影响 $= 280$。

$f =（④－③）=$ 支付转化率对销售额的影响 $= 630$。

搭桥辅助图如图 6-139 所示。

项目	辅助列	金额
去年销售	0^i	$3\,200^a$
客单价差异	$2\,800^c$	400^b
访客数差异	$2\,520^e$	280^d
支付转化率差异	$1\,890^g$	630^f
今年利润	0^i	$3\,150^h$

注：$c=a-b$；

$e=a-b-d$；

$g=a-b-d-f$；

$i=0$。

图 6-139　搭桥辅助图

（7）执行【插入】—【推荐的图表】—【堆积柱形图】，如图 6-140 所示。结果如图 6-141 所示。

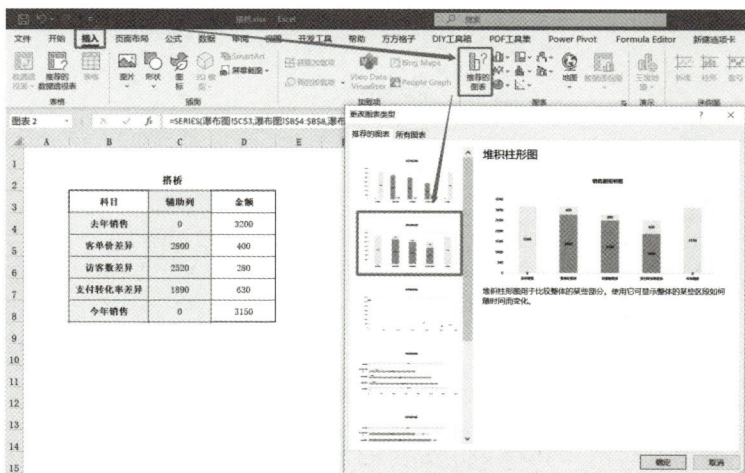

图 6-140　插入堆积柱形图

销售额搭桥图

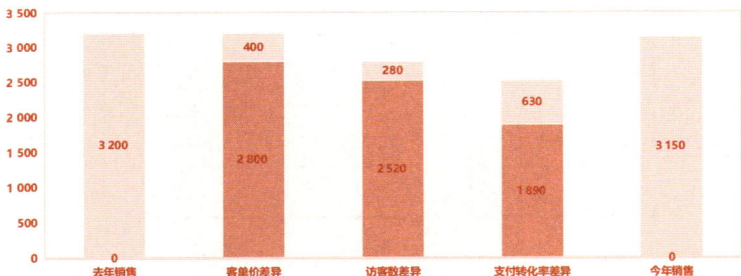

图 6-141　堆积柱形图

（8）双击深灰色柱形（辅助列数据），在打开的对话框中设置数据系列格式，【填充】为"纯色填充"，【颜色】为"白色"，如图 6-142 所示。

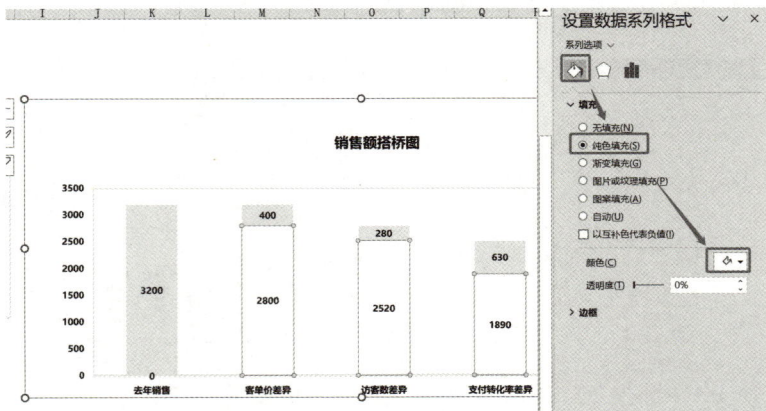

图 6-142　设置辅助数据的数据系列格式

（9）双击 400 和 280 所在的灰色柱形（实际差异金额为负），在打开的对话框中设置数据系列格式，【填充】为"纯色填充"，【颜色】为"红色"，如图 6-143 所示。

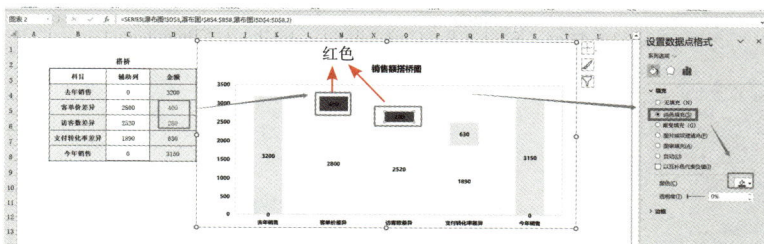

图 6-143　设置负数数据的数据系列格式

（10）双击 630 所在的灰色柱形（实际差异金额为正），在打开的对话框中设置数据系列格式，【填充】为"纯色填充"，【颜色】为"绿色"，如图 6-144 所示。

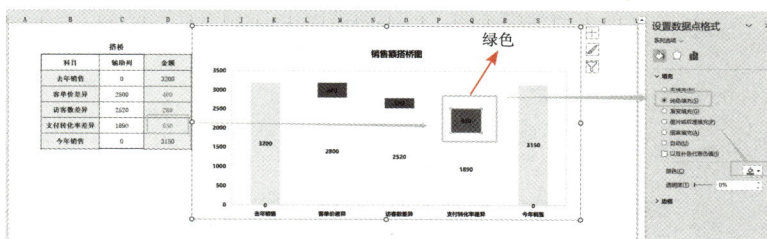

图 6-144　设置正数数据的数据系列格式

（11）操作完成后（见图 6-145）可以很清楚地看出今年销售比去年环比下降 50 万元，是客单价下降导致下降 400 万元，访客数下降导致下降 280 万元，支付转化率提高导致提高 630 万元的综合结果。

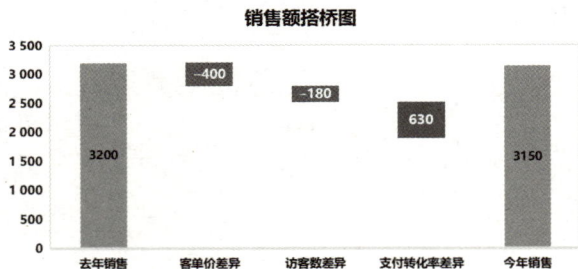

图 6-145　搭桥分析图

（八）波士顿矩阵模型

波士顿矩阵模型一般用散点图来表示，Excel 和 Fine BI 都可以做此模型。

1.Excel 搭建波士顿矩阵模型。

第一步，选中 B1:D11 单元格，执行【插入】—【推荐的图表】—【XY 散点图】—【气泡图】—【确定】，如图 6-146 所示。

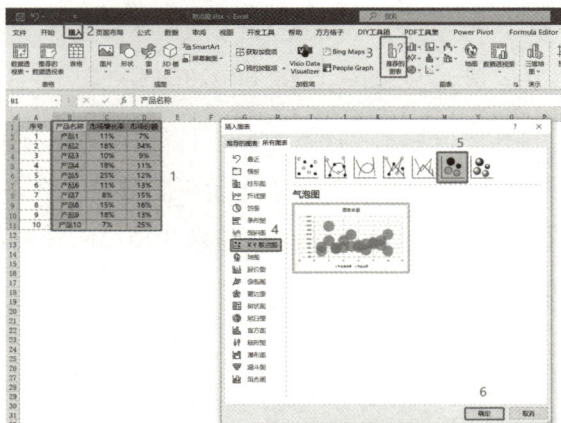

图 6-146　插入散点图

第二步，选中散点图，执行【图表设计】—【选择数据】，如图 6-147 所示。

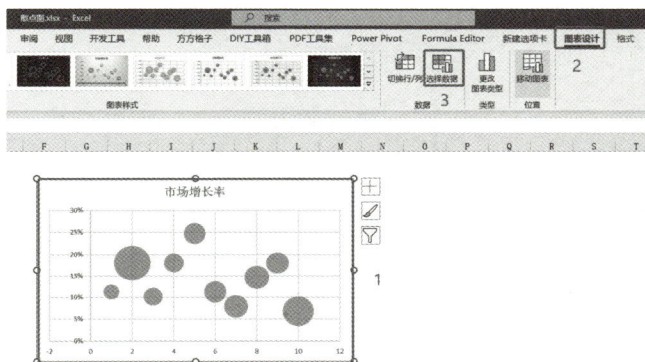

图 6-147　修正散点图数据 1

第三步，在打开的对话框里，勾选【市场增长率】，然后单击【编辑】，如图 6-148 所示。

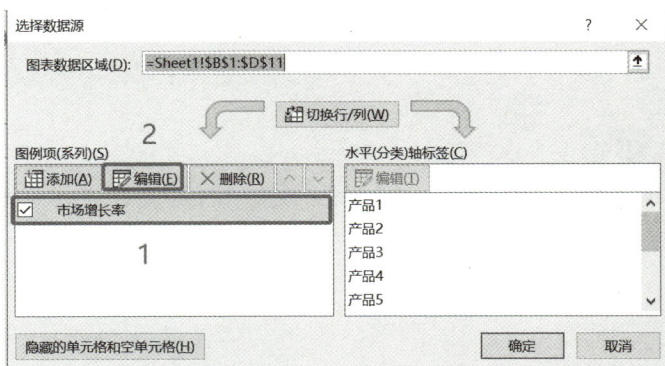

图 6-148　修正散点图数据 2

第四步，在打开的对话框里，将系列名称修改为"市场增长率 / 市场份额"，X 轴系列值为 C2:C11 单元格，Y 轴系列值为 D2:D11 单元格，系列气泡大小为 D2:D11 单元格，最后单击【确定】，如图 6-149 所示。

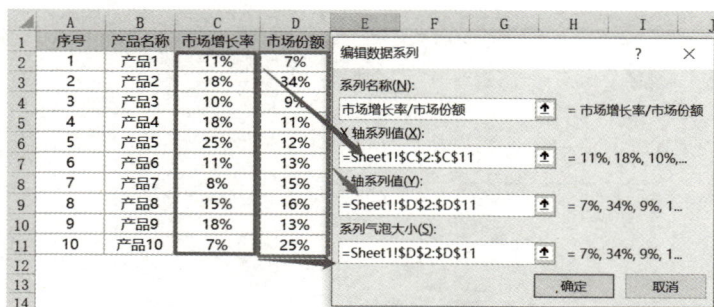

图 6-149　修正散点图数据 3

第五步，双击 X 轴，在打开的对话框中，单击【坐标轴选项】按钮，设置坐标轴值为 0.15（人为确定，一般取 X 轴中间值），标签位置设置为"低"，如图 6-150 所示。

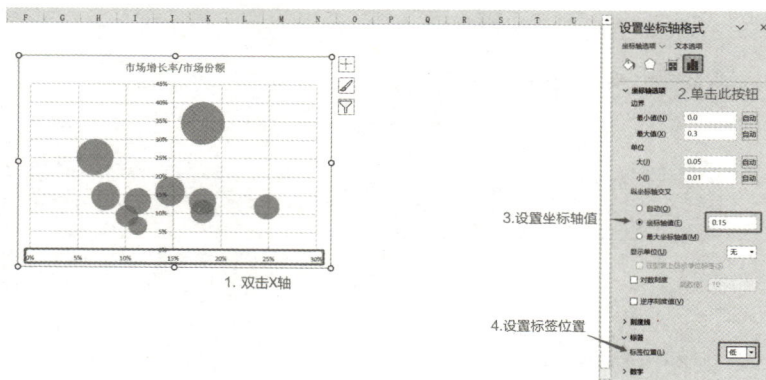

图 6-150　修正 X 轴

第六步，双击 Y 轴，在打开的对话框中，单击【坐标轴选项】按钮，设置最大值为 0.4、坐标轴值为 0.2（人为确定，一般取 Y 轴中间值），设置标签位置为"低"，如图 6-151 所示。

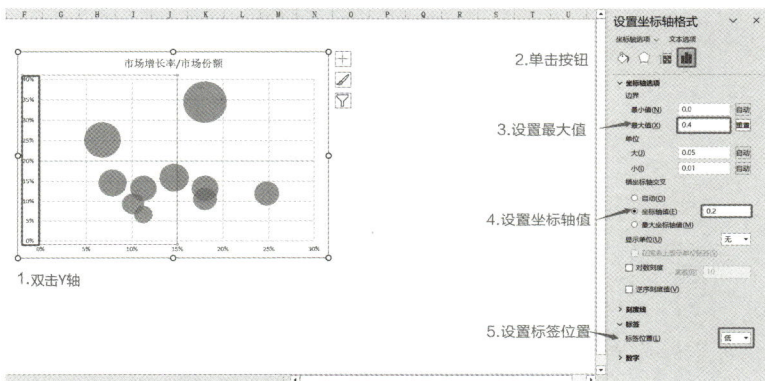

图 6-151 修正 Y 轴

第七步，双击网格线，按【Delete】键删除。

第八步，单击图标右上角加号，执行【数据标签】—【更多选项】—【标签选项】—【单元格中的值】，如图 6-152 所示。

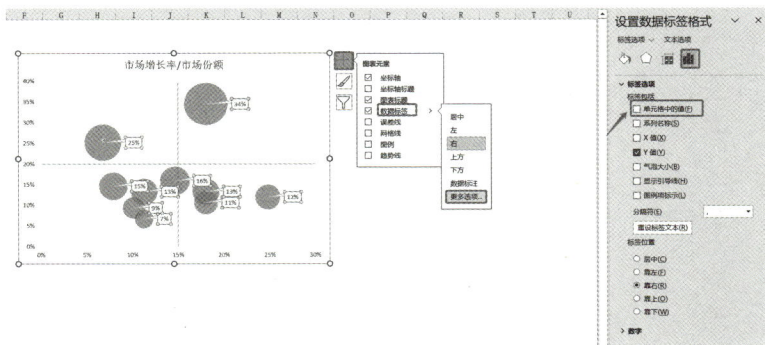

图 6-152 自定义标签 1

第九步，打开对话框，设置数据标签区域为 B2:B11 单元格，最后单击【确定】，如图 6-153 所示。

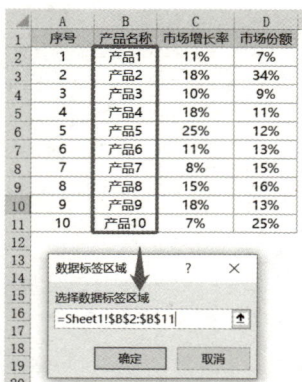

图 6-153　自定义标签 2

操作结果如图 6-154 所示。

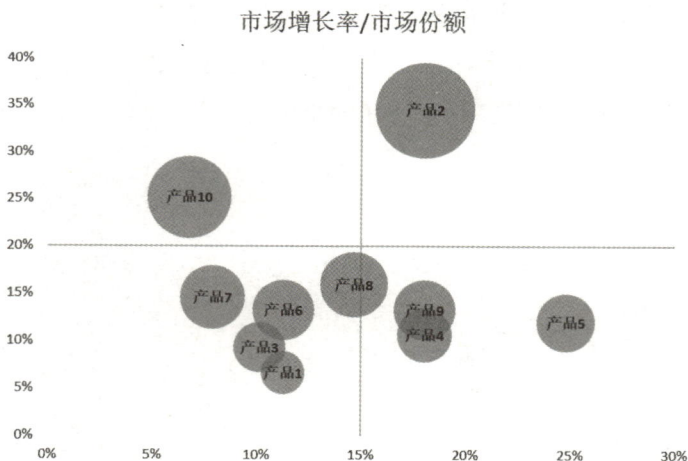

图 6-154　Excel 波士顿矩阵模型

2.Fine BI 搭建波士顿矩阵模型。

用 Fine BI 搭建波士顿矩阵模型的操作步骤详见第八章第二节。

第七章
复杂数据模型

第六章介绍了以 Excel 为主的基本数据分析，本章跟大家一起探讨高阶数据分析方法，主要使用的工具是上一章提及的 Power Query。

Power Query 涉及的知识体系很复杂，对于没有编码基础的新手来说，可能不知如何下手。财务 BP 在实践工作中，一般只会用到 Power Query 清洗数据的部分功能，所以可以把它作为一个使用 Excel 其他函数前的数据清洗工具。

第一节　Power Query 介绍

（一）安装

Power Query（以下简称"PQ"）是 Excel 的插件，Excel 2013 及以下版本，需要单独安装 PQ，Excel 2013 以上版本自带 PQ 功能，其中 Excel 2016 中的为低阶版，一般建议使用 Excel 2019。

打开 Excel，执行【文件】—【账户】—【关于 Excel】，可查看 Excel 版本，如图 7-1 和图 7-2 所示。

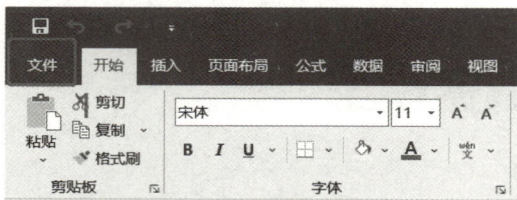

图 7-1 【文件】

图 7-2 【账户】—【关于 Excel】

如果使用 Excel 2013 及以下版本安装 PQ，需要执行以下命令才能显示该插件。

执行【文件】—【选项】—【加载项】—【管理】—【COM 加载项】—【转到】—【Microsoft Power Query for Excel】—【确定】，如图 7-3、图 7-4 所示。

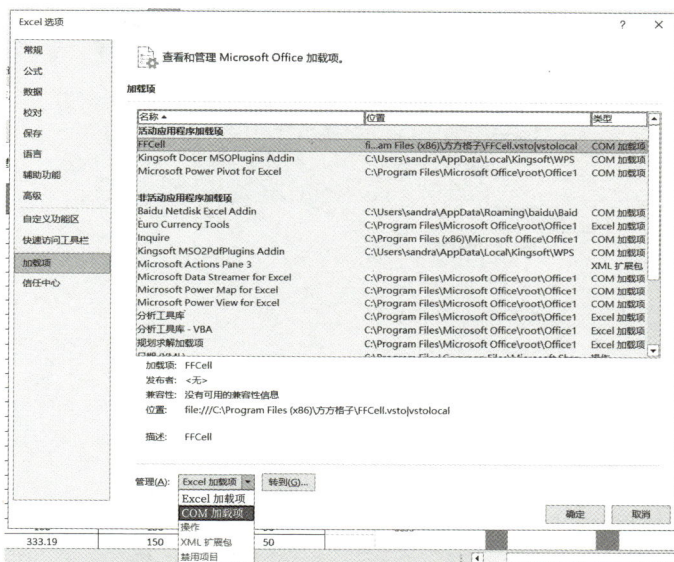

图 7-3 设置 COM 加载项

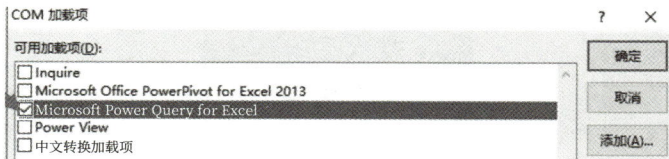

图 7-4 选择 PQ 插件

本章案例使用 Excel 2019 操作。

（二）使用

1. 启动 PQ。

执行【数据】—【获取数据】—【启动 Power Query 编辑器】，如图 7-5 所示。

图 7-5　启动 PQ

　　PQ 共支持 5 种数据源的导入方法，分别是来自文件、来自数据库、来自 Azure、来自在线服务、自其他源，如图 7-6 所示。

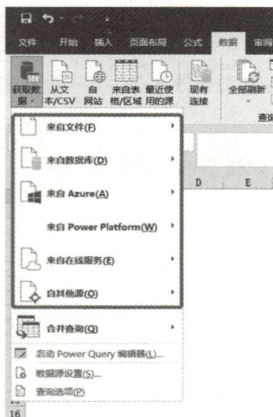

图 7-6　5 种导入方法

　　同时，PQ 还支持 5 种快捷的导入方法，分别是从文本 /

CSV、自网站、来自表格 / 区域、最近使用的源和现有连接，如图 7-7 所示。

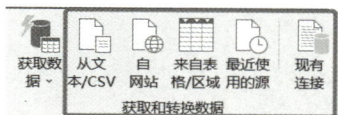

图 7-7　5 种快捷的导入方法

本章主要介绍财务 BP 比较常用的三种数据导入方法。

2. 导入其他 Excel 文档的数据。

执行【数据】—【获取数据】—【来自文件】—【从 Excel 工作簿】，系统会自动打开"导航器"对话框。对话框中有 4 张表，可以勾选【选择多项】复选框，选择某些表或全部表。最后，单击【转换数据】。具体操作如图 7-8 和图 7-9 所示。

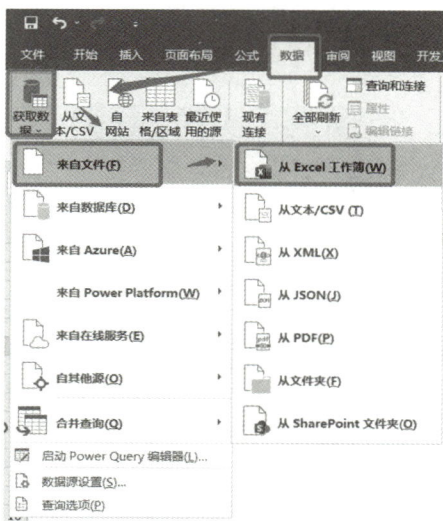

图 7-8　导入其他 Excel 文档的数据 1

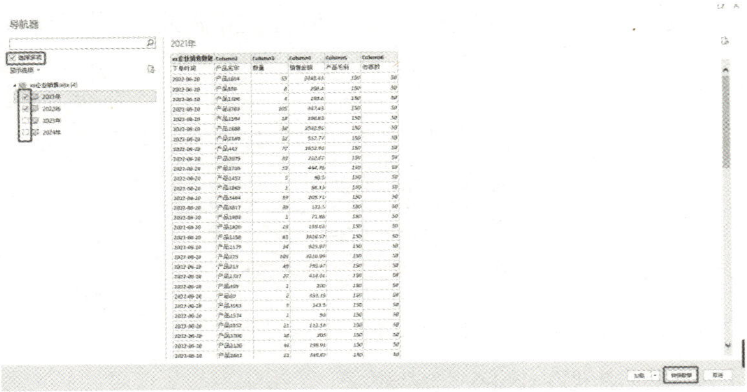

图 7-9　导入其他 Excel 文档的数据 2

3. 导入本表格数据。

执行【数据】—【获取数据】—【自其他源】—【来自表格/区域】，如图 7-10 所示，在打开的对话框中设置要导入 PQ 的数据，如图 7-11 所示；或者直接单击【来自表格/区域】，如图 7-12 所示。

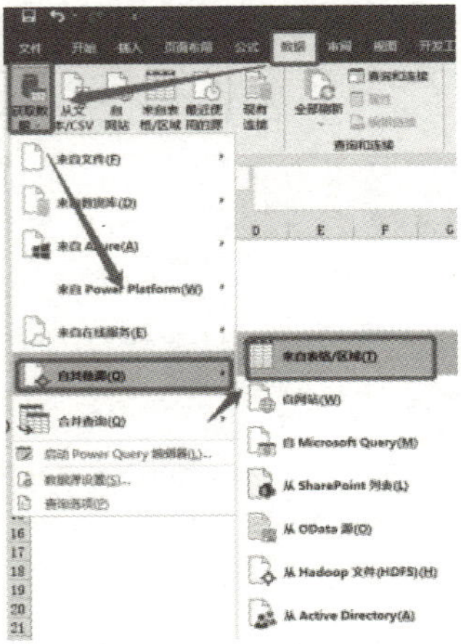

图 7-10　导入本表格数据

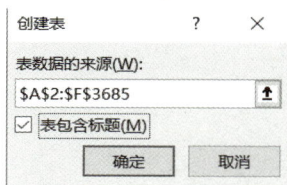

图 7-11　设置要导入 PQ 的数据

图 7-12　单击【来自表格 / 区域】

4. 导入文件夹的全部 Excel 表。

（1）执行【数据】—【获取数据】—【来自文件】—【从文件夹】，如图 7-13 所示，打开文件夹，如图 7-14 所示。

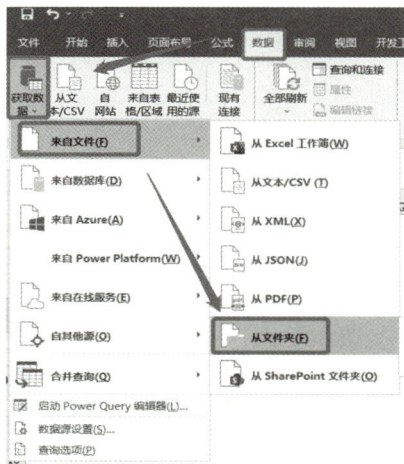

图 7-13　导入文件夹数据

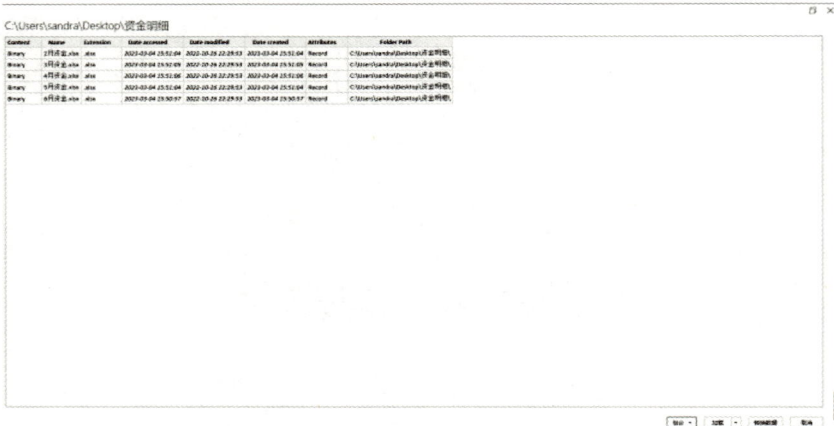

图 7-14 打开文件夹

（2）进入 PQ 界面后，在数据区域就可以看到文件夹里的所有 Excel 文件。接着，执行【添加列】—【自定义列】，如图 7-15 所示。

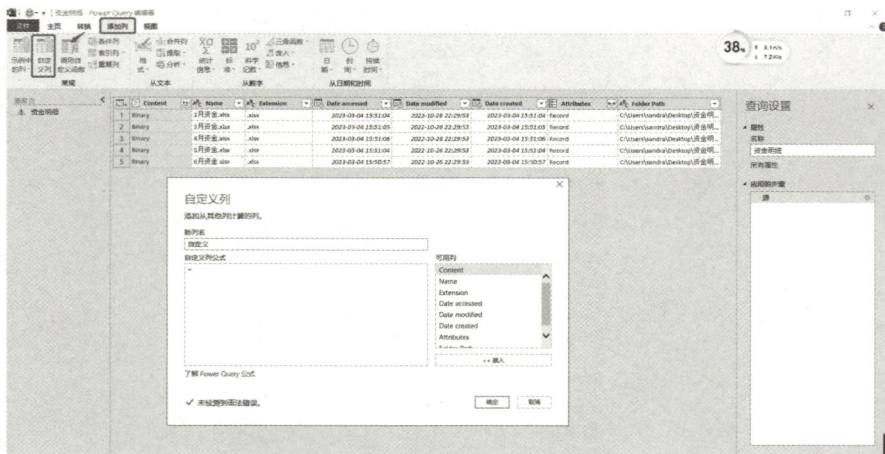

图 7-15 自定义列

（3）在打开的对话框中录入公式：Excel.Workbook（[Content],true,true），如图 7-16 所示。

图 7-16　录入公式

录入公式过程中需要注意以下 3 点。

① PQ 中英文和标点必须是半角。

② PQ 中每个英文单词首字母必须是大写。

③ 有中括号的英文不是手动录入的，直接双击右边可用列中的【Content】得到，代表引用数据源的内容。

（4）录完公式后，数据区域第一行就会出现【自定义】，单击【自定义】右边的展开按钮，如图 7-17 所示。

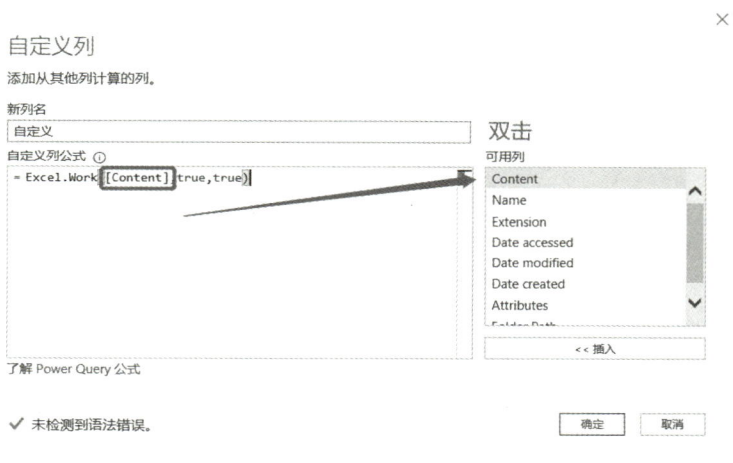

图 7-17　展示【自定义】

图 7-18　勾选【Data】

（5）在打开的对话框中只勾选【Data】，表示只需要表格中数据，其他不展示，如图 7-18 所示。

（6）数据区域第一行会出现【Data】，选中【Data】全列，右击，执行【删除其他列】，如图 7-19 所示。

图 7-19　删除其他列

（7）单击【Data】右边的展开按钮，根据实际业务勾选复选框，如图 7-20 所示。

图 7-20　根据实际业务勾选复选框

（三）界面介绍

Power Query 界面如图 7-21 所示。

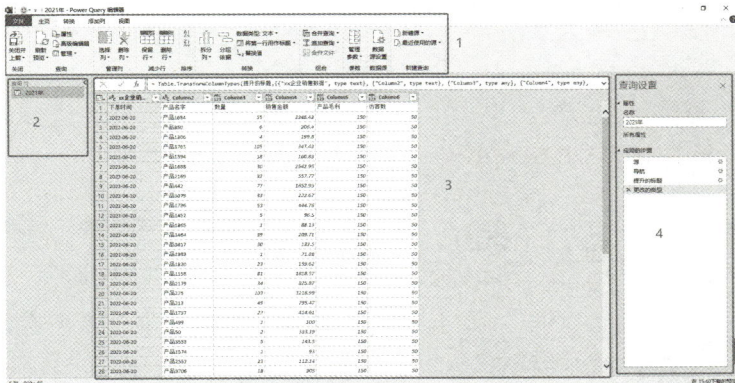

图 7-21　Power Query 界面

区域 1 是菜单栏，其中有【文件】【主页】【转换】【添加列】【视图】5 个选项卡。

区域 2 是管理文件的区域，右击相应文件可以对文件进行操作（见图 7-22），比如复制、粘贴、删除、重命名、移动等。

区域 3 是显示数据的区域。选中任意数据，下方就会出现单元格详细信息。

区域 4 用于查询设置，如果设置条件后未显示，可以单击【视图】选项卡中的【查询设置】（见图 7-23）进行设置。

图 7-22 对文件进行的操作

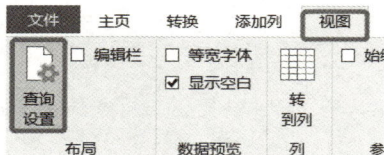

图 7-23 查询设置

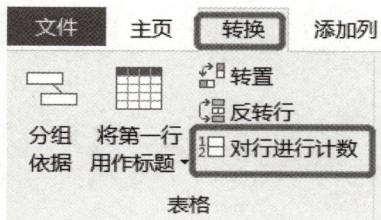

图 7-24 统计行数

如果处理的数据比较多，需要注意界面左下角的"999+行"，它的意思是数据区域没有显示所有数据，显示过多数据会使数据处理变慢。如果想查询表格到底有多少行，可以单击【转换】选项卡中的【对行进行计数】，如图 7-24 所示。

（四）关闭并上载

执行【主页】—【关闭并上载】—【关闭并上载】，如图 7-25

所示。这样就可以把 PQ 中的数据传回 Excel 界面，被处理的数据会以超级表的形式展现。

Excel 中提供了 4 种数据显示方式（见图 7-26），分别是表、数据透视表、数据透视图和仅创建链接。

（1）表：结果为一般表格数据。

（2）数据透视表或数据透视图：结果为数据透视表或数据透视图，而不是原始数据。

（3）仅创建链接：一般需要同时勾选下方的【将此数据添加到数据模型】。这一显示方式专门针对数据量非常大的文件，比如超过 Excel 最大行数的文件。选择此方式，需要切换到 Excel 的菜单栏，启用 Excel 的一个新插件——Power Pivot，接着在 Power Pivot 的界面打开数据透视表，如图 7-27 所示。

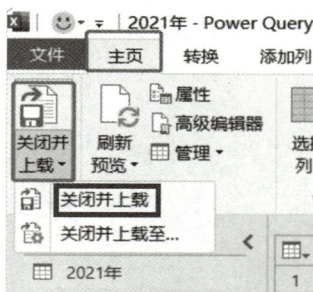

图 7-25 关闭并上载

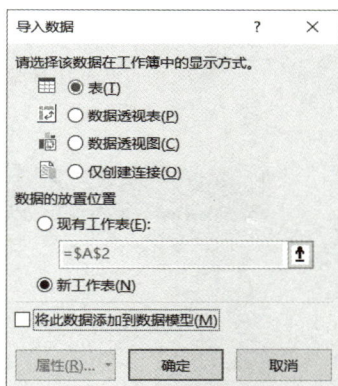

图 7-26 关闭关系

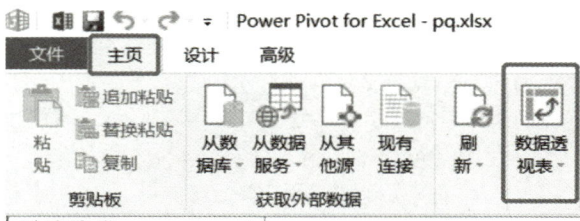

图 7-27 在 Power Pivot 中打开数据透视表

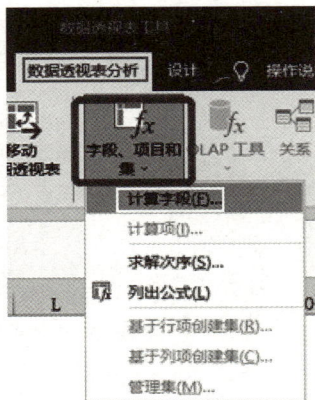

图 7-28　Excel 中计算透视数据

Excel 中计算透视数据的方法是：执行【数据透视表分析】——【字段、项目和集】—【计算字段】，如图 7-28 所示。

Power Pivot 中计算透视数据的方法是：执行【Power Pivot】—【度量值】，在打开的对话框中进行设置，如图 7-29 所示。

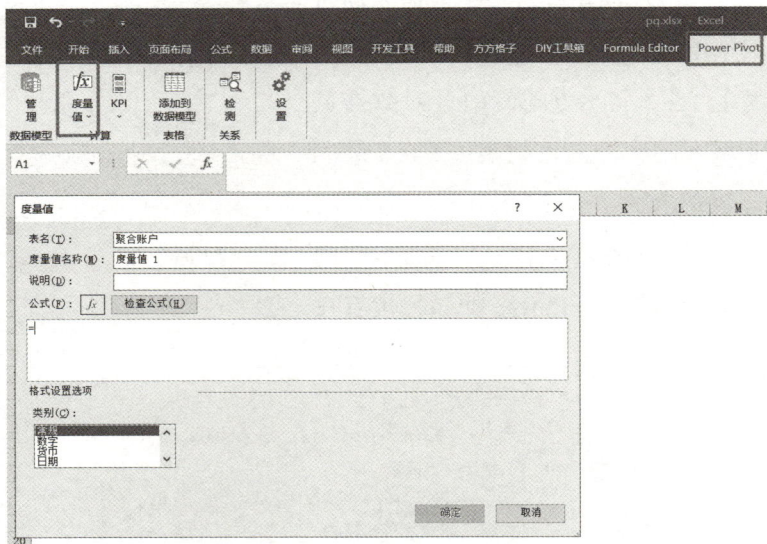

图 7-29　Power Pivot 中计算透视数据

第二节 常用函数

本节精选了财务 BP 实践中常用的函数。

（一）条件判断

PQ 中使用的是 M 语言，也就是常说的 M 函数，它的逻辑与 Excel 其他函数有很大的不同，所以没有编码知识基础的人员学习 PQ 是比较吃力的。因此建议将 PQ 用于数据的清洗和简单的函数计算。以下主要介绍实践中经常用的条件判断函数。

1. IF 函数。

【案例】×× 企业本月提成发放规则为：业绩超过 10 万元，提成 5 000 元；其他发放 2 000 元。

（1）Excel 的 IF 函 数：IF（C3>100000,5000,2000）+B3。具体如图 7-30 所示。

	A	B	C	D
1			×× 企业1月薪资	
2	业务员	底薪	本月业绩	实际薪资
3	业务员1	5000	￥90,000	IF(C3>100000,5000,2000)+B3
4	业务员2	5000	￥130,000	￥10,000
5	业务员3	5000	￥200,000	￥10,000
6	业务员4	5000	￥80,000	￥7,000
7	业务员5	5000	￥70,000	￥7,000
8	业务员6	5000	￥150,000	￥10,000
9				

图 7-30 Excel 的 IF 函数

（2）PQ 的 IF 函数。

① 在 Excel 界面，选中数据区域，执行【数据】—【获取

和转换数据 】—【 获取数据 】—【 自其他源 】—【 来自表格 / 区域 】，在打开的"创建表"对话框中，设置要导入 PQ 的数据，如图 7-31 所示。

图 7-31　设置要导入 PQ 的数据

② 执行【添加列】—【自定义列】，如图 7-32 所示。

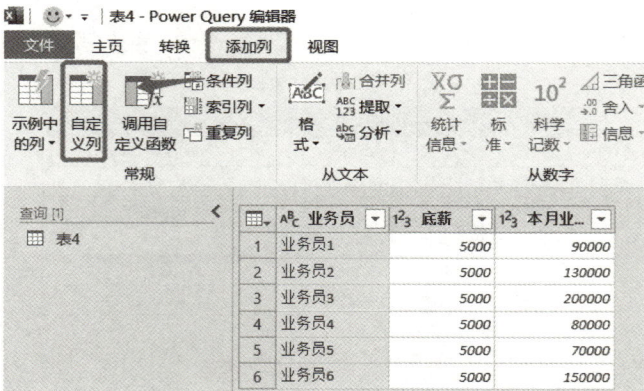

图 7-32　自定义列

③ 打开"自定义列"对话框，将【新列名】修改为

"薪资"。

④ 在"自定义列公式"区域录入"if[本月业绩]>100000 then[底薪]+5000else[底薪]+2000"。需要注意的是，此函数中英文字母不能有大写且 if、then 和 else 之间没有其他标点符号。显示有错误的页面如图 7-33 和图 7-34 所示。

图 7-33 大写错误

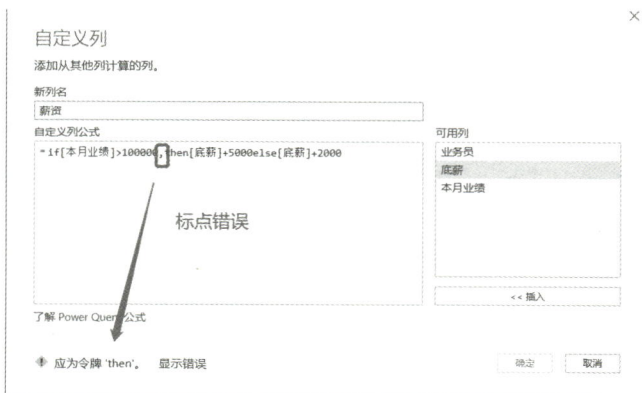

图 7-34 标点错误

⑤ 执行【主页】—【关闭并上载】—【关闭并上载】，如图 7-35 所示。

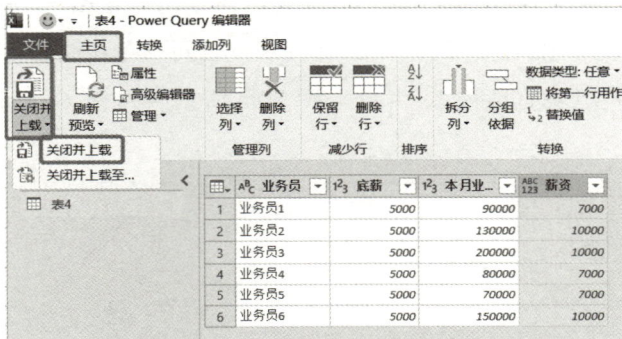

图 7-35 关闭并上载

2. IFS 函数。

【案例】×× 企业本月提成发放规则为：业绩超过 10 万元，提成 3 000 元；业绩超过 5 万元，提成 2 000 元；其他发放 1 000 元。

（1）Excel 的 IFS 函数：IFS（C3>100000,B3+3000,C3>50000,B3+2000,C3>0,B3+1000），如图 7-36 所示。

	A	B	C	D
1				xx企业1月薪资
2	业务员	底薪	本月业绩	实际薪资
3	业务员1	￥5,000	￥90,000	IFS(C3>100000,B3+3000,C3>50000,B3+2000,C3>0,B3+1000)
4	业务员2	￥5,000	￥130,000	￥8,000
5	业务员3	￥5,000	￥200,000	￥8,000
6	业务员4	￥5,000	￥30,000	￥6,000
7	业务员5	￥5,000	￥70,000	￥7,000
8	业务员6	￥5,000	￥150,000	￥8,000

图 7-36 Excel 的 IFS 函数

（2）PQ 的 IFS 函数。

① 在 Excel 界面，选中数据区域，执行【数据】—【获取和转换数据】—【获取数据】—【自其他源】—【来自表格 / 区域】，在打开的"创建表"对话框中，设置要导入 PQ 的数据，进入 PQ 界面。

② 执行【添加列】—【条件列】，如图 7-37 所示。

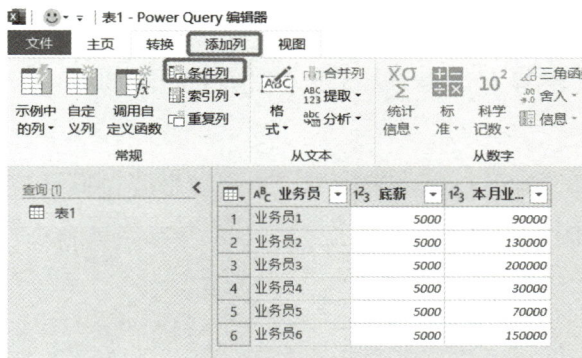

图 7-37　设置条件列

③ 打开"添加条件列"对话框，将【新列名】修改为"提成"。

④设置第一个条件：【列名】为"本月业绩"，【运算符】为"大于"，【值】为"100000"，【输出】为"3000"，如图 7-38 所示。

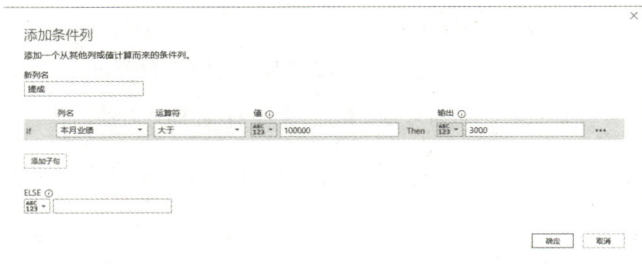

图 7-38　设置条件（1）

⑤ 单击【添加子句】，设置第二个条件：【列名】为"本月业绩"，【运算符】为"大于"，【值】为"50000"，【输出】为"2000"。

⑥ 在 ELSE 区域设置第三个条件结果"1000"，单击【确定】，如图 7-39 所示。

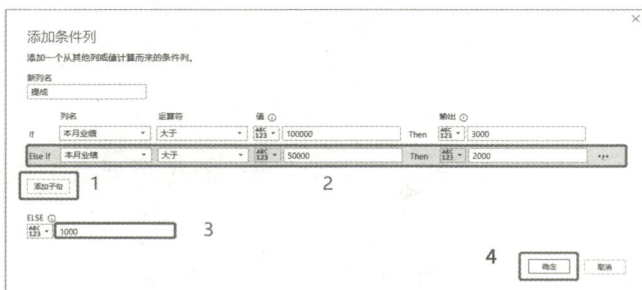

图 7-39　设置条件（2）

⑦ 执行【添加列】—【自定义列】。

⑧ 打开"自定义列"对话框，将【新列名】修改为"薪资"，在【自定义列公式】区域录入公式（双击【可用列】中的"底薪""提成"录入公式），最后单击【确定】，如图 7-40 所示。

图 7-40　录入公式

⑨ 执行【主页】—【关闭并上载】—【关闭并上载】。

（二）求和

1.SUMIF 函数。

在财务 BP 实践中，SUMIF 函数是使用频率比较高的一个函数。

【案例】根据 ×× 企业 1 月产品销售区域明细，统计各个区域的销售额。

（1）Excel 的 SUMIF 函 数：SUMIF（B:B,E3,C:C），如 图 7-41 所示。

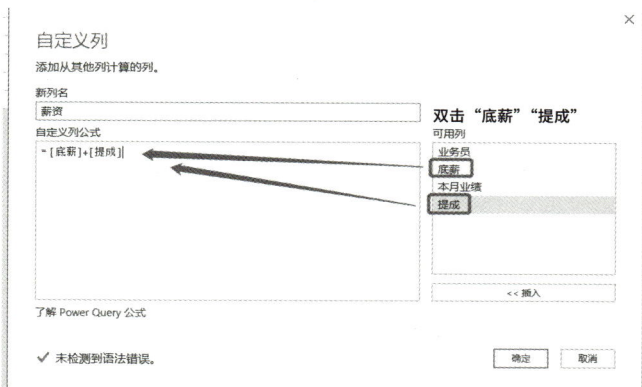

图 7-41　Excel 的 SUMIF 函数

（2）PQ 的 SUMIF 函数。

① 在 Excel 界面，选中数据区域，执行【数据】—【获取和转换数据】—【获取数据】—【自其他源】—【来自表格/区域】，在打开的"创建表"对话框中，设置要导入 PQ 的数据，进入 PQ 界面。

② 执行【转换】—【分组依据】。

③ 打开"分组依据"对话框，选中【基本】，设置统计维度为"区域"，【新列名】为"区域统计"，【操作】为"求和"，【柱】为"销售金额"，最后单击【确定】，如图 7-42 所示。

图 7-42　设置分组

④ 执行【主页】—【关闭并上载】—【关闭并上载】。

2.SUMIFS 函数。

【案例】根据 ×× 企业 1 月销售产品区域明细，统计各个区域产品 1 的销售额。

（1）Excel 的 SUMIFS 函数：SUMIFS（$C$3:$C$140,$B$3:$B$140,E3,$A$3:$A$140," 产品 1"），如图 7-43 所示。

图 7-43 Excel 的 SUMIFS 函数

（2）PQ 的 SUMIFS 函数。

① 在 Excel 界面，选中数据区域，执行【数据】—【获取和转换数据】—【获取数据】—【自其他源】—【来自表格/区域】，在打开的"创建表"对话框中，设置要导入PQ的数据，进入PQ界面。

② 执行【转换】—【分组依据】。

③ 打开"分组依据"对话框，选中【高级】，设置统计维度为"产品名字"，单击【添加分组】，将第二个统计维度设置为"区域"，【新列名】为"销售额"，【操作】为"求和"，【柱】为"销售金额"，最后单击【确定】，如图 7-44 所示。

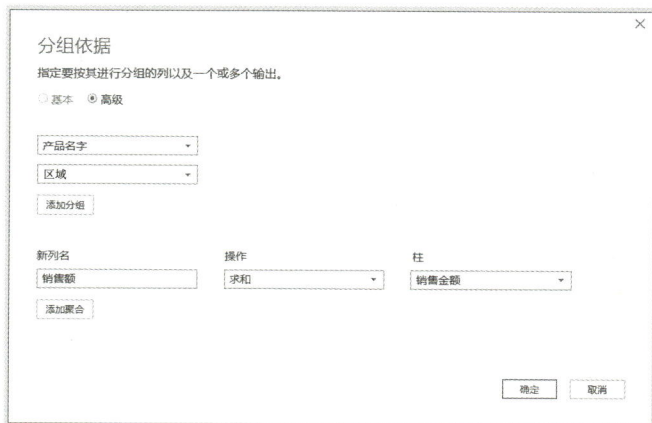

图 7-44 设置分组

④ 单击产品名字的下拉按钮，并在打开的列表中勾选【产品 1】，如图 7-45 所示。

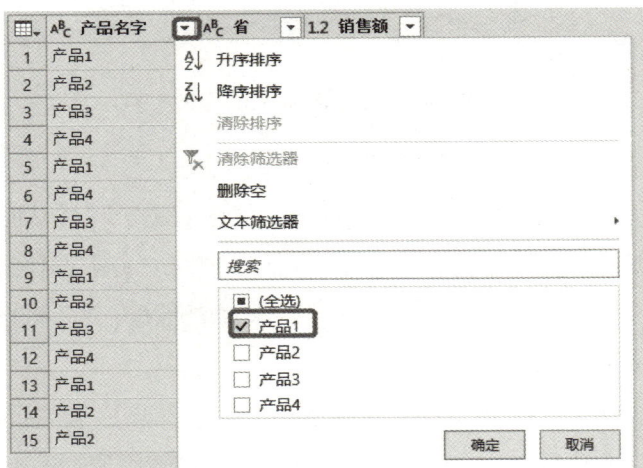

图 7-45　勾选【产品 1】

⑤ 执行【主页】—【关闭并上载】—【关闭并上载】。

（三）提取

财务 BP 的数据清洗工作绝大部分是在复杂数据中提取有效信息，用来做分析。

1. Excel 中的提取操作。

（1）使用函数，常用函数为 RIGHT、LEFT、MID、LEN 及 RIGHTB、LEFTB、MIDB、LENB。

（2）单击【数据】选项卡中的【分列】。

（3）按【Ctrl+E】快捷键快速填充。

（4）使用 Excel 插件——方方格子。

2. PQ 中的提取操作。

"Text.Select"组合函数是 PQ 中提取各类复杂字符的常用函数。

（1）提取数字。

Text.Select（[提取数据]，{0.9} ）。在 PQ 中，"{0.9}"表示所有数字，因此函数的解释是在文本中提取所有数字。

进入 PQ 界面，执行【添加列】—【自定义列】，在打开的对话框中录入函数"Text.Select（[提取复杂数据],{0..9} ）"，下方显示未检测到语法错误，表示语法没问题，单击【确定】，如图 7-46 所示。

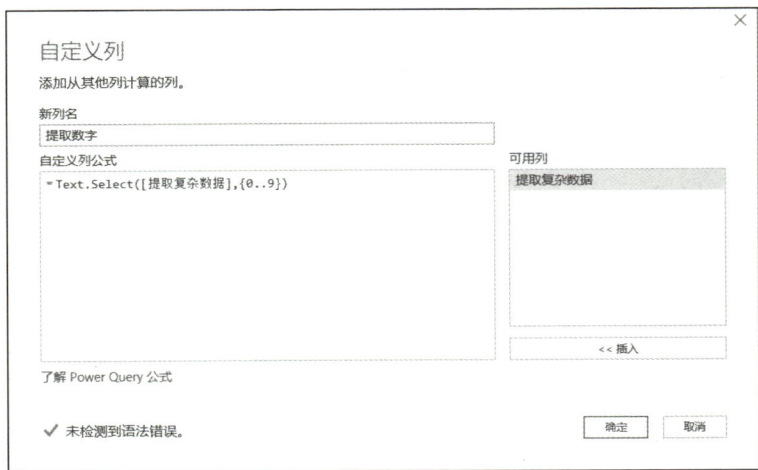

图 7-46　自定义列

运行结果是"Error"，单击"Error"，下方会显示数据错误的原因，如图 7-47 所示。从图 7-47 可知，原因是提取复杂数据这列的数据是文本格式，而 {0.9} 是数字格式。因此需要把数字格式修改为文本格式，修改如下：Text.Select（[提取复杂数据]，{"0".."9"}）。正确公式如图 7-48 所示。

图 7-47　错误提示

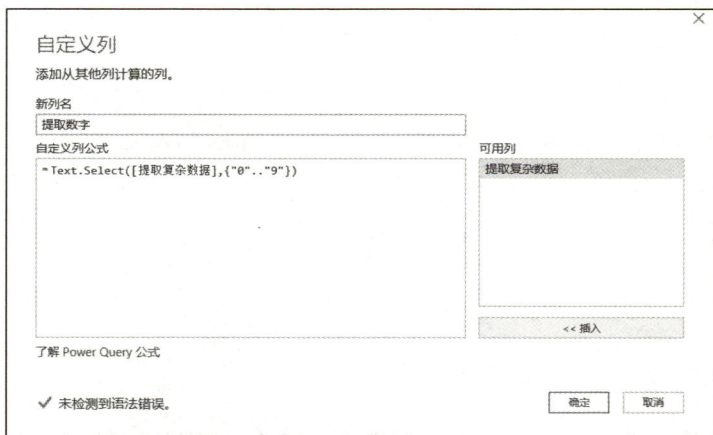

图 7-48　正确公式

（2）提取英文。

在 PQ 中，"{"a".."z"}" 代表所有小写英文字母，"{"A".."Z"}" 代表所有大写英文字母，因此提取英文常用的函数有

3 类。

① 提取小写英文字母：Text.Select（[提取复杂数据]，{"a".. "z"} ）。

② 提取大写英文字母：Text.Select（[提取复杂数据]，{"A".. "Z"} ）。

③ 提取大、小写英文字母 =Text.Select（[提取复杂数据]，{"a".."z", "A".."Z"} ）。

进入 PQ 界面，执行【添加列】—【自定义列】，在打开的对话框中录入函数"Text.Select（[提取复杂数据],{"a".."z","A".."Z"} ）"，下方显示未检测到语法错误，代表语法没问题，单击【确定】，如图 7-49 所示。

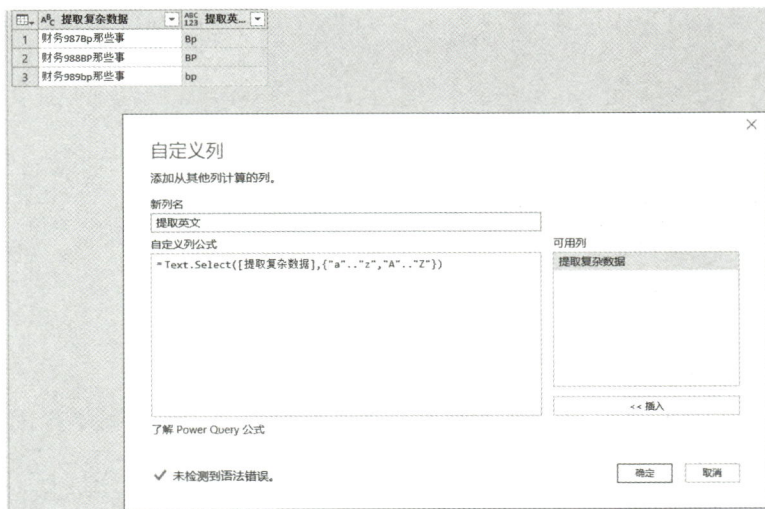

图 7-49　提取英文

（3）提取中文。

在 PQ 中，"一"代表所有中文的开始，"龟"代表所有中文的结束，因此"{"一".."龟"}）"代表所有中文字。

进入 PQ 界面，执行【添加列】—【自定义列】，在打开的对话框中录入函数"Text.Select（[提取复杂数据],{"一".."龟"}）"，下方显示未检测到语法错误，代表语法没问题，单击【确定】，如图 7-50 所示。

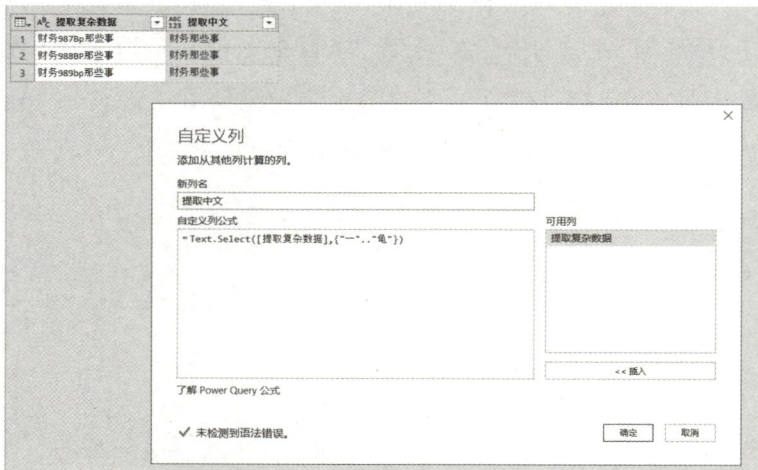

图 7-50　提取中文

（4）剔除数字、英文和中文。

在 PQ 中，提取和剔除用法是完全一致的，这里就不详细讲解了。

① 剔除数字：Text.Remove（[提取数据], {"0".."9"}）。

② 剔除英文：Text.Remove（[提取数据], {"a".."z","A".."Z"}）。

③ 剔除中文：Text.Remove（[提取数据], {"一".."龟"}）。

（四）不同表格之间的透视

实践中，财务 BP 经常碰到数据分布在不同的表格中，表格之间有相同因素连接的情况。在 Excel 中经常会用 VLOOKUP 函数在表格之间匹配，然后以透视的结果呈现。

【案例】×× 企业财务 BP 想统计部门维度 1 月销售额，目前手上只有一份按照业务员名字统计的销售额，因此问人事要了企业业务员花名册。

1.Excel 不同表格之间的透视。

（1）拿到两张表格，先确定两张表格之间相同因素是什么，案例中相同因素为业务员名字。

（2）用 VLOOKUP 函数把业务员属于哪个部门匹配到销售统计表中，如图 7-51 所示。

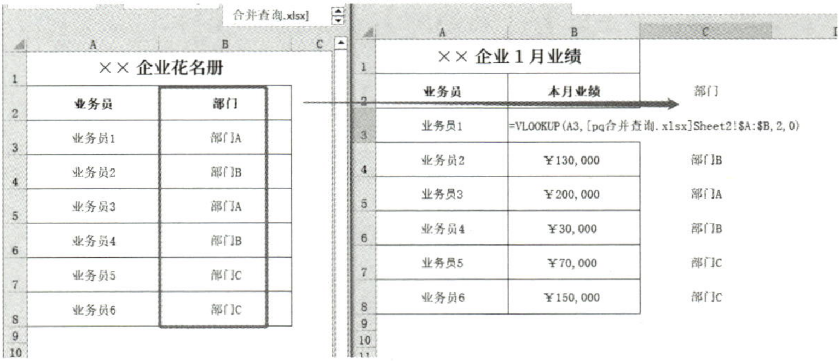

图 7-51　Excel 中的不同表格匹配

（3）选中数据源区域，建立数据透视图，如图 7-52 所示。

	A	B	C	D	E
1	×× 企业 1 月业绩			行标签	求和项:本月业绩
2	业务员	本月业绩	部门	部门A	¥290, 000. 0
3	业务员1	¥ 90, 000	部门A	部门B	¥160, 000. 0
4	业务员2	¥ 130, 000	部门B	部门C	¥220, 000. 0
5	业务员3	¥ 200, 000	部门A	总计	¥670, 000. 0
6	业务员4	¥ 30, 000	部门B		
7	业务员5	¥ 70, 000	部门C		
8	业务员6	¥ 150, 000	部门C		

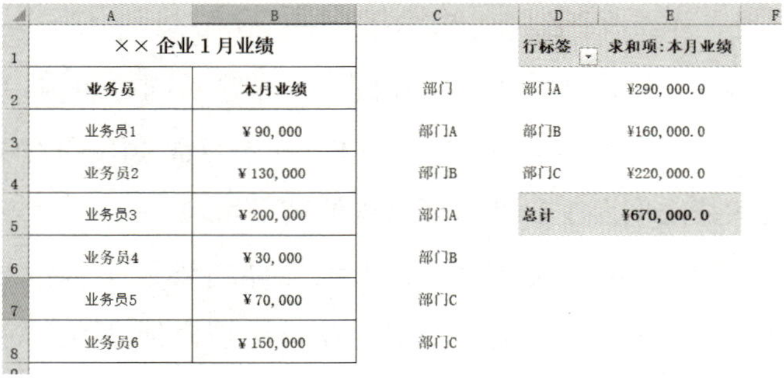

图 7-52　Excel 中的数据透视图

2.PQ 不同表格合并查询。

（1）打开以业务员为维度的销售明细表，选中数据源区域，执行【数据】—【获取和转换数据】—【获取数据】—【自其他源】—【来自表格 / 区域】，在打开的“创建表”对话框中，设置要导入 PQ 的数据，进入 PQ 界面。

（2）执行【主页】—【新建源】—【文件】—【Excel 工作簿】，如图 7-53 所示，导入业务员花名册。

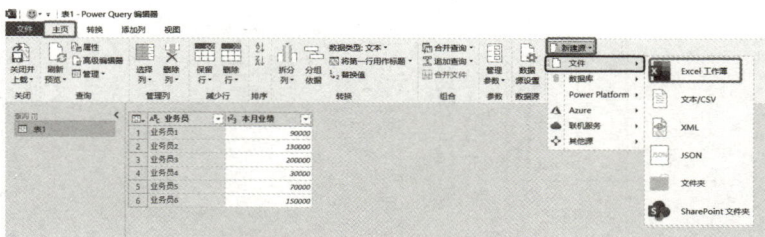

图 7-53　导入业务员花名册

（3）选中【业务维度销售明细】，执行【主页】—【合并查询】—【将查询合并为新查询】，如图 7-54 所示。

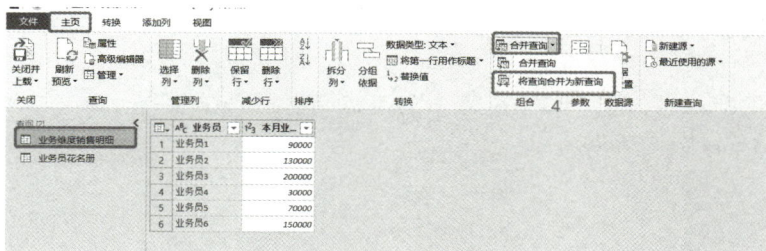

图 7-54 合并查询

（4）在打开的对话框中，将业务维度销售明细和业务员花名册按照业务员名字进行匹配合并，具体步骤如图 7-55 所示。

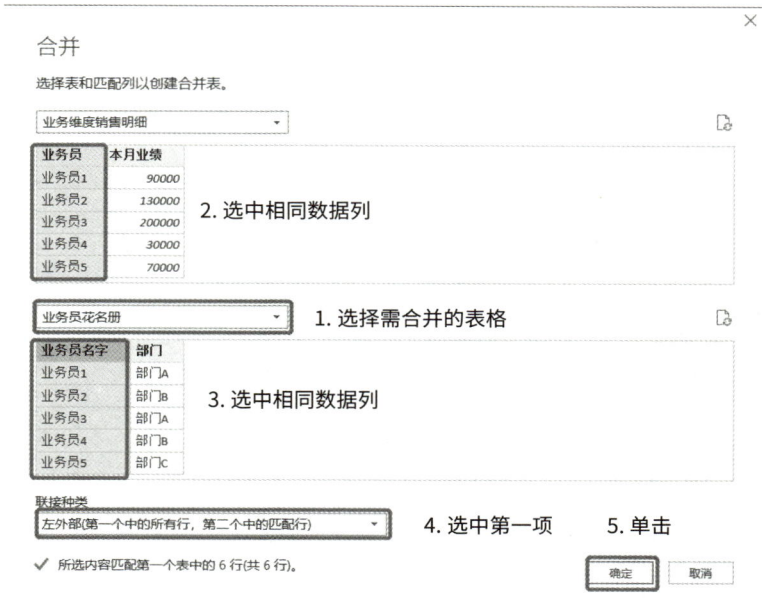

图 7-55 匹配合并

（5）单击【业务员花名册】右边的展开按钮，勾选【部门】，单击【确定】，如图 7-56 所示。

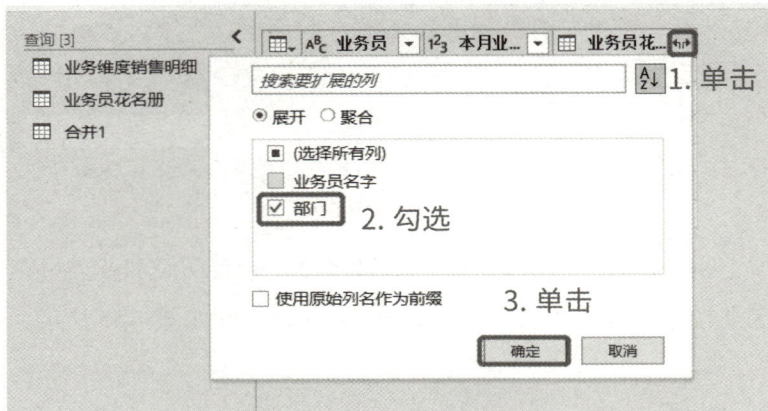

图 7-56　以部门为维度透视

（6）选中部门列，执行【转换】—【透视列】，在打开的对话框中设置【值列】为"本月业绩"，【高级选项】为"求和"，单击【确定】，如图 7-57 所示。

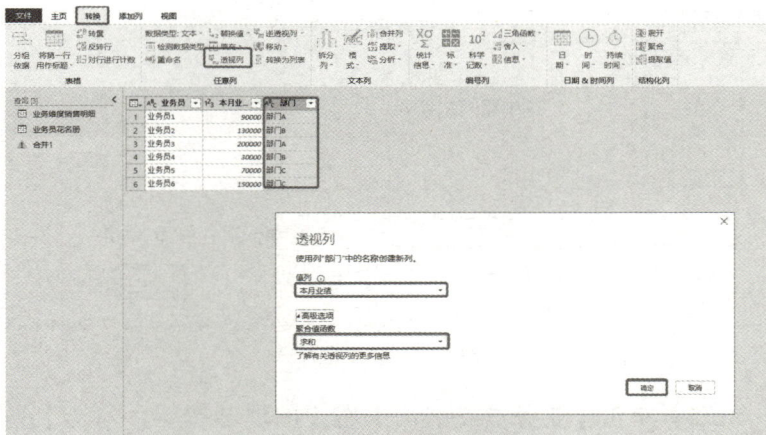

图 7-57　设置透视列

（7）执行【主页】—【关闭并上载】—【关闭并上载】，结果如图 7-58 所示。

	A	B	C	D
1	业务员	部门A	部门B	部门C
2	业务员1	90000		
3	业务员2		130000	
4	业务员3	200000		
5	业务员4		30000	
6	业务员5			70000
7	业务员6			150000

图 7-58　合并结果

第八章
数据的可视化

Power BI（Power Business Itelligence）是软件服务、应用和连接器的集合。Power BI 能够简单且快速地把 Excel 电子表格或本地数据库中复杂的模型进行可视化处理。

Power BI 以前是一款 Excel 的插件，依附于 Excel，后来由于功能越来越完善，成为独立软件。

由于 Power BI 是由国外公司开发的，不符合国内大多数财务人员的操作习惯，因此本章介绍 Fine BI，其与 Power BI 的功能基本一致，但更符合国内企业的需求。

第一节　Fine BI 介绍

（一）安装方式

安装 Fine BI 可选择内置数据库或外接数据库，见图 8-1。

请根据使用场景选择数据库：

① 账号设置

② 数据库选择

内置数据库

适用于个人本地试用

默认平台数据库存储于hsql中，建议初次下载的新用户选择内置数据库，可直接登录系统使用。考虑数据库性能，在开放给企业使用时需换成外接数据库。

直接登录 ＞

外接数据库

适用于企业正式使用

外接数据库的性能更加强大、稳定，若要正式使用强烈建议配置外接数据库。选择该数据库需先进行数据库配置。

配置数据库 ＞

图 8-1　安装方式

（二）界面介绍

Fine BI 的界面主要分六大模块，分别是目录、我的分析、公共数据、数据开发、管理系统和 BI 工具，如图 8-2 所示。

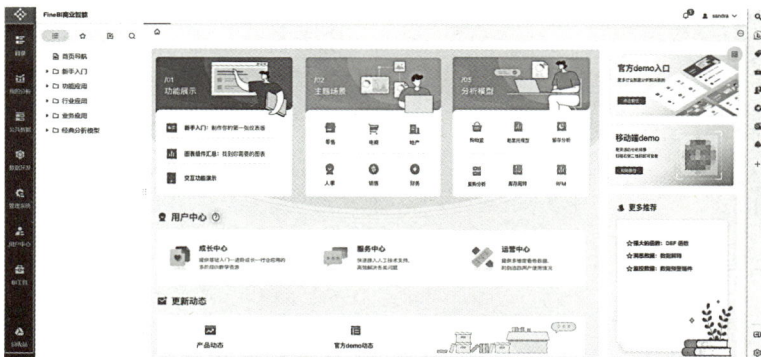

图 8-2　Fine BI 界面

1. 【目录】主要提供 Fine BI 的各种数据仪表盘模板，可以直接导入数据使用。比如图 8-3 所示的销售业绩达成情况，右边为数据仪表图，可以直接使用。

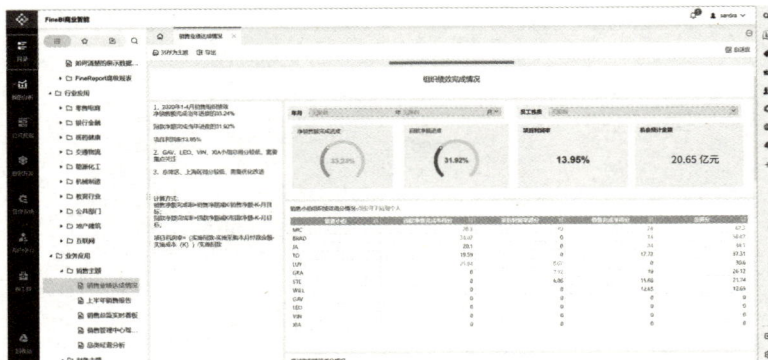

图 8-3 【目录】界面

2.【我的分析】中可新建自己的分析，也可以直接使用 Fine BI 自带模板。【我的分析】界面如图 8-4 所示。

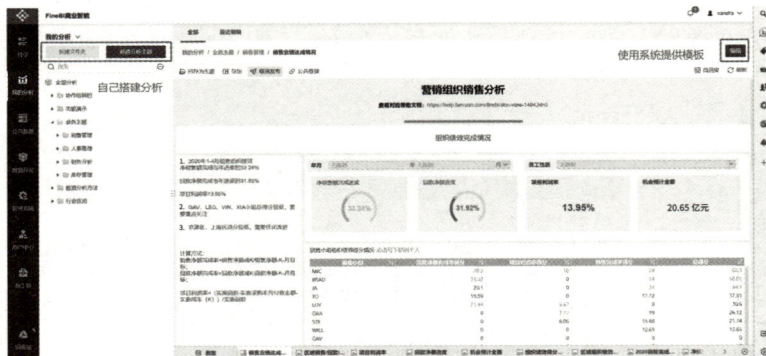

图 8-4 【我的分析】界面

3.【公共数据】。有时不同分析者需要相同的数据源做分析，可以把数据源放在公共使用区域。【公共数据】界面如图 8-5 所示。

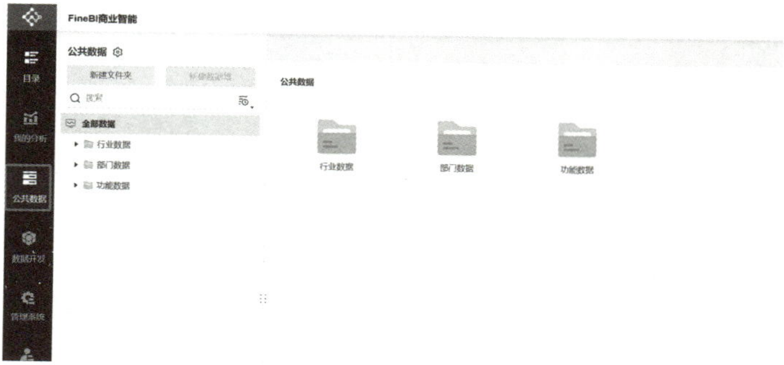

图 8-5 【公共数据】界面

4.【管理系统】为管理员进行各个板块设置的区域,如图 8-6 所示。

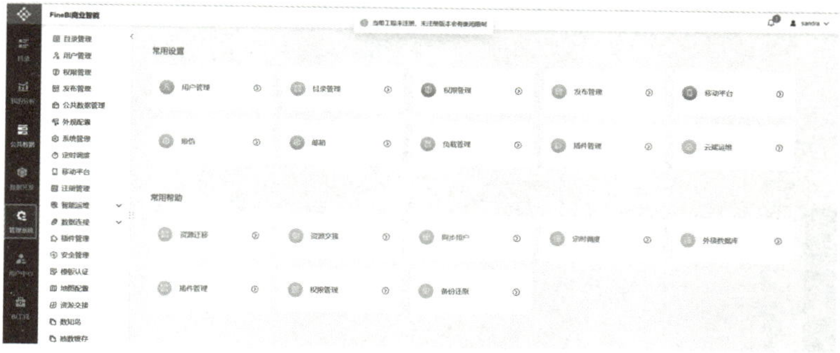

图 8-6 【管理系统】界面

(三)基本操作

Fine BI 的操作非常简单,主要分成 5 步:新建文件夹、导入数据、数据清洗、数据可视化和仪表盘处理。

1. 新建文件夹。

执行【我的分析】—【新建文件夹】,单击新建立文件夹右侧的【+】,可以继续增加子文件夹或者分析主题,其中增

加分析主题类似新建一个 Excel 工作簿。新建文件夹如图 8-7
所示。

图 8-7　新建文件夹

2. 导入数据。

选中【分析主题】，单击界面右上角的【编辑】，如图 8-8
所示，可进入选择数据区域的界面。

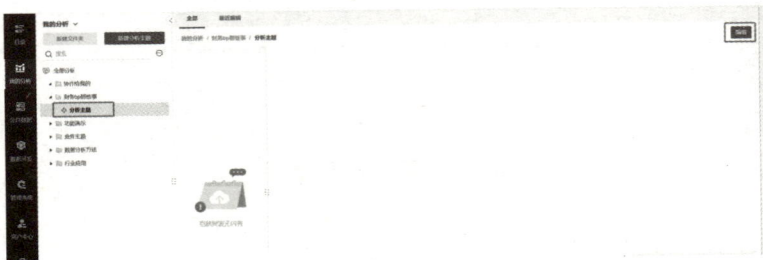

图 8-8　导入数据

Fine BI 中有两类数据源可供选择，分别为【当前工程
上】（见图 8-9）和【本地 Excel 文件】（见图 8-10）。其中，本
地 Excel 文件支持 CSV、XLS、XLSX 三种格式，不支持上传
类型为 Excel 5.0/95 下扩展名为 .xls 的 Excel 文件和加密 Excel

文件。

图 8-9 【当前工程上】

图 8-10 【本地 Excel 文件】

3. 数据清洗。

数据导入成功后，进入数据清洗界面。Fine BI 的数据清洗界面可以分成四大模块，分别是数据增减区域，菜单栏，数据增减、格式修改区域，以及数据步骤记录区域，如图 8-11 所示。

图 8-11　数据清洗界面

（1）数据增减区域。

在该区域进行数据源的增加和减少等基本操作。

（2）菜单栏。

【新增公式列】：类似于 Excel 数据透视图的【字段和项目】，可在数据源基础上新增数据指标。单击【新增公式列】左边的按钮展开函数列表，函数用法与 Excel 函数用法基本一致。"新增公式列"对话框如图 8-12 所示。

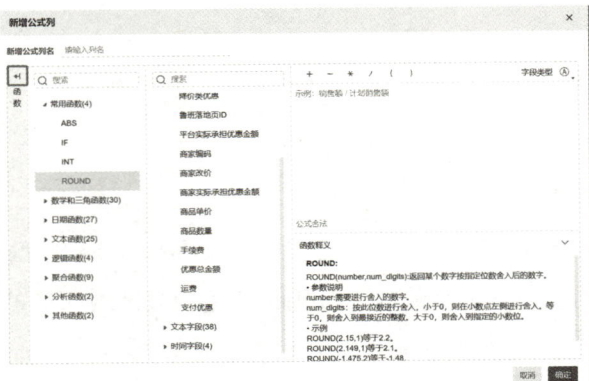

图 8-12　"新增公式列"对话框

【新增汇总列】：类似于 Excel 数据透视图的汇总功能，可以根据字段以不同汇总方式汇总，汇总方式包括求和、平均值、中位数、最大值、最小值、标准差、方差、去重计数、记录个数、累计值升序排名等。"新增汇总列"对话框如图 8-13 所示。

图 8-13　"新增汇总列"对话框

【新增赋值列】：用于自定义分组，可以根据数值分组，也可以自定义。

【案例】××企业不同城市店铺的销售明细如图 8-14 所示。

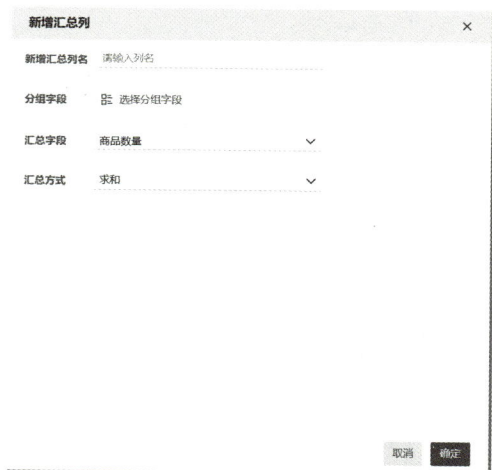

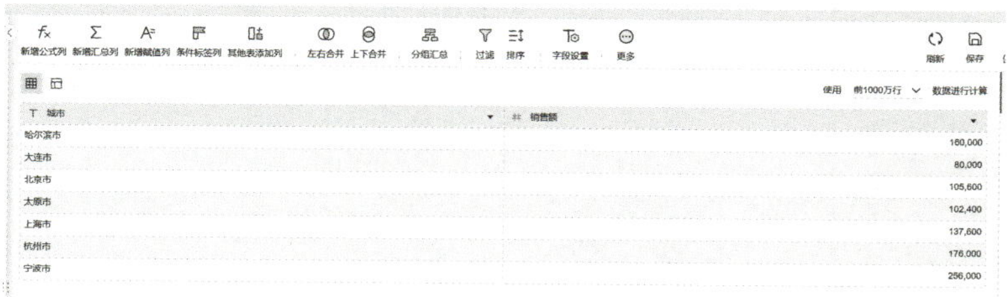

图 8-14　××企业各城市销售明细

① 销售明细按照区域（东北、华东、华北）统计。

a. 打开"新增赋值列"对话框，设置【新增赋值列名】为"区域"，【赋值依据】为"城市"，如图 8-15 所示。

图 8-15　按照城市统计

b. 选择"哈尔滨市"和"大连市"，单击【添加分组】，重命名为"东北"；按同样的操作再增设华北和华东分组，最后单击【确定】。设置结果如图 8-16 所示。

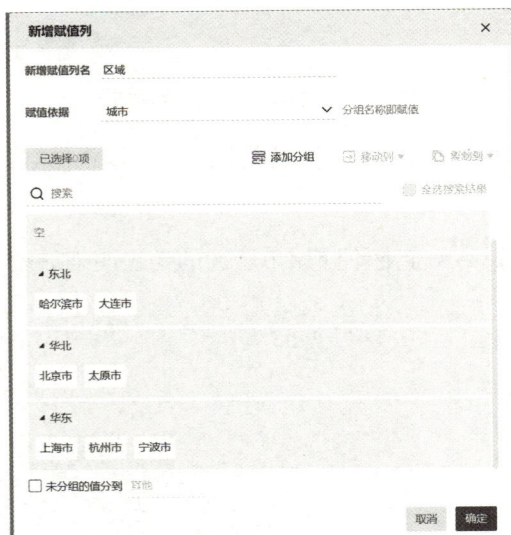

图 8-16　按照区域统计设置结果

②销售明细按照销售额统计，10 万元以下为 A 级，10 万～20 万元为 B 级，20 万元以上为 C 级。

打开"新增赋值列"对话框，设置【新增赋值列名】为"级别"，【赋值依据】为"销售额"，【分组赋值方式】为"自定义"。

设置结果见图 8-17。

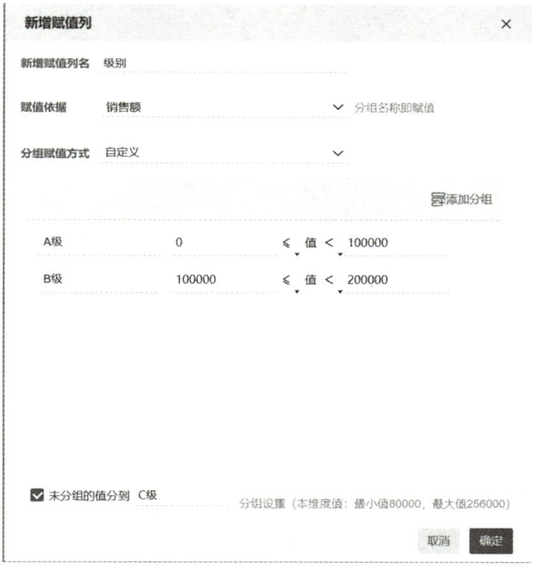

图 8-17 按照销售额统计设置结果

如果按照每 5 万元进行分组,【分组赋值方式】为"自动"，【区间间隔】为"50000"，设置结果如图 8-18 所示。

图 8-18　设置结果

【条件标签列】：与新增赋值列类似，不过它可以多条件分组。

【案例】东北区域销售额为 10 万～ 20 万元的续约，如图 8-19 所示。

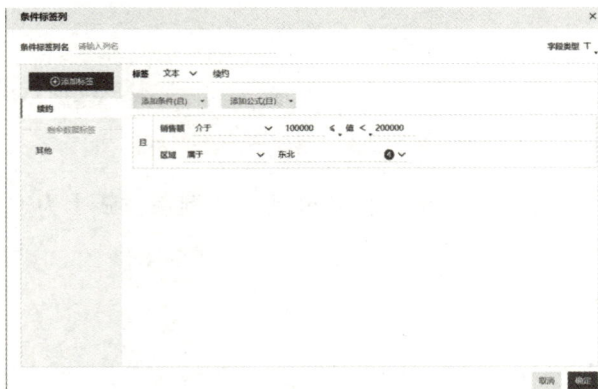

图 8-19　"条件标签列"对话框

【其他表添加列】：可以添加其他表的数据列。"其他表添加列"对话框如图 8-20 所示。

图 8-20 "其他表添加列"对话框

【左右合并】和【上下合并】：满足不同表格之间的合并。

【分组汇总】：与条件标签列类似，是对原始数据根据条件将相同的数据先合并到一组，然后按照分组后的数据进行汇总计算。

【字段设置】：可以对数据进行隐藏字段、修改字段名称、调整字段顺序和修改字段类型等操作。

【更多】：可以对数据进行时间差、获取时间、行转列、列转行、拆分行列、删除重复行等操作，如图 8-21 所示。【获取时间】可用于把时间数据分成年、季、月等多维度数据，如图 8-22 所示。

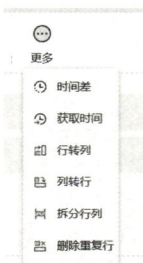

图 8-21 【更多】的
相关操作

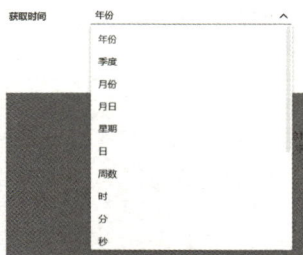

图 8-22 时间数据

（3）数据增减、格式修改区域。

该区域主要用来修改数据的类型，特别是文本和数值之间的转换，如图 8-23 所示。

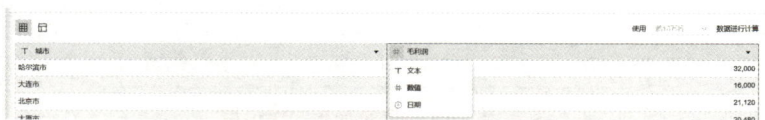

图 8-23 数据增减、格式修改区域

（4）数据步骤记录区域。

此区域主要有两大功能。第一个功能是撤销操作步骤。单击步骤右边的按钮，选择【删除】，如图 8-24 所示。

图 8-24 选择【删除】

第二个功能是更新数据源。如果清洗数据源后发现数据源有更新，可以更新数据源。单击右上角的按钮，如图 8-25 所示。一共有两种更新数据源的方法，分别为追加数据和替换数据，如图 8-26 所示。追加数据指在原数据不变的情况下增加新数据，如清洗完 1 月数据，追加 2 月数据；替换数据指把原数据替换掉，如用 1 月新数据替换 1 月老数据。

图 8-25　数据更新

图 8-26　更新数据源的方法

4. 数据可视化。

（1）进入数据可视化界面。

当数据清洗完成后，单击界面左上角【全部保存并更新】，然后单击【组件】进入数据可视化界面，如图 8-27 所示。

（2）数据可视化界面介绍。

数据可视化界面一共可以分成六大模块，分别是数据区域、图表区、格式调整区、X 轴和 Y 轴、图表展示区和图表导出区，如图 8-28 所示。

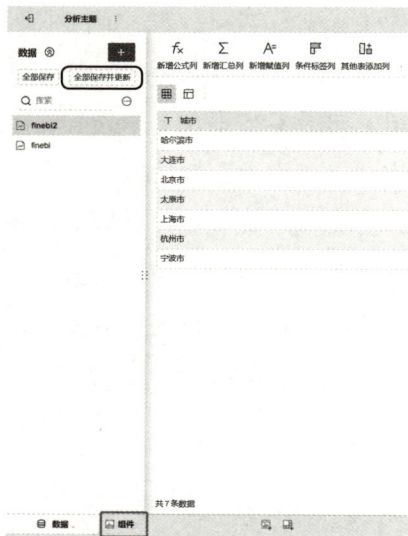

图 8-27　进入数据可视化界面

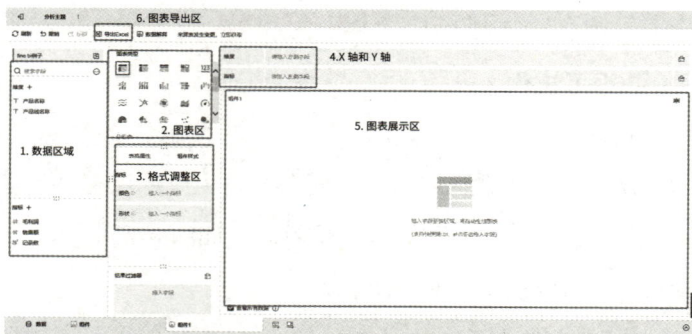

图 8-28　数据可视化界面

① 数据区域见图 8-29。

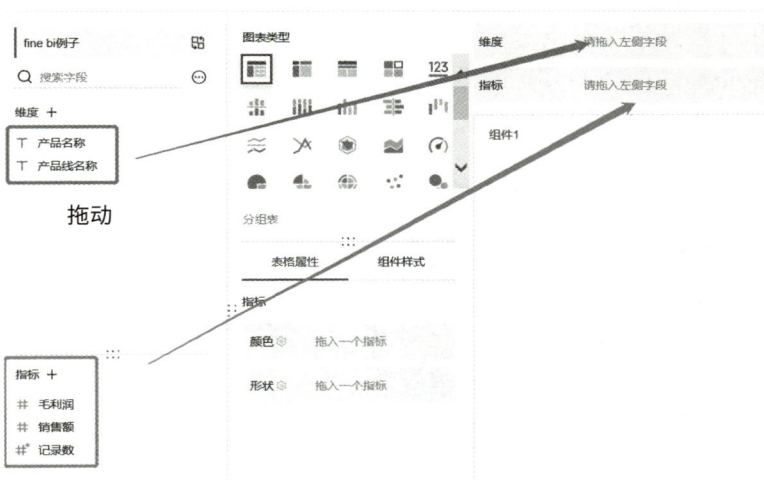

图 8-29　数据区域

　　a.【维度】相当于 Excel 数据透视表的【行】和【列】，以拖动形式作为 X 轴指标。【指标】相当于 Excel 数据透视表的【值】，以拖动形式作为 Y 轴指标。

　　b. 单击【维度】区域【产品名称】右边的下拉按钮，可以执行 4 种操作（见图 8-30），其中【转化为指标】指把维度转变成指标。同理，在【指标】区域，也可以把指标转变成维度。

　　c. 在【维度】区域可以把

图 8-30　单击下拉按钮

指标形成钻取的关系。选中钻取二级指标产品名称，拖动至一级指标产品线名称，在打开的对话框里，单击【确定】，如图 8-31 所示。钻取结果如图 8-32 所示。

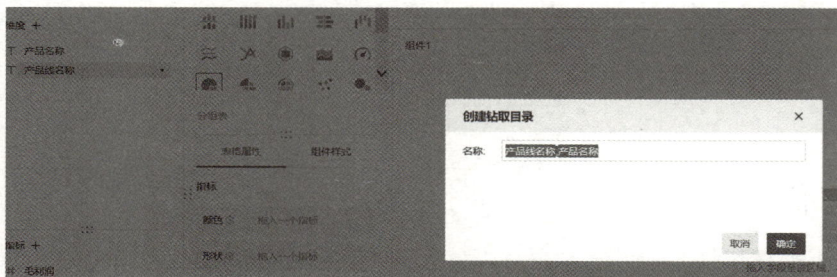

图 8-31　创建钻取目录

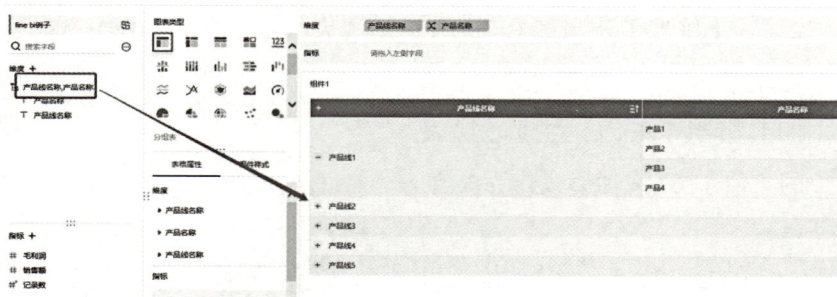

图 8-32　钻取结果

d. 在【指标】区域单击添加自动计算功能，可录入相关函数公式，如图 8-33 所示。

图 8-33 增加公式

② 图表区。

图表区共有 32 种不同的图表类型，包括表格、折线图、柱状图、散点图、仪表图、地球图、矩阵图等。

③ 格式调整区，该区域用于调整图表格式。

a. 在【表格属性】选项卡中，单击【颜色】按钮可调整数值字体颜色，具体的操作如图 8-34 所示。

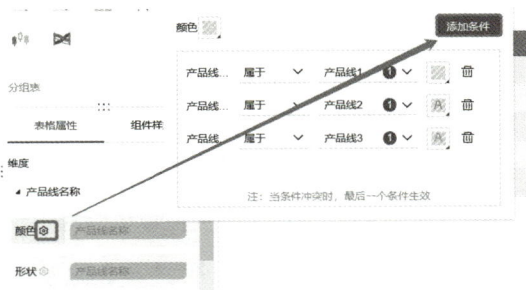

图 8-34 调整颜色

b. 在【表格属性】选项卡中，单击【形状】按钮，可调整数据名称的图标，具体操作如图 8-35 所示。

图 8-35　调整图标

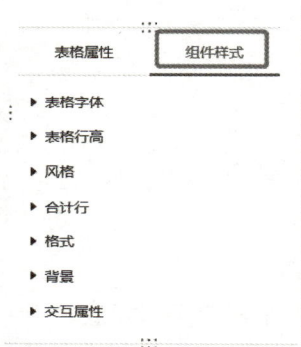

图 8-36　【组件样式】选项卡

图 8-37　单击【维度】指标的下拉按钮

c.【组件样式】选项卡中共有 7 个选项，分别是表格字体、表格行高、风格、合计行、格式、背景和交互属性，如图 8-36 所示。

④ X 轴和 Y 轴。

a.单击【维度】指标的下拉按钮（见图 8-37），可以对【维度】指标进行如下操作：升序、降序、自定义排序、相同值为一组、自定义分组、过滤、设置显示名、备注、显示字段、显示类型、复制、删除等。

b.单击【指标】的下拉按钮，可以对【指标】进行如下操作：汇总方式、快速计算、二次计算、过滤、开启数据条、数据条设置、数值格式、设置显示名、备注、显示字段、复制、删除等。其中【快速计算】具有快速计算常用的同比、环比、排名和组内占比等功能

（见图 8-38），【数值格式】可修改单位（见图 8-39）。

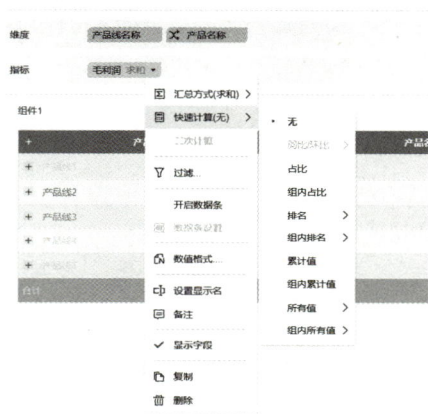

图 8-38 【快速计算】

图 8-39 【数值格式】

　　⑤ 图表展示区，该区域展示图表形式的数据，如图 8-40 所示。

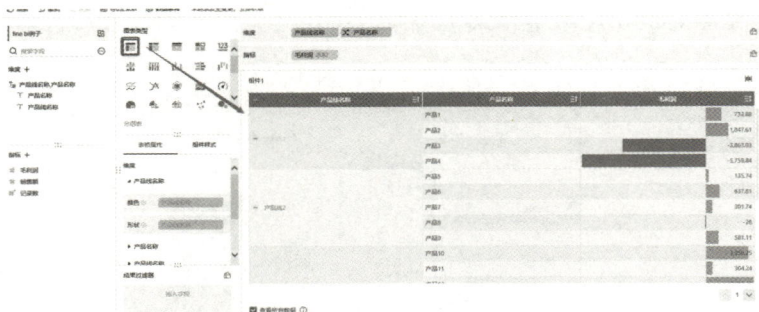

图 8-40　图表展示区

⑥ 图表导出区，在该区域可以直接把图表以 Excel 形式导出。

5. 仪表盘处理。

完成相应图表后，切换到仪表盘，完成数据可视化。在仪表盘界面可以自由添加各种图表到仪表盘中，如图 8-41 所示。

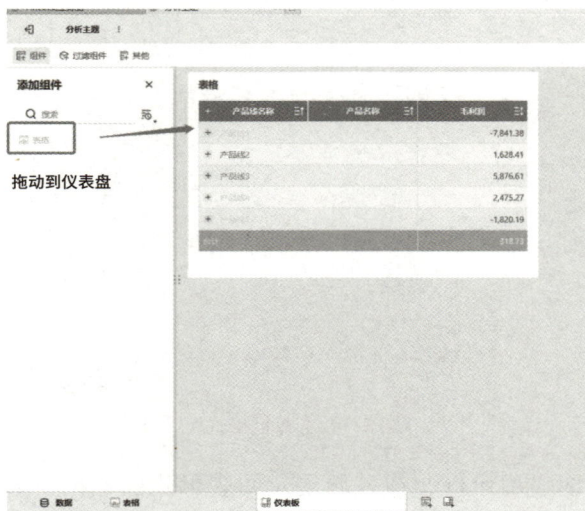

图 8-41　仪表盘界面

在【仪表板样式】选项卡中可以选择相应模板并直接套用，如图 8-42 所示。

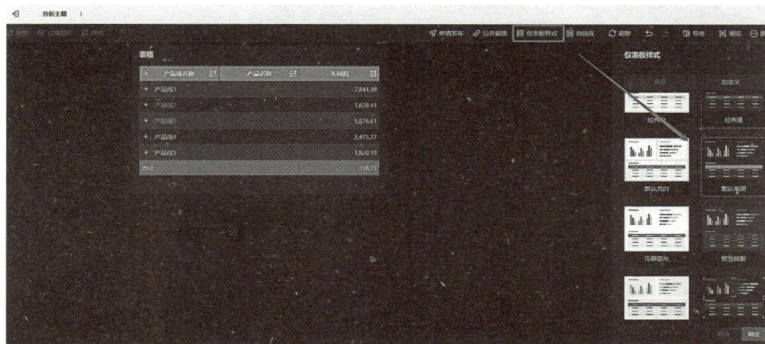

图 8-42　仪表板模板

第二节　数据可视化模型

财务 BP 的分析报告中，80% 的内容是图表展示，20% 的内容是文字叙述，因此图表的选择尤其重要。图表可以很直观、形象、有重点地描述财务 BP 想呈现的结果，并且使得数据使用者快速获取重点。本节介绍财务 BP 常用的一些图表类型，以帮助大家更好地展示自己的数据结果。

（一）文本图

文本图是用文本和数值的形式展示重点数据或者结果，常用的文本图是表格类，比较新型的是指标卡、仪表盘和词云。

1. 表格类。

表格类文本图的第一行为重点数据指标，应尽可能控制在 3～5 个，切忌内容繁杂。

表格类文本图中的数值要便于快速理解，比如"1 298 456"不如"约 130 万"直观。

2. 指标卡。

在 Fine BI 中创建指标卡的步骤如下。

第一步，选择指标卡图表类型。

第二步，拖动【指标】中的重点指标至【文本】区域。

第一步和第二步的操作及结果见图 8-43。

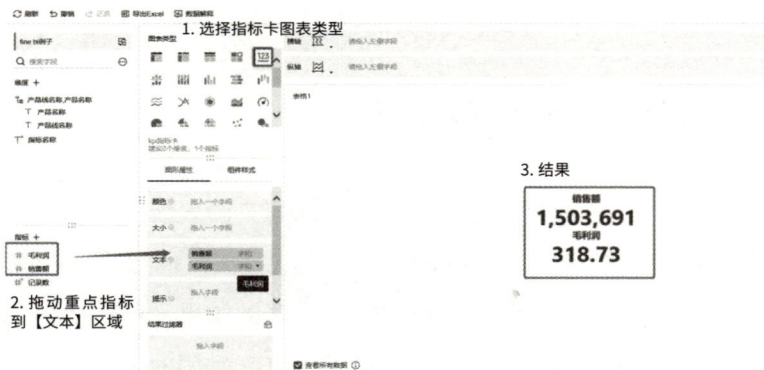

图 8-43　第一步和第二步的操作及结果

第三步，修改字体颜色、大小等格式。单击【文本】按钮，在打开的对话框中单击右下角修改格式的按钮，如图 8-44 所示。在"编辑文本"对话框中修改文本格式，见图 8-45。

图 8-44　单击按钮

图 8-45　修改文本格式

3. 仪表盘。

仪表盘一般以目标和实际两个数值呈现实际完成了多少目标，如图 8-46 所示。在 Fine BI 中制作仪表盘的步骤如下。

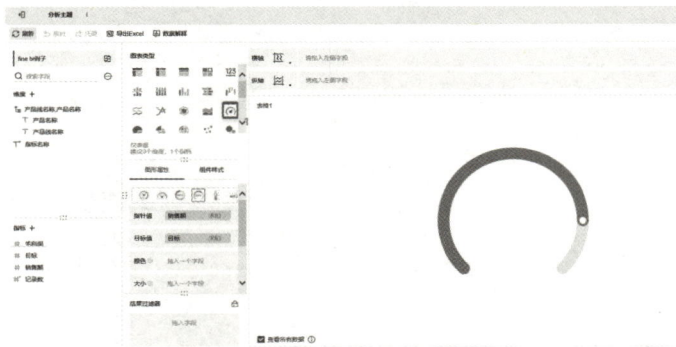

图 8-46　仪表盘

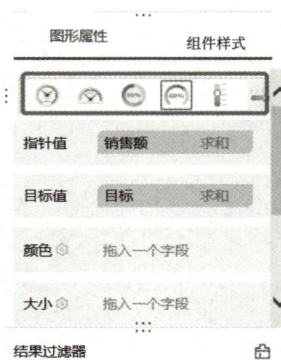

图 8-47　仪表盘样式

第一步，选中仪表盘图表类型。

第二步，拖动【目标】至【目标值】区域，拖动【销售额】至【指针值】区域。

第三步，设置仪表盘样式，如图 8-47 所示。

4. 词云。

词云一般以"名词＋重点数据"的形式描述多类别的重点数据，如图 8-48 所示。在 Fine BI 中制作词云的步骤如下。

图 8-48　词云

第一步，选中词云图表类型。

第二步，拖动【销售额】和【产品线名称】至【文本】区域。

（二）柱形图

柱形图一般用于一组或者多组数据之间的对比，可以直观地反映组和组之间的差异。财务 BP 一般会用到柱形图里的普通柱形图和堆积柱形图。

（1）普通柱形图。

普通柱形图可以很清晰地反映每一组数据以及组和组之间的差异，但是不适合组数太多的情况。在 Fine BI 中制作普通柱形图的步骤如下。

第一步，选中柱形图类型。

第二步，拖动【产品线名称】至【横轴】区域，拖动【销售额】至【纵轴】区域。

第三步，单击【颜色】按钮，调整柱形颜色；单击【大小】按钮，调整柱宽；拖动【销售额】至【标签】区域。

操作见图 8-49。

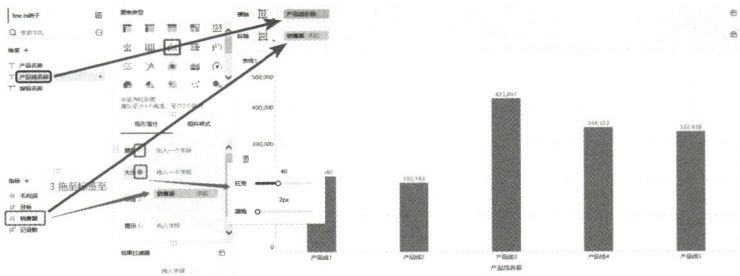

图 8-49 制作普通柱形图

（2）堆积柱形图。

堆积柱形图的每一柱形都代表一个大类别的总额，总额由各个小类别的金额组成。堆积柱形图可以清晰地反映每个大类金额和组成占比，一般可以用来分析销售额的组成。

【案例】已知××企业6家店铺1月销售额和净利润数据，用堆积柱形图展示并指出异常数据。

第一步，确定大类别和小类别指标以及二者之间的关系。

大类别：销售额。

小类别：产品成本、快递费、房租、薪资和净利润。

关系：销售额－产品成本－快递费－房租－薪资＝净利润。

变形为：销售额＝产品成本＋快递费＋房租＋薪资＋净利润。

第二步，选中堆积柱形图类型，拖动【店铺】至【横轴】区域，拖动【产品成本】【快递费】【房租】【薪资】【净利润】至【纵轴】区域。

第三步，单击【横轴】区域的下拉按钮，执行【降序】—【净利润（求和）】。

第四步，在【图形属性】选项卡中，拖动【净利润】至【标签】。

第二步至第四步如图 8-50 所示。

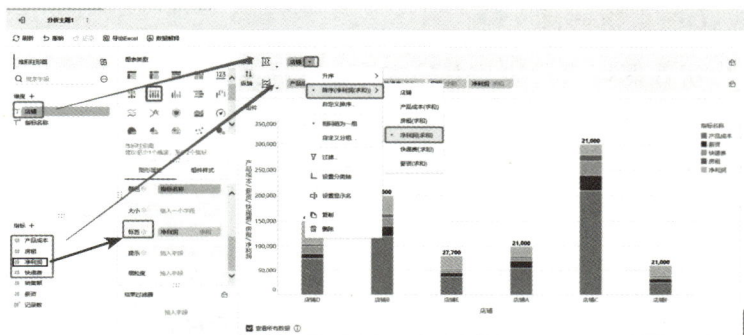

图 8-50　制作堆积柱形图

图 8-51 所示为销售堆积柱形图。从中可以看出：店铺 C 虽然销售额最高，但是净利润却只排在第 4 位，其中产品成本占销售额的比例远大于其他店铺，所以确定店铺 C 为异常店铺，需要深入分析异常原因是什么；店铺 B 销售额和净利润表现都比较好，确定为异常数据，需要深入分析表现好的原因是什么，是否可以供其他店铺参考。

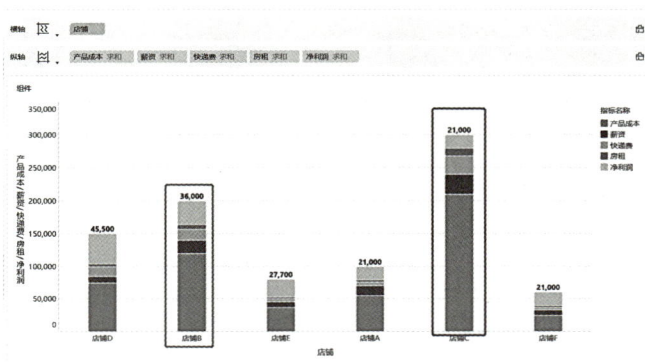

图 8-51　销售堆积柱形图

（三）折线图

折线图可通过线的升降变化显示连续数据之间的变化趋势，一般以时间为横轴，观察随着时间变化的各数据指标的波动。折线图根据分析数据指标的个数，可以分成单根折线图、多根折线图和对比折线图。

1.单根折线图。

单根折线图用于描述一个数据随着时间的变化如何变化。操作步骤如下。

第一步，选择折线图类型。

第二步，拖动【日期/时间】至【横轴】区域，拖动【销售额（元）】至【纵轴】区域。

第三步，单击【纵轴】区域【销售额（元）】后的下拉按钮，在打开的列表中选择"设置值轴（左值轴）"。

第一步至第三步的操作如图 8-52 所示。

图 8-52　第一步至第三步的操作

第四步，在打开的对话框的【显示范围】区域选中【自定义】，如图 8-53 所示。按照实际数据调整纵轴。注：在 Fine BI 中调整横轴和纵轴时，不能填写除数字以外的其他符号，比如要表示 50%，必须录入 0.5，然后将 0.5 的数字格式调整成百分比。

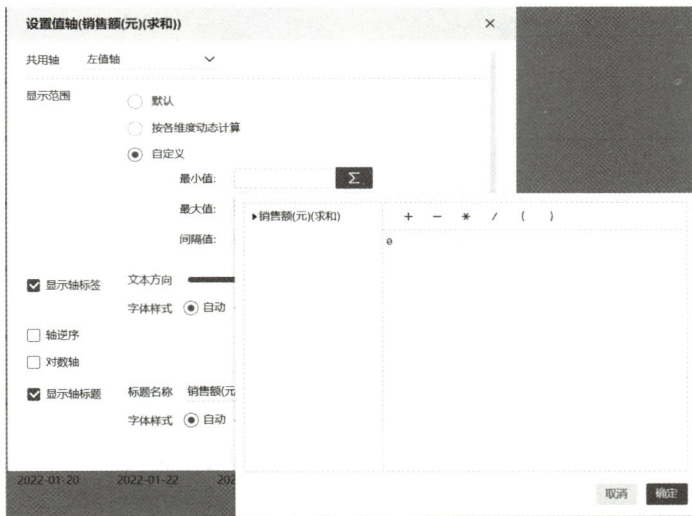

图 8-53 调整纵轴

2. 多根折线图。

多根折线图用于描述一个以上数据随着时间的变化如何变化。操作步骤如下。

第一步，选择折线图类型。

第二步，拖动【日期/时间】至【横轴】区域，拖动【销售额（元）】【数量】至【纵轴】区域。

第三步，单击【纵轴】区域【数量】后的下拉按钮，在打开的列表中选择"设置值轴（左值轴）"。

第一步至第三步的操作如图 8-54 所示。

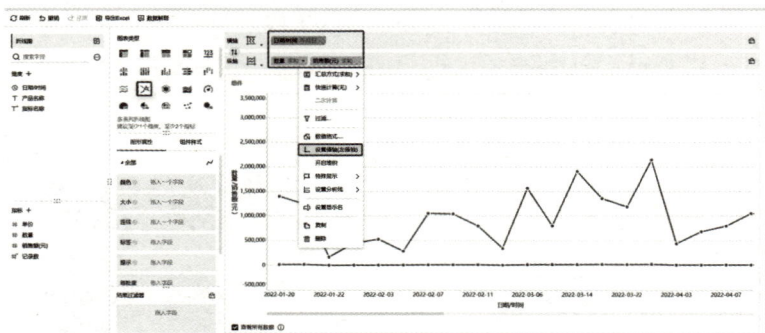

图 8-54　第一步至第三步的操作

第四步，在打开的对话框中，设置【共用轴】为"右值轴"，按照数量调整次坐标轴，如图 8-55 所示。

图 8-55　调整次坐标轴

3. 对比折线图。

对比折线图用于描述相同时期，不同分析主体相同数据指标的对比情况，操作步骤如下。

第一步，选择折线图类型。

第二步，拖动【年月】至【横轴】区域，拖动【销售额】至【纵轴】区域。

第三步，单击【横轴】区域【年月】后的下拉按钮，执行【更多分组】—【月份】。

第一步至第三步的操作如图 8-56 所示。

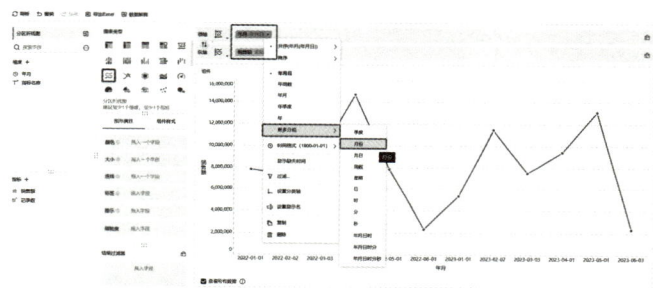

图 8-56　第一步至第三步的操作

第四步，将【年月】拖动至【颜色】区域，单击下拉按钮，在打开的列表中选择"年"，如图 8-57 所示。

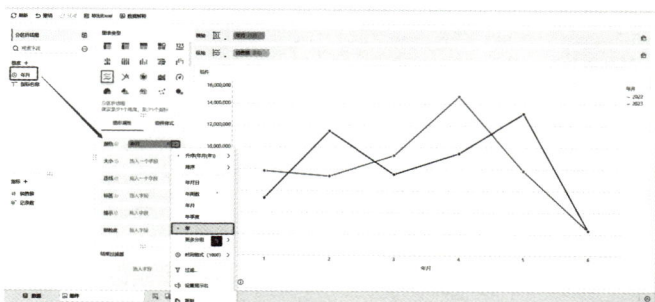

图 8-57　调整折线图颜色

除了对比相同月份不同年度数据，还可以对比分析相同年月不同主体的数据。操作步骤如下。

第一步，选择折线图类型。

第二步，拖动【年月】至【横轴】区域，拖动【店铺】【销售额】至【纵轴】区域。

第三步，拖动【店铺】至【颜色】区域。

第一步至第三步的操作见图 8-58。

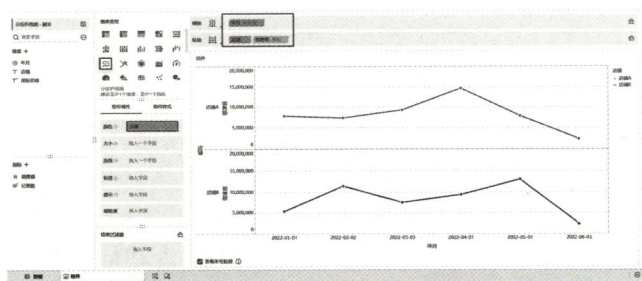

图 8-58　第一步至第三步的操作

第四步，单击【横轴】区域的【销售额】后的下拉按钮，在打开的列表中选择"数值格式"（见图 8-59），在打开的对话框中选中【数字】（见图 8-60），调整纵轴上的单位。

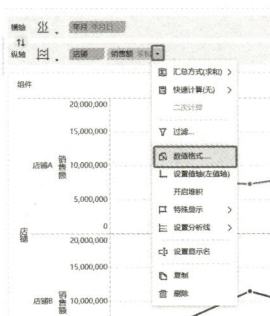

图 8-59　选择"数值格式"

图 8-60　选中【数字】

（四）饼图

饼图用于分析大类里各小类的占比，通过饼图可以看到每个小类在大类中所占的比例。但是饼图不适合分析小类之间比例非常接近的数据。饼图按照数据指标可以分为普通饼图和旭日图。

1. 普通饼图。

操作步骤如下。

第一步，选择饼图类型。

第二步，拖动【产品名称】至【颜色】区域，拖动【产品名称】【销售额】至【标签】区域。

第三步，单击【销售额】后的下拉按钮，执行【快速计算】—【占比】，计算每个产品占比情况。

第一步至第三步的操作见图 8-61。

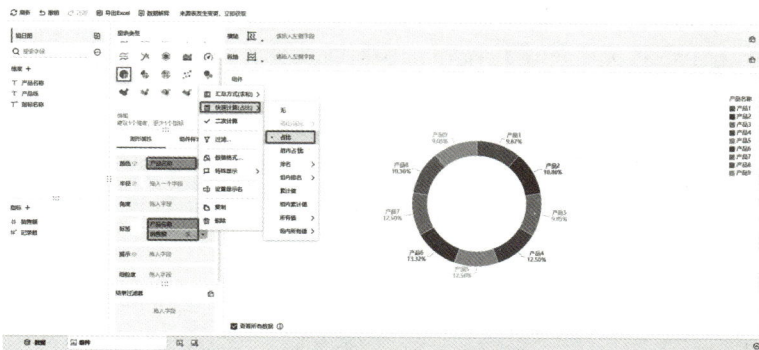

图 8-61　第一步至第三步的操作

第四步，单击【半径】按钮，调整内径占比至 0，可将环形图变为饼图，如图 8-62 所示。

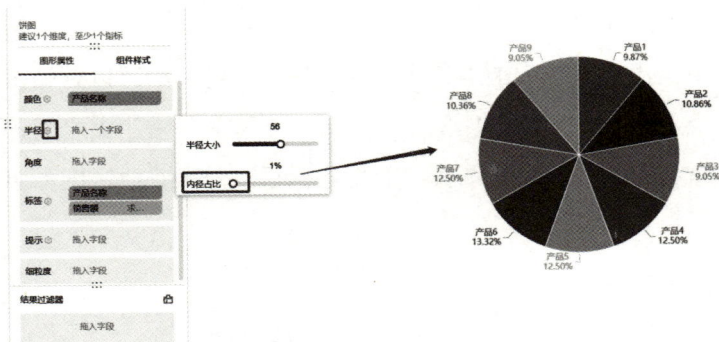

图 8-62　饼图

2. 旭日图。

旭日图也叫双层饼图，普通饼图只能展示一层数据的占比情况，而旭日图不仅可以展示数据的占比情况，还能展示数据之间的关系。操作步骤如下。

第一步，选中多层饼图类型。

第二步，拖动【产品线】【销售额】至【标签】区域，并单击【销售额】的下拉按钮，执行【快速计算（占比）】—【占比】，计算每个产品占比情况。

第三步，拖动【产品线】【产品名称】至【细粒度】区域，其中【产品线】（大维度）要在【产品名称】（小维度）上面。

第一步至第三步的操作见图 8-63。

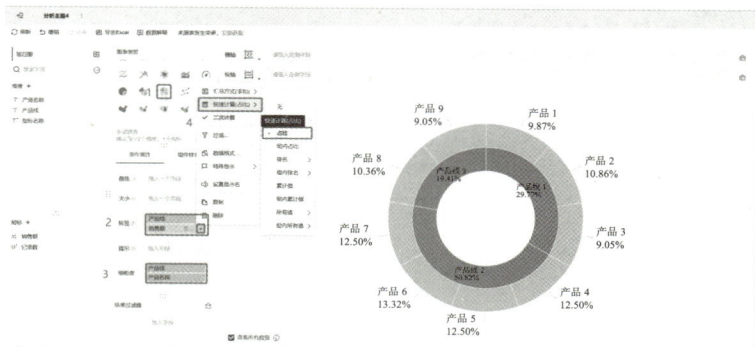

图 8-63　第一步至第三步的操作

（五）散点图

散点图一般用来观察产品的分布情况，寻找产品的共同规律和异常数据。操作步骤如下。

第一步，将序号类型由数值改为文本，并单击【全部保存并更新】，如图 8-64 所示。

图 8-64　改序号类型并单击【全部保存并更新】

第二步，切换至【组件】，选择散点图类型。

第三步，将【市场份额】拖动至【横轴】区域，将【市场增长率】拖动至【纵轴】区域。

第四步，将【产品名称】拖动至【颜色】区域。

第二步至第四步的操作见图 8-65。

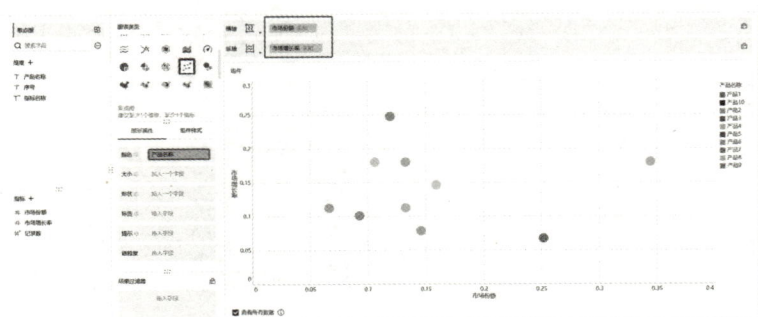

图 8-65　设置散点图

第五步，将【市场份额】拖动至【大小】区域，将【市场份额】【市场增长率】拖动至【标签】区域。

第六步，单击【市场份额】【市场增长率】的下拉按钮，选择数值格式，设置单位百分比，单击【确定】。

第七步，单击【标签】按钮，单击修改格式的按钮，手工录入标签名字"市场份额""市场增长率"，如图 8-66 所示。

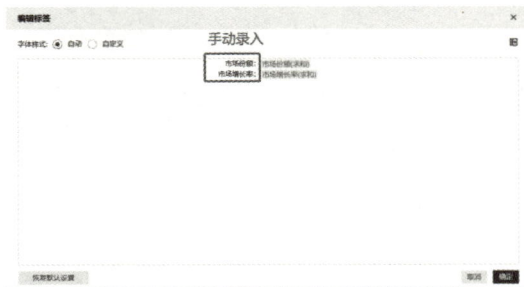

图 8-66　录入标签名字

第八步，单击【横轴】区域【市场份额】后的下拉按钮，执行【设置分析线】—【警戒线（纵向）】，如图 8-67 所示。在打开的对话框中单击求和按钮，录入横轴的中间值"0.2"，最后单击【确定】，如图 8-68 所示。

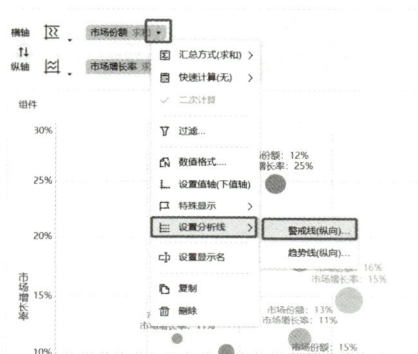

图 8-67　设置警戒线

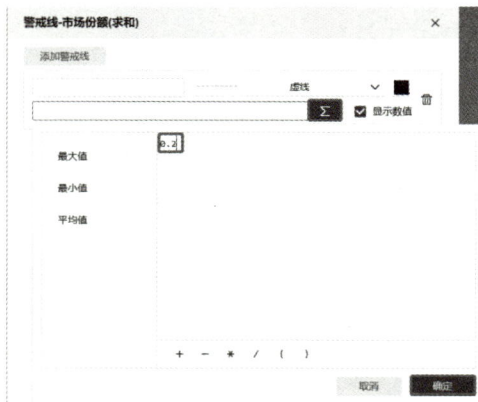

图 8-68　设置横轴中间值

第九步，单击纵轴区域【市场增长率】后的下拉按钮，执行【设置分析线】—【警戒线】。在打开的对话框中单击求和符号，录入纵轴的中间值"0.15"，最后单击【确定】，如图 8-69 所示。

图 8-69　设置纵轴中间值

第十步，勾选【组件样式】选项卡中的【轴线】，取消勾选【横向网格线】和【纵向网格线】，如图 8-70 所示。

图 8-70　设置组件样式

第十一步，操作结果如图 8-71 所示。

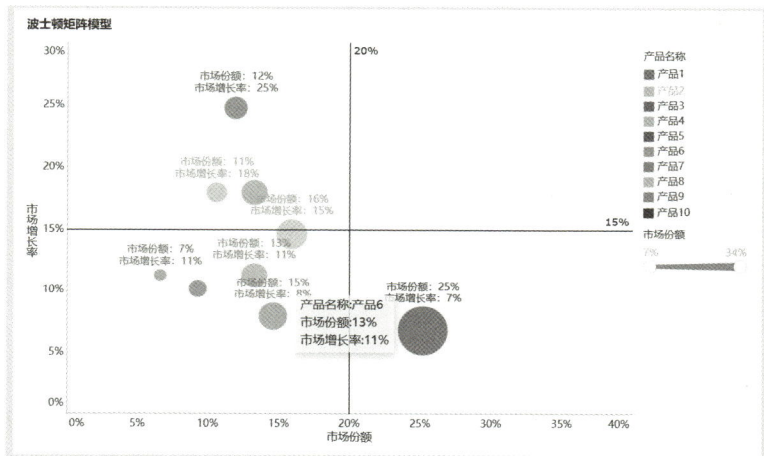

图 8-71　散点图

第九章
数据的汇报

　　数据分析结束后，财务 BP 就需要用 PPT 汇报数据结果和建议。提到 PPT 汇报，大多数人首先想到去网上找模板，但是如此多的 PPT 模板，财务 BP 真正能完美套用的少之又少。财务相关 PPT 模板有两大弊端。第一，制作 PPT 模板的人通常不懂财务，所以 PPT 模板的逻辑可能不适用于财务领域。第二，市面上大多数财务相关 PPT 模板都是基于上市公司运转模式制作的，但不适合于中小企业。

　　财务 BP 其实只需要一份带有自己思维逻辑特色的 PPT 模板，财务 BP 不是美工，华丽的图表、绚丽的配色都不如有价值的数据重要。而且大多数企业都是有汇报模板的，所有人汇报时采用统一模板和格式，往里面填内容即可。因此，对于 PPT，财务 BP 要掌握的是布局和基本设计逻辑。

　　财务 BP 的大多数汇报都是文字结合图表的形式，制作 PPT 的核心是要站在听者角度，不同的角色想要从财务 BP 处获取的信息是不一致的。财务 BP 需让使用者看到自己的 PPT 就能清楚知道要汇报什么。日常工作中，PPT 的基本布局是每页都要有标题、重点信息和页码。PPT 的常见版式如图 9-1 所示。

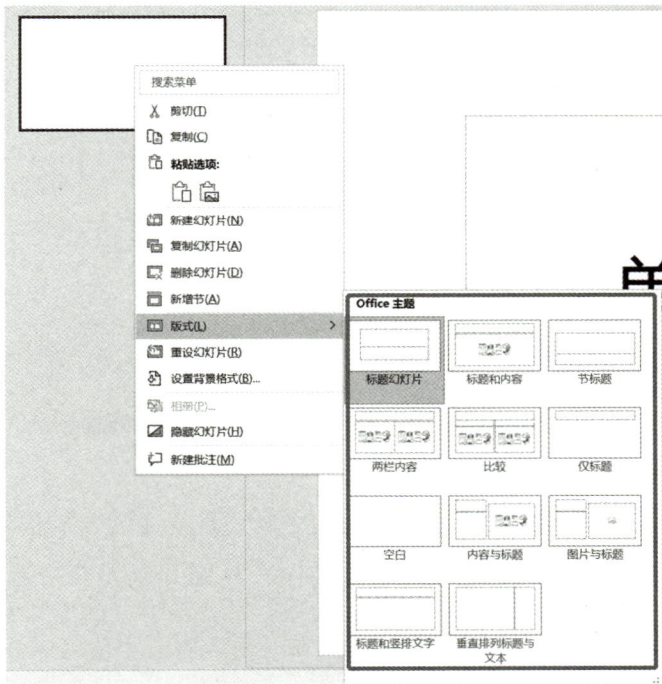

图 9-1 PPT 的常见版式

本章以财务 BP 月度经营分析报告为案例，介绍制作月度经营分析报告 PPT 的基本思路。

第一节 PPT 的组成

（一）封面

封面版式一般使用【标题幻灯片】。操作步骤如下。

1. 选中幻灯片，右击，执行【版式】—【标题幻灯片】。

2. 在【设计】选项卡的【主题】组中选择主题，然后输入相关文字，并设置字体等，如图 9-2 所示。

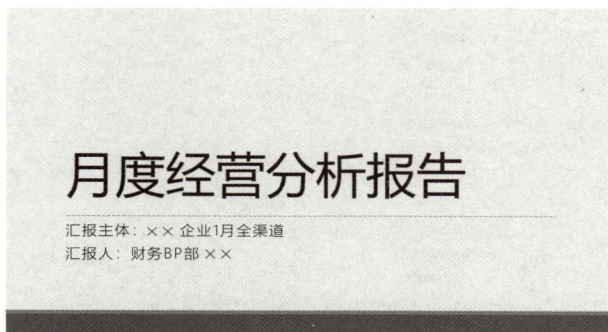

图 9-2　封面

汇报逻辑：大标题为汇报的主题"月度经营分析报告"；次标题为汇报主体及汇报人等，如"××企业 1 月全渠道"和"×××部门×××"。

（二）目录

目录一般紧跟标题页后，目录的版式可分以下两种情况设计。

1. 目录超过 4 条，建议使用"图片＋序号＋内容"版式，如图 9-3 所示。

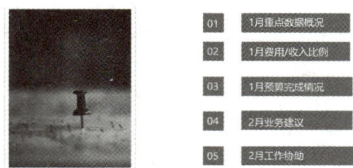

图 9-3　目录超过 4 条时建议采用的版式

操作步骤如下。

第一步，打开【插入】选项卡，选择一张图片放在幻灯片的左侧。

第二步，打开【插入】选项卡，执行【形状】—【矩形】—【形状格式】—【形状填色】—【取色器】，选择与主题色相似颜色，如图 9-4 所示。

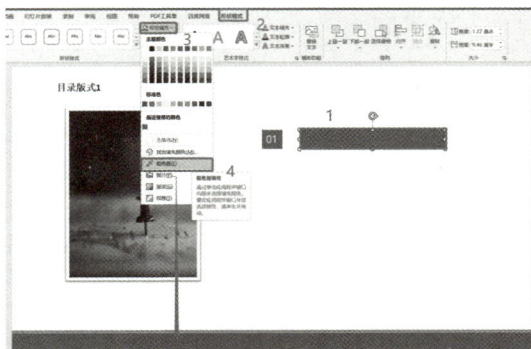

图 9-4　格式调整

2. 目录在 4 条以内（含），建议使用"图片＋图片＋图片＋图片"版式，如图 9-5 所示。

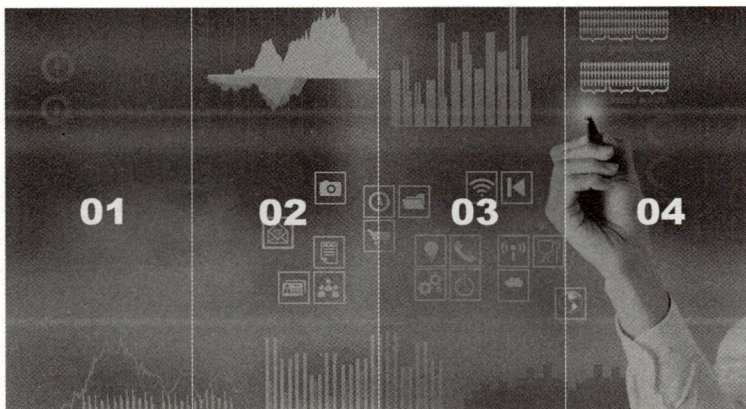

图 9-5　目录在 4 条以内（含）建议采用的版式

操作步骤如下。

第一步，新建幻灯片，选中幻灯片并右击，执行【版式】—【空白】。选中新幻灯片后执行【设置背景格式】—【填充】—【图片或纹理填充】—【插入】—【来自文件】，如图 9-6 所示，选择一张背景图。

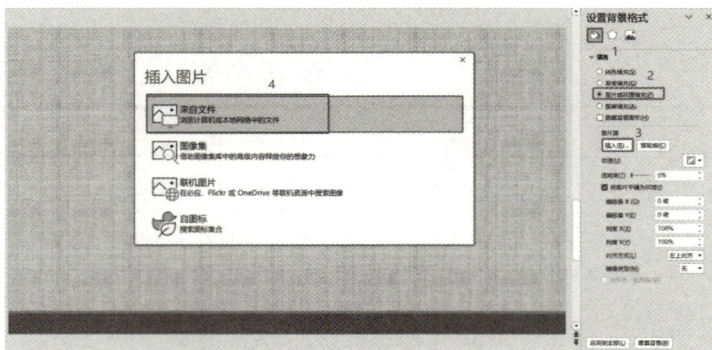

图 9-6　选择背景图

第二步，打开【插入】选项卡，单击【表格】，插入一张

4列1行的表格，表格背景颜色设置为与背景图片底色近似的颜色，并单击表格右下角以填充整个背景。

第三步，选中幻灯片并右击，执行【设置背景格式】—【纹理】—【透明度】，将透明度调整为60%，如图9-7所示。

第四步，插入文本框，编辑目录序号和内容。

（三）正文第一页

月度经营分析报告的结构建议采用总分总模式，即第一页汇报经营概况，特别是重点数据。正文第一页的版式建议采用【标题和内容】。操作步骤如下。

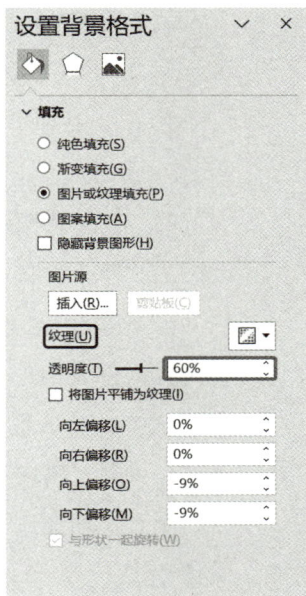

图 9-7　调整背景图透明度

第一步，选中幻灯片并右击，执行【版式】—【标题和内容】。

第二步，打开【插入】选项卡，单击【表格】，插入一张1行1列的表格，表格背景颜色设置为与背景图片底色近似的颜色，并单击表格右下角以填充标题部分。选中幻灯片并右击，执行【设置背景格式】—【纹理】—【透明度】，将透明度调整为20%。

正文第一页是汇报中十分重要的内容，大部分决策者只关注重点数据，所以正文第一页一定要简洁明了。财务BP月度经营分析报告第一页内容模板如下。

1.1月实际收入××万元，毛利××万元，毛利率××%。

2.1月快递费××万元，占收入××%；投流费××万元，占收入××%；业务线人员成本××万元，占收入××%；其他费用××万元，占收入××%。

3.1月净利润××万元，净利润率××%。

4.1月收入环比增长/减少××%，同比增长/减少××%，完成预期××%；毛利环比增长/减少××%，同比增长/减少××%，完成预期××%；净利润环比增长/减少××%，同比增长/减少××%，完成预期××%。

5.1月利润增长/减少主要是由于××费用减少/××收入增加。

正文第一页如图9-8所示。

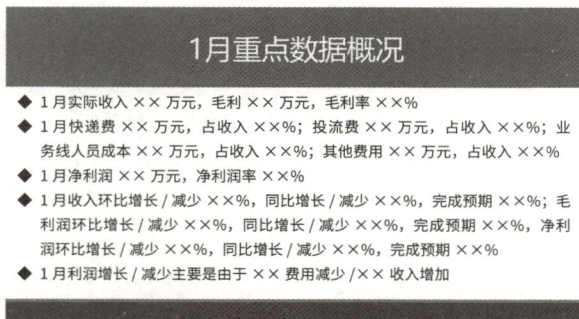

1月重点数据概况

◆ 1月实际收入××万元，毛利××万元，毛利率××%
◆ 1月快递费××万元，占收入××%；投流费××万元，占收入××%；业务线人员成本××万元，占收入××%；其他费用××万元，占收入××%
◆ 1月净利润××万元，净利润率××%
◆ 1月收入环比增长/减少××%，同比增长/减少××%，完成预期××%；毛利润环比增长/减少××%，同比增长/减少××%，完成预期××%，净利润环比增长/减少××%，同比增长/减少××%，完成预期××%
◆ 1月利润增长/减少主要是由于××费用减少/××收入增加

图9-8　正文第一页

汇报中需要特别注意固定费用的摊销，固定费用的摊销额是大多数业务人员不太能理解且不认同的费用，因此需注意以下方面。

1. 如果汇报主体是业务线，建议在季度或者半年汇报时加上固定费用。

2. 如果汇报主体是整个企业业务，汇报人是业务主管，建议固定费用单独汇报并做出相应的解析。

3. 如果汇报主体是整个企业业务，汇报人是 CEO 或股东，建议将固定费用作为正常费用汇报。

（四）小节标题页和数据描述页

一般一个重点指标用 1～2 页汇报，一页阐述实际情况，一页阐述问题，理想的状态是一个指标占用一页幻灯片。

1. 小节标题页建议版式如图 9-9 所示。

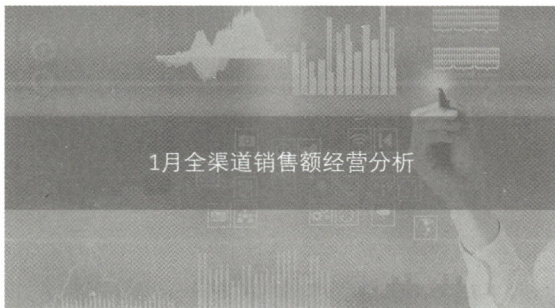

1月全渠道销售额经营分析

图 9-9　小节标题页

操作步骤如下。

第一步，新建幻灯片，选中幻灯片并右击，执行【版式】—【空白】。选中新幻灯片并右击，执行【设置背景格式】—【填充】—【图片或纹理填充】—【插入】—【来自文件】，选择一张背景图。

第二步，打开【插入】选项卡，单击【表格】，插入一张 1

行 1 列的表格，表格背景颜色设置为与背景图片底色近似的颜色，并单击表格右下角以填充整个背景。选中幻灯片并右击，执行【设置背景格式】—【纹理】—【透明度】，将透明度调整为 70%。选中表格，执行【表设计】—【边框】—【无框线】。

第三步，再次插入一张 1 行 1 列的表格，将透明度调整为 50%，并单击表格右下角以填充幻灯片中间部分。

第四步，插入文本框，录入小节标题。

2. 数据描述页。

数据描述页一般有两大类版式和布局。

（1）数据较少时，建议用【空白】版式；布局方面，建议幻灯片十分之一的区域为小节标题，左边的图表展示区和右边的文本描述区占幻灯片的十分之七，剩余部分用于描述存在问题、提出疑问和解决方案。具体操作步骤如下。

第一步，选中幻灯片并右击，执行【版式】—【空白】。

第二步，打开【插入】选项卡，单击【表格】，插入一张 1 行 1 列的表格，表格背景颜色设置为与背景图片底色近似的颜色，并单击表格右下角以填充幻灯片十分之一部分。接着，选中幻灯片并右击，执行【设置背景格式】—【纹理】—【透明度】，将透明度调整为 20%。

第三步，打开【插入】选项卡，执行【形状】—【矩形】，调整矩形透明度为"60%"和外框粗细为"2.25 磅"，并覆盖幻灯片十分之七的左边部分；调整矩形颜色为"白色"和外框粗细为"2.25 磅"；复制矩形覆盖右边部分。

第四步，打开【插入】选项卡，执行【形状】—【矩形】，覆盖幻灯片剩余的十分之二部分，调整矩形透明度"80%"和外框粗细"2.25磅"。

数据较少时数据描述页版式见图9-10。

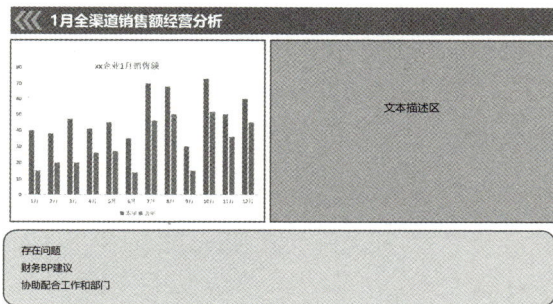

图 9-10　数据较少时数据描述页版式

（2）数据较多时，建议用【空白】版式；布局方面，建议幻灯片十分之一的区域为小节标题，十分之七的区域为图表展示区，剩余十分之二的区域为文本描述区，详见图9-11。

图 9-11　数据较多时数据描述页版式

操作步骤如下。

第一步，选中幻灯片并右击，执行【版式】—【空白】。

第二步，打开【插入】选项卡，单击【表格】，插入一张1行1列的表格，表格背景颜色设置为与背景图片底色近似的颜色，并单击表格右下角以填充幻灯片十分之一部分。选中幻灯片并右击，执行【设置背景格式】—【纹理】—【透明度】，将透明度调整为20%。

第三步，打开【插入】选项卡，执行【形状】—【矩形】，覆盖幻灯片十分之七的部分，调整矩形颜色为"白色"和外框粗细为"2.25磅"。

第四步，打开【插入】选项卡，执行【形状】—【矩形】，覆盖幻灯片剩余的十分之二部分，调整矩形透明度为"60%"和外框粗细为"2.25磅"。

第五步，新建幻灯片，把幻灯片布局平均分成三部分，分别填写"存在问题""财务BP建议""协助配合工作和部门"，如图9-12所示。

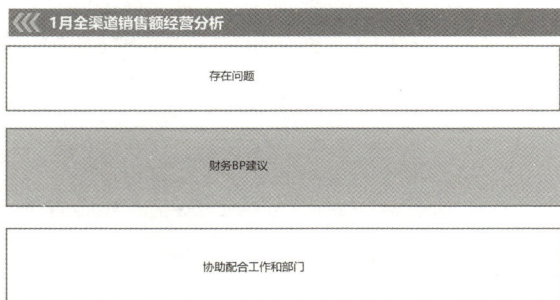

图9-12　文字总结

汇报逻辑：数据描述页一般采用图表结合文字描述的形式。图表描述整体数据情况，文字描述图表中的重点数据，需要把重点数据标不同颜色，让听者可以快速获取到图表的重点。

存在的问题：比如区域 D 销售同比超过去年销售的原因等。

财务 BP 建议：财务 BP 一般站在内部和外部角度看整体经济业务问题所在，从流程上分析销售好的原因是什么，销售不好的原因是什么。

协助配合部门：财务 BP 提出相应的需要改进的建议后，需要在会议上明确需要什么部门和具体人员对接和跟踪改进，以让对接人领导在会议上确认改进任务。

（五）上月待解决问题页

月度经营汇报分析的目的主要是发现问题、优化流程、解决问题，因此问题的提出和解决必定是一个长期追踪的过程。上月待解决问题页主要可分成 5 个部分（见图 9-13）。

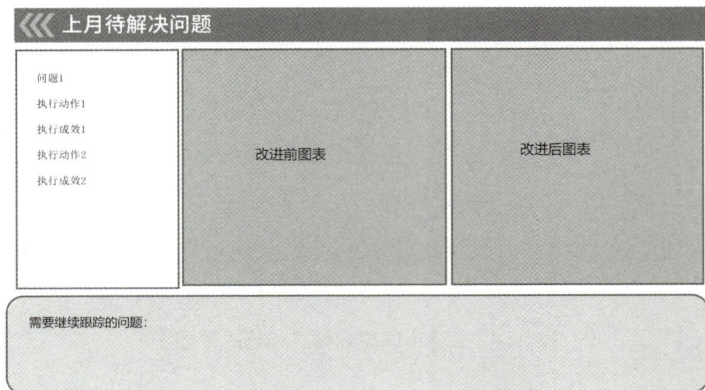

图 9-13　上月待解决问题页

此页幻灯片要列示上个月遗留下来的问题、执行动作、执行成效，即每个问题执行了哪些动作，成效怎么样，最后确定是否要继续执行。

同时，此页幻灯片还要有改进前图表与改进后图表的对比，并总结需要继续追踪的问题。

第二节　PPT 数据自动更新

上一节主要介绍了幻灯片布局，本节介绍如何把 Excel 文件内容转移到 PPT 上，并且实现 PPT 数据自动更新。

第一步，打开相关 Excel 文件，复制表，切换到 PPT 界面，粘贴，执行【保留源格式和链接数据】，如图 9-14 所示。

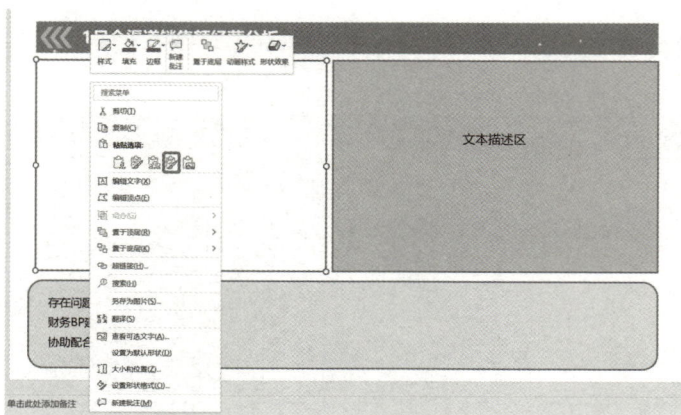

图 9-14　执行【保留源格式和链接数据】

第二步，调整图表大小。

在 Excel 和 PPT 同时打开的情况，若对 Excel 文件进行了数字修改，可以直接去 PPT 界面手动刷新，PPT 中的图表数据就会更新为 Excel 文件的新数据。

在 PPT 未打开的情况，若对 Excel 文件数字进行了修改，重新打开 PPT 后会弹出更新链接的提示，直接更新链接即可。

但是，如果修改了 Excel 文件名称或者变更了 Excel 文件保存位置，PPT 中的图表数据将不会随着 Excel 文件内容变动而变动。所以建议把相关文件放在同一个文件夹。

如果 Excel 文件变更了保存位置，可以做以下操作来重新建立链接。在 PPT 界面单击【文件】，执行【信息】—【编辑指向文件的链接】—【更改源文件】，如图 9-15 所示。

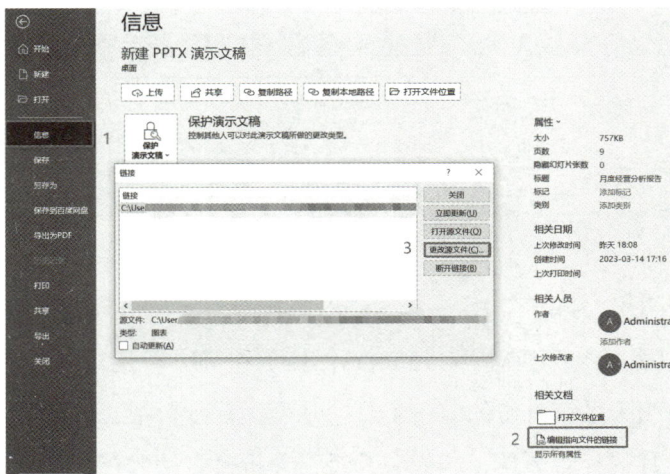

图 9-15　重新链接 Excel 文件

在财务 BP 实践中，Excel 是用来处理数据的，PPT 是用来演讲汇报的，而 Word 是用来正式汇报并记录相关图文资料的。

因此财务 BP 除了更新 PPT 文件，还需要同时更新 Word 文件，具体操作如下。

第一步，在 Excel 中确定每个月要汇报的数据，比如月度经营分析报告要汇报月份、本月销售额、累计销售额、同比增长额及同比增长率，如图 9-16 所示。

	A	B	C	D	E
1		xx企业销售汇总			
2	月份	本年	去年	同比增长额	同比增长率
3	1月	40	15	25	167%
4	2月	38	20	18	90%
5	3月				
6	4月				
7	5月				
8	6月				
9	7月				
10	8月				
11	9月				
12	10月				
13	11月				
14	12月				
15	合计	78	35	43	123%
16					
17	确定汇报月份	每月汇报			
18	月份 ↓	本月销售额	累计销售额	同比增长额	同比增长率
19	(MONTH(TODAY())-1)&"月"	38	78	18	90%

图 9-16　每月汇报数据

（1）"月份"栏用于确定经营分析报告的汇报月份。

（2）函数"(MONTH(Today()-1))&"月 """用于确定编写报告当天系统月份的前一个月。月度经营分析报告都是当月汇报上月的经营数据，比如 2 月经营分析报告一般在 3 月初开始编写。

（3）使用 VLOOKUP 函数计算本月销售额、累计销售额、同比增长额和同比增长率。

第二步，复制 Excel 文件的汇报数据，打开 Word，执行【开始】—【粘贴】—【选择性粘贴】—【粘贴链接】—【带格式文本（RTF）】—【确定】，如图 9-17 所示。

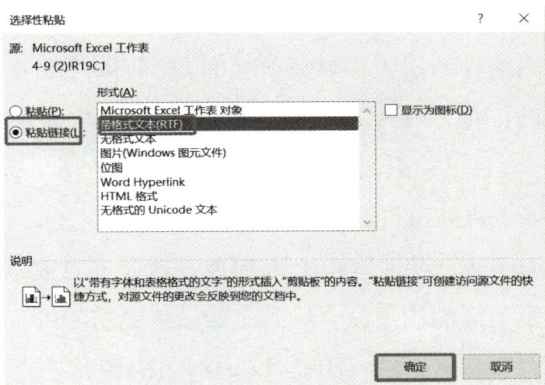

图 9-17 粘贴数据

第三步，打开 Word，Excel 数据自动更新至 Word。

第三节 汇报话术

汇报能力是可以通过短期锻炼有所提升的，财务 BP 需提升自己在工作中的汇报能力，做到在汇报中侃侃而谈。

（一）搭建自己的汇报模板

在各种会议上，财务 BP 除了专注自己的工作内容，还要多听企业销售岗、运营岗的汇报，从中学习汇报方式。

（1）注意汇报人的开场白，如怎么称呼、怎么引入主题、怎么向高层请求支持等。在条件允许的情况下，财务 BP 可以录音，会后仔细分析，取其精华。

（2）模板不可能一次性完成，财务 BP 应把握各种机会建立自己的模板。

（二）汇报逻辑

有些周期性的汇报，财务 BP 可以提前做好准备，但是对于突发性的汇报，财务 BP 是无法预料的，这个时候就需要财务 BP 有一套自己的汇报逻辑。

（1）要上级知道自己做了什么。

有些财务 BP 很排斥跟上级沟通，这是非常错误的想法。日常缺乏跟上级的沟通，会导致上级认为财务 BP 工作简单轻松，没给企业贡献业绩，因此这类财务 BP 很难获得加薪升职的机会。

【案例】×× 总，本季度销售额 ×× 万元，超出上个季度 ××%，获得很明显的提升。我协助了 ×× 部门做了 ×× 的改进，这个执行动作效果还是不错的，因此我建议将此流程快速复制到其他部门，这边想跟您申请由财务部来优化和执行，您看行吗？

（2）汇报上级交付的额外工作。

汇报工作一定要以结果为导向，以序号为辅助，包含完成率和预期完成时间。

【案例】×× 总，您给我布置的 ×× 任务，目前已完成 ××%，我已经做了 1.……，2.……，3.……，4.……。预计 ××× 前完成。

（3）需要上级的支持。

当在工作中碰到难以推进的情况时，一定要提早跟相关负责人申请提供支持，并适当示弱，表达自己能力不足、难以完成工作，需要上级的支持。

【案例】××总，关于××项目，正常情况是可以顺利推进的，但是目前碰到×××××意外情况，我有以下建议：1.……；2.……。您如果觉得可以执行，我这边可能需要申请××××支持。

（4）跟业务人员沟通。

以上几种沟通方式都是针对有一定决策权对象的，但是财务 BP 大多数时候需要跟业务人员沟通。执行工作通常是业务人员做的，如果他们不执行，财务 BP 给出的建议其实都是无意义的。财务 BP 跟业务人员沟通，建议做好以下方面。

① 日常跟业务人员搞好关系，这有利于沟通。

② 财务 BP 可适当运用业务 KPI 完成率来推进项目的执行。比如，告诉业务人员，如果做了某个工作，那么会有利于 KPI 考核。

第十章

如何应聘财务 BP 岗位

有时候我们无法顺利跳槽或者换工作，投出的简历石沉大海，面试一次又一次失败，这不一定是因为我们本身能力不足或者经验不够，也有可能是因为我们的简历制作和面试技巧欠缺，也就是说，我们不会包装自己。本章就跟大家分享如何应聘财务 BP 岗位。

第一节　自测财务 BP 能力

简历制作能力可以通过短期培训有所提升，但是有的能力是无法在短期内提升的。财务 BP 可测试下自己目前的能力和财务 BP 岗位要求差多少，目的是查漏补缺，放大和包装自己的优势，弥补自己的短板。

财务 BP 可以利用 SWOT 分析进行自测。SWOT 分析主要用来分析企业内部和外部环境的各种因素，从而选择最佳的经营战略。S 是指企业内部的优势（Strengths），W 是指

企业内部的劣势（Weakness），O 是指企业外部环境的机会
（Opportunities），T 是指企业外部环境的威胁（Threats）。

1. 优势（Strengths）。

（1）罗列自己日常工作，越详细越好。养成写日报的习
惯，这有助于总结自己的工作。

（2）适当包装自己的工作经验。包装不是虚构自己的工作
经验，而是用专业的财务词汇提高自身的工作价值。

【案例】财务核算人员小王罗列自己日常工作。

①办理工商部门、税务部门外勤事务。可适当包装成"负
责对接外部机构，包括税务部门和工商部门等，维护良好的对
外关系和公司利益"。

②多家公司信息登记，包含个体户、合伙企业等。首先要
清楚知道公司成立多家公司的目的，与公司业务有什么必然关
系。可适当包装成"负责搭建公司股权架构，以不同企业性质
降低企业综合税率"。

③供应商对账。供应商对账涉及很多方面，在对账的过程
中，应多问自己为什么，多关注数据的变动情况，而不是数字
对上了工作就结束了。可适当包装成"负责搭建供应商分层管
理体系，分析供应商付款能力、回款周期、核心竞品等"。

2. 劣势（Weakness）。

（1）在各大招聘网站寻找适合自己的财务 BP 岗位。薪资
的增加幅度不要太大，比如你现在作为财务核算人员薪资是
7 000 元，建议找个薪资范围为 8 000 至 9 000 元的（增长 20%
左右）岗位。找到对标财务 BP 岗位，对照列出自己曾经做过

但仍不熟练的事项及从未接触过的内容，然后想办法弥补自己的不足。

（2）找到对标财务BP岗位的岗位职责，罗列自己做过的但不精和自己从来没有接触过的内容，想办法弥补自己的不足。

【案例】财务核算人员小王罗列自己的日常工作。

预算只做过基础的资金预算，没有深入搭建过预算体系。总结劣势确定提升方法："学习预算理论知识，必须了解预算涉及哪些工作，抓住机会，在公司实践一遍。"

3.机会（Opportunities）。

总结自己从事财务核算是否还有提升空间，不要钻牛角尖，非得成为财务BP。同时，总结分析财务BP有发展机会的原因。

【案例】

（1）从事财务核算工作的提升空间。

①换公司，比如到国企、外企、上市公司等规模大的公司任职。

②考CPA证书，在会计师事务所任职。

③考公务员。

（2）财务BP的发展机会。

①越来越多的企业开始注重业财融合，财务BP市场需求增加。

②财务BP不局限于核算，可开阔眼界。

③往管理层进阶的捷径。

④转型运营的有效跳板。

4. 威胁（Threats）。

总结自己从事财务核算工作面临的威胁，以及财务 BP 需要更关注什么。

【案例】

（1）财务核算岗位的威胁。

①属于基础岗位，被替代的概率大。

②遇到薪资瓶颈。

③晋升难。

④接触业务单一，思维受限。

（2）财务 BP 的威胁。

①当财务 BP 的培训市场完善和企业管理成熟时，竞争者会增加。

②只会数据分析，缺乏流程制定和业务推进能力，淘汰率提高。

财务能力 SWOT 分析如图 10-1 所示。

财务能力 SWOT 分析

财务核算岗位

S 日常工作
1. 办理工商部门、税务部门ㄎ辨事务
2. 多家公司信息登记，包含个体户、合伙企业等
3. 供应商对账

W 劣势或不足
1. 预算只做过基础的资金预算，没有深入搭建过预算体系
2.
3.
4.
5.

O 财务核算的机会
1. 换公司，比如在国企、外企、上市公司等规模大的公司任职
2. 考 CPA 证书，在会计师事务所任职
3. 考公务员
4.
5. 接触业务单一，思维受限

财务核算的威胁
1. 属于基础岗位，被替代的概率大
2. 遇到瓶颈资源少
3. 晋升难
4. 接触业务单一，思维受限
5.

财务BP岗位

S 财务优势
1. 负责对接外部机构，包括但不限于银行、审计、税务、工商等部门，维护良好的对外关系，时刻维护公司利益
2. 负责搭建公司股权架构，以不同业务性质降低企业综合税率
3. 负责搭建供应商分层管理体系，分析供应商付款能力、回款周期、核心产品等

W 提升方法
1. 学习新理论比知识，必须了解恒筹务及哪些工作，所结和合公司实践一遍
2.
3.
4.
5.

O 财务BP的机会
1. 越来越多的企业开始注重业绩融合，财务 BP 市场需求增加
2. 财务 BP 不局限于核算，可开阔眼界
3. 往管理层进阶的捷径
4. 转型运营的有效跳板
5.

财务BP的威胁
1. 当财务 BP 的培训市场完善和企业管理成熟时，竞争者会增加
2. 只会数据分析，缺乏流程制定和业务推进能力，淘汰率提高
3.
4.
5.

适当包装

总结劣势确定提升方法

不见非得一条路走到黑

时刻要保持风险意识

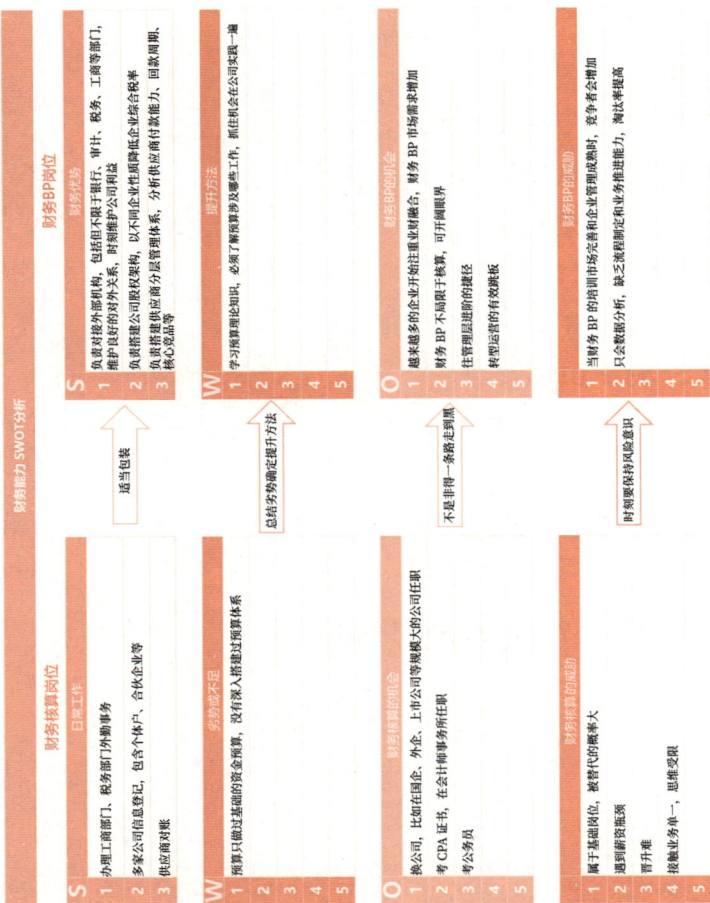

图 10-1 财务能力 SWOT 分析

第二节　如何制作财务 BP 简历

一般情况下，针对每一个岗位都应该准备一份特制的简历，但很多财务求职者同一份简历投遍所有的岗位。虽然岗位名称一样，但是很多公司的岗位职责相差很大。比如财务经理岗位，一家公司需要偏会计核算的财务经理，另一家公司需要偏财务分析的财务经理。因此简历是需要根据岗位职责去准备和修改的。确定了投简历的方向，再开始制作也不迟。以下是我总结的制作财务 BP 岗位简历的经验，可以作为参考。

首先，在招聘网站上大量查找有关财务 BP 的岗位，结合财务能力 SWOT 分析模型的结果，边找边记录哪些公司的财务 BP 岗位要求接近自己的优势，哪些要求是自己目前的劣势。

然后，根据查找结果制作一份符合自己目前能力的基础版简历。

接着，选择几家心仪的公司，根据其岗位职责要求一条一条地修改简历。

【案例】×× 企业财务 BP 岗位需求："编制事务部的月度、季度、年度预算，深化了解事务，依据事务的执行情况，提出合理化建议与意见，剖析财务事项，向办理团队提供及时有用的财务状况及运营状况剖析。"

根据以上岗位需求，修改简历具体如下。

"通过资金预算把控预售品、现货等的资金回收期，若超过警戒线，及时跟客服和供应商联系解决。在新项目启动期通过滚动式预算，不断优化成本费用及调整供应商货款账期。

或：建立公司预算制度，以现金流预算为主，通过半年度预算、季度预算滚动调整，确保最佳资金使用率。"

最后，投完简历，就准备面试了。其实参与面试也是一种提升，在与面试官交流的过程中，求职者会对财务 BP 这个岗位有进一步了解，从而再次修改自己的简历。

目前一些公司并不清楚财务 BP 到底是个什么岗位，很多公司提出的岗位职责其实完全不是财务 BP 岗位的。财务 BP 岗位是业财融合的结果，它是基于财务数据和业务运营数据给出有关经营决策建议的岗位。但是很多公司招聘的财务 BP 反而偏向于程序员，弱化了财务。

第三节　其他高薪财务岗位

财务 BP 的核心是业财融合，因此在找工作时，不一定非要找名称中带有"财务 BP"的岗位，其实还有很多其他岗位，其招聘核心需求是从财务角度推进业务发展，也就是业财融合。高薪财务岗位的招聘需求基本可以分两类。一类是具有独有的财务经验，比如 IPO 经验或者审计经验；另一类是懂业务。

除了财务 BP，下面总结了其他类似财务 BP 岗位的岗位，具体如下。

1. 财务数据分析岗位，但是不偏向于财务报表数据分析。目前很多财务数据分析都围绕着 3 张报表进行，脱离了即时运营数据，无法做到事前和事中控制。

2. 总裁助理 / 董秘 / 总经理助理。如果招聘需求里要求具有财务经验，这类岗位是财务核算转型为财务 BP 的良好机会。

3. 流程优化师。优化流程属于财务 BP 的核心能力之一，此岗位适合有成熟财务 BP 经验的人员。